终极游戏 II

天空之匙

ENDGAME II: SKY KEY

〔美〕詹姆斯·弗雷 尼尔斯·约翰逊–谢尔顿 著 钱 峰 工洁鹏 译

百花洲文艺出版社
BAIHUAZHOU LITERATURE AND ART PRESS

图书在版编目（CIP）数据

终极游戏 . 2，天空之匙 /（美）詹姆斯·弗雷，
（美）尼尔斯·约翰逊-谢尔顿著；钱峰，王洁鹏译 . —
南昌：百花洲文艺出版社，2016.9
　　ISBN 978-7-5500-1944-7

　　Ⅰ . ①终… Ⅱ . ①詹… ②尼… ③钱… ④王… Ⅲ .
①科学幻想小说-美国-现代 Ⅳ . ① I712.45

中国版本图书馆 CIP 数据核字 (2016) 第 242461 号

江西省版权局著作权登记号：14-2016-0297

终极游戏 2：天空之匙

（美）詹姆斯·弗雷　尼尔斯·约翰逊-谢尔顿　著　钱　峰　王洁鹏　译

出 版 人　姚雪雪
责任编辑　郝玮刚
特约策划　张玉贞　崔　莹
封面设计　赵　瑾
出版发行　百花洲文艺出版社
社　　址　南昌市红谷滩新区世贸路 898 号博能中心 A 座 20 楼
邮　　编　330038
经　　销　全国新华书店
印　　刷　宁波市大港印务有限公司
开　　本　890mm×1240mm　　 1/32
印　　张　13.5
版　　次　2016 年 12 月第 1 版第 1 次印刷
字　　数　240 千字
书　　号　ISBN 978-7-5500-1944-7
定　　价　45.00 元

赣版权登字：05-2016-326

---

① http：//goo.gl/JRKjxm.

90 天

小爱丽丝 · 乔普拉
乔普拉家，甘托克，锡金，印度

"塔可，塔可，塔可……"

喜马拉雅山，雪峰日照，云雾缭绕。赫然屹立的是干城章嘉峰，世界第三高峰。城中的十万居民，如同往常一样，过着自己的营生。他们做工谋生，买卖往来；他们传道授业，送往迎来；他们觥筹交错，嬉笑怒骂。他们不谙世事，只求现世安稳。

后院里，弥漫着一股草木烧焦的气味，小爱丽丝神气活现地踏着大步，草叶轻轻骚动着她的脚趾。她将双手握成拳头状，放在屁股上方，再将手肘朝后，弯曲膝盖，头向前倾。她将自己的手肘合起、分开、再合起、再分开，嘴里发出咯咯的叫声，活像一只小孔雀。小爱丽丝大喊着："塔可，塔可，塔可"。塔可是一只很老的孔雀，已经跟这家人相处了13年。塔可很快发现小爱丽丝，半路转了个身，油光锃亮的颈部羽毛全都竖了起来，不甘示弱地发出同样的咯咯声。接着，塔可给主人展示了一个孔雀开屏，逗得爱丽丝咯咯直笑，快活地跳起舞来。她向着塔可跑去，塔可猛地躲开，小爱丽丝继续追着孔雀跑远了。

远处，干城章嘉峰的轮廓线条若隐若现，将整个永生谷隐藏在冰雪覆盖的山丘背后。对于这个地方，小爱丽丝一无所知，她的母亲萨里却是再熟悉不过。

小爱丽丝追着塔可来到一处杜鹃花丛，差一点就要抓到它了。这时，孔雀突然眨眼，低下头，用爪子在地上乱抓一气，几乎要将整个身体钻进草丛。小爱丽丝好奇地凑前，想要探个究竟。

"发现了什么，塔可？"

孔雀不理会她，继续在泥里乱啄。

"到底是什么？"

突然，孔雀停止了动作，低着的头偏向一边，睁大眼似是有些疑惑地盯着地上的东西。小爱丽丝弯腰向前。地上确实有东西，看起来不大，是一个圆形的深色物体。

"嘎吱！"孔雀发出凄厉的叫声，如一道闪电般跑回家去。小爱丽丝吓了一跳，但还是停在原地。她伸出双手，拨开了柔软的叶片，小心翼翼地钻进了草丛中，用双手在地上摸索着、寻找着。

那是一块深色的大理石，半埋在泥土里，呈现出完整的圆形，上面雕刻着奇怪的图样。小爱丽丝用手抚摸石头表面，却感到了虚空般的寒冷。她继续用手指挖开石头周围的泥土，弄成一个小土丘的形状，使得周围区域都变得松动。最后，她把石头捡起来反复翻看。没过了一会儿，她就不由地皱起了眉头。这石头可真凉！这时候，天色突然大变，光线变得异常刺眼，使人几乎睁不开双眼。数秒之内，目光所及之处都成了白茫茫的一片，大地开始猛烈地震动起来，骇人的轰隆声在山坡回荡，震撼着悬崖和山巅，所有的树木、花草、溪水中的卵石都颤动起来。这种声音越来越响，避无可避。

小爱丽丝想要赶紧逃走，但她发现自己根本动弹不得，仿佛这块小石头把她冻住了。在白光与巨响交错的混乱之中，她看到有一个人影向她走来。看起来像是一个女人，一个身材娇小的年轻女人。

人影越走越近，它的皮肤呈现出苍白的绿色，眼眶深陷，嘴唇卷曲，形似僵尸一般。小爱丽丝赶紧丢开石头，可是一切都为时晚矣。恶灵越来越近，小爱丽丝已经闻到了对方散发出来的腐臭，那是一种混杂着排泄物、燃烧的橡胶和硫黄的古怪味道。空气变得异常炙热，恶灵伸手想要抓住小爱丽丝。小爱丽丝拼命求救，想要呼唤自己的母亲，希望母亲能够救她、帮她、保护她、拯救她。可是，她发现自己发不出声音，一丁点儿都不行。

她猛地睁开眼睛，惊恐地尖叫。原来是在做梦！两岁大的小爱丽丝浑身湿透，母亲在她的身边，抱着她，轻轻拍打着她的后背，安慰着说："没事了，我的宝贝，没事了。那只是一场梦。你只是又做了一场梦。"

　　自从大地之匙重新出世后，小爱丽丝就开始整晚整晚地重复相同的梦境。

　　萨里将哭喊着的女儿从被窝里抱出来，温柔地搂在自己的怀里。

　　"别怕，我的宝贝。没有人能够伤害你。我不会让任何人伤害你。"尽管萨里每次都这样说，小爱丽丝依然做着相同的梦。萨里也不知道，这一切是不是真的。"亲爱的女儿，没有人会伤害你，现在不会，将来也不会。"

①

---

①　http://goo.gl/lPAM0q.

莎拉·阿洛佩（Sarah Alopay），杰戈·特拉洛克
伦敦，肯辛顿，皇冠假日酒店，438 号套房

"这块疤是怎么回事？"莎拉用手指拂过杰戈带伤疤的脸，漫不经心地问。

"训练时候弄的。"杰戈盯着莎拉说。他想要引导莎拉恢复正常。

自从莎拉从巨石阵取回大地之匙，已经过去了四天。距离千代子的惨死，也已经过去了四天。四天前，莎拉一枪打中了刘安的脑袋。四天前，在巨石阵底下沉睡多年的那个东西终于再现人间。

四天前，莎拉亲手杀了克里斯托弗·范德坎普，扣动了扳机，把一颗子弹射进他的脑袋里。

至今，莎拉仍然无法说出他的名字。她甚至不想去尝试。无论她怎么疯狂地亲吻杰戈、跟他缠绵，无论她怎么擦洗身体、撕心裂肺地呼喊、将大地之匙紧握手中，无论她怎么无限次重复"开普勒 22b"行星在电视上向全世界发布的消息，莎拉就是无法克制自己，无法不去想到克里斯托弗的那张脸，想到他的金发，他漂亮的绿色眼睛，他眼中闪烁的神采。就是她亲手结束了他眼中闪烁的神采。

从巨石阵返回后，莎拉总共只说了 27 个字，其中包括那个问题。杰戈对她的状况很是忧心。与此同时，他因为莎拉的提问而受到了鼓励。

"给我讲讲吧？"莎拉心中盼着这会是一个很长的故事，盼着这个故事能够暂时占据她的注意力，盼着杰戈说的故事能跟他的身体一样，足以让她分心。

除了那件事，随便想到什么都好，除了射进他脑袋的那颗子弹，随便想到什么都好。

杰戈果真如她所愿地述说起来。"那是我参加的第三次械斗。当时

我只有十二岁，正是血气方刚的时候。本来我可以很轻易赢过那两个家伙。一个是二十五岁的前职业拳手，我刚好险胜他一招；另外一个是十九岁的大块头，当时是老爹得宠的手下，我们都叫他拉得里洛。"

莎拉继续用手指抚摸着杰戈脸上粗糙突起的伤疤，这条伤疤一直延伸到他的下巴。"他叫拉得里洛。"莎拉很慢很慢地重复着杰戈的话，似乎沉醉其中的样子。

"那是什么意思？"

"'砖块'，真是人如其名。他就是一个又壮又傻又固执的家伙。我先是尝试着佯攻，结果他果然受骗了。等到他准备再次移动的时候，我已经赢过他了。"

莎拉轻笑出来，尽管有些假装的成分，但这是她从巨石阵回来以后的第一次笑。杰戈继续说着故事："我对阵的第三个对手是一个年纪稍大、个头较小的家伙。我此前从未遇见过他，据说是从里约来的。不是秘鲁人，也不是奥尔梅克人，而是里约人。"

杰戈很清楚，讲述自己的故事对莎拉来说是件好事，至少现在是这样。只要能够转移她的注意力，不让她再去想那件事：亲手杀了自己的男友、找到大地之匙、引发了大事件、掩盖了无数人的死亡。相较之下，玩耍、械斗、逃亡、开枪——这些事情似乎好得太多了。权宜之计，他还要继续说下去。

"他出生贫民窟，一副皮包骨头的模样，浑身的肌肉就像绳子捆在骨头上。动作倒是快似闪电。他只说两句话，一句是'嗨'，一句是'祝下次好运'，从不说别的话。还算是挺聪明的，是无师自通的天才，从刀光剑影和血汗缠斗中，摸爬滚打出来的。他跟别人学东西，但是多数的本领都是他与生俱来的。"

"听起来跟你挺像。"莎拉评价说。

"确实挺像。"杰戈笑着说，"跟他打架，就像是跟我自己的倒影打架。我拿刀捅他，他也拿刀捅我。我向他猛攻，他也猛攻过来。他用反击的方法来回避攻击。他完全不同于我接受训练时的那些对手——前拳击选手、老爹，谁都不像。感觉就像是……在跟动物搏斗。对方的反应迅速，无可挑剔的知觉，动作先于思考。他们不断在攻击。你有没有跟动物搏斗过？”

“有过，跟野狼。遇到它们更惨。”

“一匹狼还是……”

“一群狼，好几匹。”

“手里没枪？”

“没有。”

“我遇到过狗，但是没遇过狼。对了，有一回我遇到了美洲狮。”

“我很想说，你让我印象深刻。但是，抱歉了。”

“阿洛佩，我们已经上了床，哪里需要再让你印象深刻。”杰戈试图用幽默感来缓和气氛。

莎拉又笑了起来，抬手打了他一拳。杰戈心想，这是一个好兆头，证明莎拉正在恢复。

“不知怎的，我就是无法近身攻击。当时的规则是'第一滴血即战斗结束'，只要见红，就得停手。很简单的规则。”

“可是，你脸上的疤——看起来伤口很深。”

“没错。我当时脑子一蒙，正中他下怀。坦白地说，我还算是运气好的。如果没有正好攻击到我的面部——你知道的，我差点没了眼珠子——他可能就会要了我的命。”

莎拉点了点头。“所以说，出血、见红、停手。他跟你说'祝下次好运'，然后就走了，是不是这回事儿？”

“我还得要缝几针，就是这么回事。当然了，我训练时候可用不上麻醉剂什么的。”

“哈？麻醉剂？那是什么鬼东西？”

杰戈大声笑了出来。“说得没错，该死的终极游戏。”

“该死的终极游戏。”莎拉重复着这句话，脸上没有流露出一丝情绪。

她翻身平躺在床上，眼睛死盯着天花板。“你们有没有再次交手？”

杰戈停顿了几秒钟。“当然，”他说得很慢，似乎是在认真回忆，“大概是在一年以后，距离我的生日还有两天，只要过了生日，我就算是合格了。”

"然后呢？"

"这次，他的速度变得更快。不过，我已经不是吴下阿蒙了，我速度比他更快。"

"所以说，你弄出了第一滴血？"

"不是。我们对战的时候拿着刀。没过几分钟，我就使出了一拳封喉，他根本喘不过气来。等他倒地，我就一脚踩上他的脖子。连一滴血都没流，就把他给解决了。我到现在还能想起他的眼神，那种难以置信、困惑不已的眼神，就像是你开枪打到的动物。它们无法理解你的行为。这件事情并不符合他的本性。这个贫民窟小子是我遇过最厉害的对手。他并不理解，其实他的规则不适用于我。"

莎拉什么都没说，转身背对着杰戈。

我正跟一个杀人犯躺在床上呢，她想。

不过，她再转念一想，我也是一个杀人犯。

"对不起，莎拉，我没想要"——

"我也这样做了。"莎拉深吸了一口气说。"他的规则同样不适用于我。我自己选择的结果。我杀了他。我杀了……克里斯托弗。"

"就在那个地方。"莎拉说完这句话，身体突然开始颤抖，就像是按上了某个开关。她抱着自己的膝盖，不断发着抖，轻声啜泣起来。杰戈轻抚着莎拉裸露的背部，试图安抚她，但是他知道自己的努力都是白费。他是无法安抚莎拉的。

杰戈从来都不怎么关注克里斯托弗，不过他知道莎拉很爱他。

她爱他，而她杀了他。杰戈不确定自己能做出跟莎拉一样的抉择。他会在最好的朋友背后开枪吗？他会忍心杀死何塞、廷波、尚戈吗？他会开枪射死自己的父亲，或者更糟杀死母亲吗？他并不确定。

"莎拉，你没有别的选择。"杰戈小声地说。自从他们进了这间酒店，他已经把这句话重复了17次。当然，多数都是随口说的，只是为了打破沉闷的气氛。

无论说多少次，这句话听起来总是很空洞。也许，这一次更是如此。

"是他让你这样做的。他很清楚，终极游戏肯定会要了他的命，既然难逃一死，他必须帮助你逃出去。他帮助了你，牺牲了自己。所以说，你拥有了他的祝福。如果你听从了刘安的指令，那么拿到大地之匙的人就会是千代子，那么赢得比赛的人就会是——"

"够了！"莎拉撕心裂肺地喊了出来。她并不确定，哪种情况更糟糕——是杀了自己的青梅竹马，或是拿到了重现巨石阵的大地之匙。

"千代子不应该死的，"莎拉喃喃地说，"她不应该就这么死去。她是那么得优秀，那么得厉害。而我……我不应该开枪杀他的。"她做了一次深呼吸。"杰戈……所有人——所有人都会因我而死的。"

莎拉把腿抱得更紧。杰戈将自己的手指轻轻拂过莎拉的脊椎骨，就像是在安慰一个小孩子。

"你当时并不知情。"杰戈安慰她说，"大家都不知情。你只是按照开普勒22b所说的执行任务。你只是在玩游戏。"

"没错，只是在玩游戏，"莎拉有些自嘲地说，"我以为艾斯林知道……天哪。她为什么不瞄准？她为什么不抓住机会击落我们的飞机？"

对于艾斯林的做法，杰戈同样有所疑惑——倒不是因为击落那架黑鹰直升机，而是因为她试图告诉他们的事情。"假如她真的选择把我们击落，那么克里斯托弗还是会死，"杰戈没有拐弯抹角，"如果那样的话，你我都已经是尸体了。"

"你说的对，可是……"莎拉觉得，自从他们离开意大利，发生了太多的事情，倒不如像以前那样一了百了。

"你只是在玩游戏，"杰戈又说了一次。

接下来的几分钟里，谁都没有出声。莎拉不断哭着，杰戈不断抚摸着她的后背。凌晨一点钟，外面在下着细雨，可以听到街道上奔驰而过的车辆声音，偶尔有希斯罗机场飞机起落的声音。遥远处，传来一声轮船的汽笛声，警车的警报声，以及喝醉酒女人的微弱说话声。

"去他妈的开普勒22b，去他妈的终极游戏，去他妈的玩游戏。"莎拉抛出一串咒骂声，随后再次陷入沉默。

莎拉停止了哭泣。杰戈的手滑落到床单上。莎拉的呼吸变得更重更慢，几分钟后，她睡着了。杰戈起床冲了个澡，任由水柱冲刷着他的身体。他想到了那位持刀对手的眼睛，想起他临死前的眼神，想到自己感受着、旁观着、清楚地知道对方的生命正在流逝。他走出淋浴间，拿毛巾擦干身上的水珠，默默穿上衣服，离开了酒店房间，轻轻关上门。莎拉一动也没有动。

"你好，希拉，"杰戈跟大厅里的酒店职员打招呼。

杰戈认识酒店和餐厅所有职员的名字。除了希拉，还有普拉蒂、伊丽娜、保罗、德米特里、凯罗尔、查尔斯、蒂姆普，以及其他的十七个人。

所有人都难逃一死。

因为莎拉，因为他，因为千代子，因为刘安，因为所有的参赛者。

因为终极游戏。

他走到克伦威尔街，把帽衫的帽子戴在头上。克伦威尔，杰戈在想，就是那个遭人记恨的清教徒，英联邦的护国主，过渡时期的军事独裁者。这个人是如此招人厌恶、遭人唾骂，以至于后来的英王查理二世下令挖出克伦威尔的尸体，恨不能让他再死一次。他的尸体被斩首，头部被插在威斯敏斯特大厅外面的木杆上，风吹日晒了好几年，接受民众的唾弃、指戳和咒骂，最后只剩下一个光秃秃的骷髅。这个晚上，杰戈走着的这条街，走在这条以篡位者之名命名的著名街道，距离克伦威尔死后被斩首示众的地点仅几千米远。

这就是他们战斗的原因。为了让克伦威尔这样的恶魔、查理二世这样的浪荡子长存于世，为了让仇恨、权力、政治永垂不朽。

他不禁开始疑惑，这样做究竟值不值得。

然而，他不能疑惑。他没有权利疑惑。如果老爹听到了他的心中所想，肯定会说："选手们不需要提问，选手们只需要参加游戏。"

没错。

选手们只需要参加游戏。

杰戈把双手插在裤子口袋里，向着格罗斯特路走去。一个比他高十五公分、重二十公斤左右的男人突然从街角拐了过来，猛地拍在杰戈肩上。杰戈转过身去，双手还插在口袋里，连头都没有抬起来。

"你小子没长眼睛呀！"对方挑衅说。这个男人闻起来浑身酒味，怒气冲冲的样子。看起来，他今晚很不顺遂，想找人打一架。

"对不起了，哥们儿。"杰戈模仿着伦敦南部腔，想要打发了他，准备继续赶路。

"你这是在嘲笑我吗？"对方还在不依不饶，"想要当个硬骨头吗？"

在没有任何警告的情况下，男人抡起巨大的拳头，朝着杰戈的脸部就是凶狠的一拳。杰戈的身体往后一仰，拳头刚刚擦过他的鼻尖。男人再次挥拳，杰戈往旁边一躲。

"动作够快的，娘娘腔，"被激怒的男人骂了句脏话，"把你的手拿出来。难道你是在瞧不起我吗？"

杰戈笑了一笑，露出了闪闪发亮的牙齿。"我哪里需要用到手。"对方猛地向前，杰戈迎上前去，脚跟狠狠踩在对方的一只脚面上。男人痛得鬼哭狼嚎，想要抓住杰戈的手臂，结果被杰戈一拳打在胃部，深深地弯下腰去。直到最后，杰戈仍然没有拿出自己的手。他转过身，继续朝着马路尽头走，那里有一家全天营业的汉堡王快餐店，杰戈准备拿几个培根奶酪汉堡垫肚子。选手们不需要进食。即便他们中的一人曾经宣称自己再也受不了这场荒唐的游戏了。杰戈听到身后的男人迅速从口袋里取出了什么东西。他没有回头，直接警告对方说，"你最好把你手里的刀收好了。"

对方似乎被吓住了。"你怎么知道我手里拿着刀？"

"我听到了，也闻到了。"

"混蛋！"那个男人低声咒骂，继续向前冲。

杰戈还是不想费劲把手从口袋里拿出来。银色金属在路灯的照射下发出阴冷的光。杰戈直接抬起一条腿踢在男人的肋骨，身体前倾再次抬腿猛击对方下巴，躲过锋利的刀尖。接着，屈膝抵住对方握刀的手，把他的手腕踩在地上，刀脱手后，再用鞋头把刀踢远，直接滚进马路边的水沟里。挑衅者发出了痛苦的呻吟声。这个看起来弱不禁风的小子竟然在手插口袋的情况下把他痛打一顿。

杰戈笑了一笑，转过身去，走到街的另一边。

那里有一家汉堡王快餐店。

没错。

选手们只需要参加游戏。

但是，他们也需要进食。

Odem Pit'dah Bareket

Nofekh Sapir Yahalom

Leshem Shevo Ahlamah

Tarshish Shoham Yashfeh

希拉尔·伊本·伊萨·阿尔索特，艾本·伊本·穆罕默德·艾尔-朱兰

北埃塞俄比亚，阿克苏姆王国，圣约教堂

希拉尔在睡梦中发出痛苦的呻吟声，不断呜咽着，浑身颤抖。他的头部、面部、右肩、右臂都被纳巴泰人扔过来的燃烧手榴弹烧伤了，当时他正准备向地道撤退。

艾本把他拖到了安全地带，用毯子扑灭了身上肆虐的火苗，试图使他镇静下来，并且给他注射了吗啡。

希拉尔终于不再尖叫了。

当时敌方来袭时，正好发生了停电，他们只有启动备用电源。伊本使用手动的曲柄收音机给远在亚的斯的那布利尔打电话，对方告知此次停电原因是太阳耀斑，而且是一场大规模的太阳耀斑活动，规模之大前所未有。凑巧的是，这次太阳耀斑活动正好聚集在阿克苏姆王国，就发生在希拉尔写信给其他选手的当下，就发生在东胡人和纳巴泰人发动突袭的同时。这一切几乎绝无可能。太阳耀斑通常影响到相当广阔的范围，几乎覆盖整个大陆。它们不可能具备精确瞄准的能力。它们根本不会瞄准任何对象。

绝无可能。

绝无可能，除非是创世者。

伊本一边照顾希拉尔，一边揣测这次伏击可能造成的后果。他手下有两名担当助手的献身者，均为哑巴。他们把希拉尔抬上担架，给他做了静脉注射，将他隐藏到这座古老教堂的地下七层。伊本和他的助手正在用羊奶给希拉尔沐浴，他们一边做着手上的工作，一边默默地祈祷。他们悉心照顾希拉尔，极力拯救他的性命。希拉尔的皮肤起泡变皱，烧焦的头发飘散出硫黄的味道，羊奶和鲜血混合发出古怪的气味。

伊本静静地流下眼泪。希拉尔曾经是族群当中将近一千年来最为美貌的阿克苏姆选手，此前得此殊荣的是传奇女选手艾琳·布哈拉·阿尔-布鲁。希拉尔拥有近乎完美的面容，他那蓝色的眼眸、光滑的肌肤、整齐的牙齿、高耸的颧骨、小鼻子、圆鼻孔、方下巴、卷翘的头发、略带孩子气的脸庞。他看起来就像是神话中的神祇。然而，一切都变成过眼云烟。希拉尔·伊本·伊萨·阿尔索特再也不复美丽的容貌。伊本特地从开罗请来一名外科医生，进行了三次皮肤移植手术。一位来自突尼斯的眼科医生试图挽救希拉尔的右眼。从医学的角度来说，移植手术可算是成功的，但是希拉尔的面容将永远保留可怖的疤痕。这个漂亮的男孩子就像一个七拼八凑的洋娃娃。右眼终于保住了，但是视力将要遭受永久损伤。现在，他的眼眸不再是纯净的蓝色，而是变成了血红色，中间的瞳孔变成了奶白色。

"他的眼睛恐怕再也无法恢复原样了。"眼科医生不无遗憾地说。

他曾是那样的美丽绝伦。简直就是天使的最佳范本。再看看现在的他，简直变成了半人半鬼的样子。

15

伊本心想：即便他已经半人半鬼，还是我们的一员。

距离那次突袭，已经过去了一周时间。希拉尔躺在一间陈设简单的石头卧室的床上，伊本跪坐在旁边照顾他。床架上悬挂着小型的木质十字架。靠墙的地方，放着白色的瓷质水槽。旁边墙上有几个挂衣服的挂钩。小衣柜里装着洗干净的床单和绷带。床头挂着静脉注射所需的挂钩。床边的小推车里，装着心脏监控仪、引线和电极等设备。两位献身者——身材魁梧，一男一女——安静地、全副武装地侍奉在他的床边。

希拉尔始终没有醒来。他不时发出呜咽声，连续地呻吟着，身体不住地颤抖。他还在注射吗啡，但是伊本已经开始减少注射剂量。希拉尔必须学会忍受痛苦，这种痛苦将比以往经历的任何痛苦都要剧烈而持久。如果希拉尔继续参加终极游戏，那么他就必须适应自己的新处境。

适应更多的伤痛。适应更多的缺陷。适应他的全新的身体。

如果希拉尔不打算继续参赛，伊本需要知道他的想法。如果是那样的话，他必须删除希拉尔的记忆。

出于这层考虑，伊本减少了吗啡的注射剂量。

就在希拉尔昏睡的时候，伊本不断祈祷着，沉思着。他还记得，在吗啡起效前，希拉尔说过的那句话：我可能错了，大事件可能无法避免。

伊本知道，事情确实有点不对劲。电视上说的是一回事，太阳耀斑集中爆发在阿克苏姆又是另一回事。很明显，创世者正在干预游戏。唯一的一种解释就是：堕落者是事件背后的真凶。那是阿克苏姆历经数个世纪不断找寻，但却至今渺无音讯的对象，那个叫做埃亚的家伙。

但是，就连堕落者也不可能拥有控制太阳的超强能力。

因此，伊本大胆推测：始作俑者就是创世者。

伊本很清楚，这是一种再野蛮不过的行径。他们创造人类生命，他们理应知晓人类即将迈向万劫不复，重设地球的生命之钟，使得这个星球从毁灭的边缘恢复过来。但是，他们不应该干预终极游戏的进行。他们制定了这些规则，现在又要打破规则，这就意味着：时机已经成熟。

现在应该看看传说中的，但却又真实存在的那个容器中究竟装着什么东西。

还记得当年摩西叔叔伪造了容器已毁的表象，暗中将它藏起来，并且告诉亚伦的子孙不惜一切代价保护容器，但是绝对不要看容器，更不能打开容器。他给出了指示：等到最终审判日降临，才能打开容器的封印。

这一天似乎已经不远了。

这将是一个时代的终结。

很快，勇猛的阿克苏姆人将要掌握自己的命运，向世人展示荣耀天使金色翅膀下的强大威力。很快，艾本·伊本·穆罕默德·艾尔-朱兰将会冒着自我毁灭的危险，继续终极游戏的征途。

等到希拉尔恢复清醒意识，伊本将会打破他们与创世者的契约，让他们尝尝阿克苏姆人的厉害。

科学前沿，1981 年 5 月

1967 年 3 月，美国空军安全局的技术人员拦截到一架俄制古巴 MIG-21 战斗机飞行员与指挥官之间关于遭遇 UFO 的一段对话。技术人员说，飞行员曾经向着不明物体开火，结果 MIG-21 战斗机坠毁，飞行员丧生。技术人员还宣称，有关该事件的所有报告、录音带、日志记录、笔记已在国家安全局的要求下全部完成移交。

不出所料，几个月后，美国国家安全局起草了一份名为《UFO 假说及生存问题》的报告。依据美国的信息自由法案，这份报告最终于 1979 年 10 月公开，报告指出"以往总是使用过于散漫的科学态度来应对 UFO 问题"。美国国家安全局得出结论，无论 UFO 假说是真是假，"它们都将引发严肃的人类生存思考。"

爱丽丝·乌拉帕拉
澳大利亚，北领地，纳基环礁湖

爱丽丝和萨里背靠背站立着，摆出了战斗中的姿势，还有一个小姑娘挤在她们中间，吓得瑟瑟发抖，不断地啜泣着。爱丽丝握着一把匕首和回旋镖，萨里的武器则是一根缀满尖钉的金属棍。一群人将她们围绕在中间，手中同样持有武器，还在不断发出威胁式的低吼声和咆哮声。除此之外，外面围着一群红着眼的恶犬，还有一帮黑衣壮汉手握来复枪、镰刀和警棍。在他们的上方，飘浮着一些星形物体，隐约显露出开普勒星人的脸部样貌；它们伸出七根手指的手，极薄的身体保持静止，嘲笑声不断盘旋在半空中。在它们的中间，出现了黑洞一般的时空扭曲现象。还没等爱丽丝思考这一切意味着什么，对方决定要先发制人，小姑娘发出了凄厉的尖叫声，爱丽丝只能迅速做出反应，一边抛出回旋镖，同时将匕首刺进了袭击者的心脏；那是一个皮肤黝黑且矮小的男孩子，他的鲜血不断从胸口涌出，甚至喷到了爱丽丝的脸上。小姑娘仍然在尖叫着，不断尖叫着，就像没有什么能阻止她一样。

爱丽丝从吊床上惊坐起来，双手紧握着吊床的绳索边缘，以免自己在慌乱中掉落下去。她散落的头发如同黑色的瀑布，月光在发梢卷曲处洒下了点点银光。

爱丽丝深吸了一口气，拍了一下脸颊，再次检查了回旋镖和匕首。它们还在，就在她睡的吊床一端金属环上方的木桩上。

爱丽丝，独自一人，待在环礁湖附近小屋的门廊里。环礁湖以外的地方，就是帝汶海。在她的身后，就在小屋的另一侧，生长着辽阔北领地的灌木丛和矮树丛。那里就是爱丽丝家的后院。

她在家中冥想着，思考梦中出现的情景，并且利用自己的记忆，追随梦之轨迹。她思考着祖先们、海洋、天空、地球。自从开普勒播放"开始"信号，自从她在睡梦中接收到另一条线索，她就一直呆在这儿。这条线索并不神秘，显得相当简单直白，但是并不确切指向什么。

她不断在想，也许其他选手已经得到新的线索，也许已经有人猜出她的下落，也许她的周围已经有人设下埋伏，正在静悄悄地、充满死亡气息地用狙击步枪瞄准她的所在。

"我发现你了！"爱丽丝向着暗处大吼一声，她的声音传到了这片贫瘠土地的各个角落。同时，她迅速地跳下吊床，瞬间冲到了门廊尽头，活动了一下自己的脚趾头，并将手臂向外伸展出去。"我就在这里，你这个该死的家伙——来找我呀！"然而，并没有子弹朝她射来。

爱丽丝暗中偷笑了一声，吐了口唾沫，在屁股上挠了挠痒。她望向线索中的明亮光线，那是她想象中的金属灯塔。她很清楚，那就是东胡人巴依萨克罕所在地，那个可怕的幼童，那个想要杀死萨里的人，那个反复出现在幼年爱丽丝梦境中的人。根据爱丽丝的推测，那个小姑娘就是幼时的爱丽丝，萨里的小女儿；但是，她并不知道东胡人，或任何人，想要将她置之死地的原因。幼年的爱丽丝在其中扮演着怎样的重要角色——如果她确实很重要的话——她仍未洞察缘由。

无论如何，成年后的爱丽丝一定要找到巴依萨克罕，并将其杀死。那就是她的参赛的最终原因。如果说，这将引导她靠近终极游戏的三大钥匙之一，那就顺其自然。如果结局最终事与愿违，亦当顺应天命。

"世事不可强求。"爱丽丝默默地说。

此时，一颗流星正好划过天际，渐渐消失在西方。爱丽丝转了个身，走进环礁湖边的小屋里，从木桩上抓起了匕首。然后，她拿起一部旧式按钮电话的听筒——上面还绕着线圈——拨出一串数字，最后把听筒放到耳畔。

"嘿，蒂姆，我是爱丽丝。听着，在明天黎明前，我会在一艘货船上，需要借用你那无人能及的追踪技术，需要你帮助我定位某一个人，你应该没问题吧？之前应该跟你提过的，就是那个哈拉帕人。没错，就是她。她叫乔普拉。印度人。没错，没错。我知道，那个国家大概有无数个人都叫乔普拉，但是你必须仔细听我说。她大约在十七岁到二十岁之间，我想更靠近二十岁吧。她有一个孩子。大概两三岁的样子。还有最关键的一点，那个女孩的名字叫爱丽丝。应该可以帮你缩小一些范围。没错，如果你找到了任何线索，就给这个号码打电话。我会随时关注信息的。好的，就这样吧，祝好运，蒂姆。"

爱丽丝挂了电话，转头盯着床上的背包。那是一个黑色的帆布书包，里面还放着不少武器。

她必须做好准备。

她告诉她的学生们，她的信徒们：

你能感受到。

所有好的东西都是海市蜃楼。

没有什么值得永存。

如果饿了，你就会吃，然后你会感到饱足，然而饱足感提醒着你，你很快就会再次感到饥饿。如果冷了，你就会升起火堆，然而火堆终将熄灭，而后寒冷终会席卷而来。如果孤单，你就会寻找陪伴，然而他们终将厌倦于你，或者你厌倦他们，最终你还是孤单一人。

幸福、满意、知足，所有这些都会织就一个薄如蝉翼的面纱，似乎能够掩盖痛苦的本质。然而，痛苦永远在暗处潜伏，伺机而动。孩子们不断创造的梦想以及他们不断沉迷的事物——欲望、玩乐、美酒、美食、财富、冒险、游戏——存在是为了隔绝恐惧。

恐惧是唯一不变的事物，这就是我们应该倾听恐惧的原因。我们应该拥抱恐惧，将它永存于心，并且珍爱恐惧。

伟大源自恐惧，我的孩子们。利用恐惧，我们抗争的武器。利用恐惧，我们将取得胜利。

—S

刘安

HMS 无畏者号，45 型驱逐舰，英吉利海峡，50.324，-0.873

哔。

颤抖。

哔哔。

颤抖。

哔哔。

颤抖、闪烁、颤抖、闪烁。

"千代子！"

刘安试图坐起身来，但是他感到自己被捆绑住了。手腕、脚踝、仍在颤抖的胸部。他左右来回扫视，脑子里乱作一团，几近窒息。

痛到无法忍受。

在右眼、太阳穴周围、颅骨后侧以及颈部下方，刘安感到一阵阵的强烈疼痛。他根本不记得自己如何来到这里。他正躺在轮床上，旁边立着一个输液架，手推车上放着心脏和呼吸监测仪。仪器上面闪烁着光。四周都是白墙。低矮的灰色天花板。上方悬挂着明亮的白炽灯。墙上挂着一幅伊丽莎白女王的画像。椭圆门中间有一个铁的轮子，上面有四个黑色大字。他能感觉到房间发生了移动，听到了破裂声。

门上有一个轮子。

房间向另一个方向发生移动，伴有破裂声。

现在，他在一艘船上。

"千……千代子……"他喃喃自语道。

"她叫千代子，额？那个被压得粉碎了的女选手？"

那是一个男人的声音。这种声音来自他的头顶上方，来自于他的眼睛看不到的地方。刘安转过头，拼命想要挣脱束缚。他转动着自己的眼珠，直到疼痛变得难以忍受的程度。他仍然看不到说话的人是谁。

"千代子。我本来还在好奇她叫什么的。"刘安听到笔在纸上划动的声音。

"我还要谢谢你，总算解答了我的疑惑。她就是那个被压扁的可怜姑娘，简直就跟馅饼似的。"

压扁了？他到底在说什么鬼话？

"别……别……别说……"

"怎么了？你想说什么？"

"别……别说她的……她的名字！"

男人叹了口气，向前走了一步。刘安大概能够看清对方的面部特征。那是一个白人男性，被刻意晒黑的皮肤，棕色头发，细直的眉毛，前额的纹路很深。不过，这些纹路并不是年老的皱纹，而是皱眉过多、喊叫过多、斜视过多所致，也许这是英国人而过于严肃所致。

刘安已经猜出了对方的身份，他们肯定是英国特种部队。

"这是……哪里？"他已经很久没有颤抖得这么厉害了……

自从千代子那晚离开他，就再没有这么严重地颤抖过了。

他的脑袋前后晃动着，双腿不住地颤抖。

他需要见到她。

她能让他平静下来。

"我说，老兄，你已经抖成这副德行了。"对方一边说，一边走到轮床的一侧。

"还想知道你女朋友的下落吗？"

"千……千代子……"

刘安不断重复着名字，他的思维似乎陷入了一种无限循环。

"千……千代子……"

男人将一只手放在刘安的手臂上。这是一只温暖的手。看来对方比刘安想像中更瘦一些。相对于体型而言，他的双手显得有些过于大了。

"我也有一些问题。不过，我们要等到你能够控制自己，才能继续我们的对话。"男人说完就转过身去，拿起旁边托盘中的注射器。刘安扫了一眼注射液的标签，上面写着"血清#591566"。"放轻松，试着呼吸，伙计。"男人卷起了刘安左手的衣袖，然后说："可能会有点疼。"

不要！

不要！

"放松，呼吸。"

刘安剧烈地抽搐起来。他感觉注射的药物逐渐蔓延到手臂、心脏、颈部、头部。疼痛消失了。冰冷的黑暗席卷他的脑部，就像猛烈摇晃着船身的巨浪。刘安觉得，注射的药物似乎将他拽进深海，拖进无尽黑暗的万丈海底。他悬浮着、失重着，飘在海中。他不再颤抖。他再不觉得眼前的闪光。一切都是寂静无声，一切都是幽暗无光。寂静的，轻松的。

"你现在能说话了吗？"男人的声音好像是在刘安的脑中回荡。

"可以。"刘安已经能够毫不费力地说话。

"很好。你可以叫我查理。你叫什么名字，伙计？"

刘安睁开了眼睛。他感觉视线中的物体边缘仍然显得模糊，不过感官变得异常敏锐。"我叫梁安。"他回答说。

"不对，你到底叫什么名字？"

刘安试图转过头去，但是没有办法做到。很明显，他的行动受到了更多的束缚。额头好像被绑住了？还是因为药物的作用？

"刘畅，"他随便说了一个名字。

"不对，你还是说实话吧，我会告诉你千代子的下落。我可以保证。"

刘安正准备说话，男人将一只大手覆在刘安的嘴上。

"我是认真的。如果你再不说实话，那我们就没什么可说的了。既没有千代子，也没有你了。你懂了吗？"

刘安无法移动头部，更无法点头，只好睁大眼睛。是的，他已经懂了。

"很好，伙计。现在来说说，你叫什么名字？"

"刘安。"

"好多了。你多大年龄了？"

"十七岁。"

"你从哪里来?"

"中国。"

"别想糊弄我。中国哪里?"

"待过很多地方。最后一个是西安。"

"你为什么出现在巨石阵?"

刘安感到耳朵发痒,好像有什么东西在挠动的声音。

"为了帮助千代子。"刘安说。

"跟我说说千代子。她的姓氏是什么?"

"武田。她是幕族。"

"幕族?"男人停顿了一下。

"没错。"

"什么是幕族?"

"我不清楚。反正就是很古老的家族。比古老还要老。"

刘安又听到了窸窸窣窣的挠动声。那是测谎仪发出的声音。

"他没说谎。"男人说话了,"我不知道他说的究竟是什么,但是他确实没说谎。"

刘安发觉,听筒里发出了微弱的声音。有人正在观察和倾听着房间里发生的事情。听筒里的这个人在发布指令,手掌很大、前额很多皱纹的查理就是听命于他。

"你在我的体内注射了什么?"刘安问。

"伙计,这可是头等机密。如果我告诉你更多信息,那就不得不杀了你。另外,你可没资格向我提问。等你回答完我的问题,也许我会让你问几个问题,你说如何?"

"一言为定。"

"在巨石阵的时候,你要帮千代子什么忙?"

"帮她拿到大地之匙。"

"什么是大地之匙?"

"拼图的一块。"

"哪里的拼图?"

"终极游戏的拼图。"

"终极游戏是什么?"

"终结时间的游戏。"

"你是参与其中的选手?"

"是的。"

"千代子也是选手?"

"是的。"

"她是幕族?"

"是的。"

"你是什么身份?"

"我是商族。"

"什么是商族?"

"商族是我们族人的父辈。商族是我们的族人。商族就是我。我就是商族。我憎恨商族。"

查理再次陷入了停顿,他似乎是在一块板上写了些什么。但是刘安什么都看不到。"大地之匙有什么用途?"

"我不确定。也许什么用都没有?"

"还有其他的钥匙吗?"

"有。还有另外两把钥匙。"

"大地之匙就在巨石阵?"

"我是这么认为的。但是不确定。"

"其他两把钥匙在哪里?"

"我不知道。这就是游戏的一部分。"

"终极游戏?"

"是的。"

"谁组织了这场游戏?"

他无法不说到那些字眼。"他们。创世者们。天神们。他们有很多名字,有个叫做开普勒 22b 的创世者告诉我们关于终极游戏的事情。"血清,或是他们注射的其他物质,正在不断刺激着刘安大脑前额叶的突触。不论如何,这种药物的效果确实不赖。

查理将一张图片放在刘安面前。自从巨石阵发生巨变，光束直冲云霄以后，这个人的脸反复出现在全世界的各种屏幕上——电视、手机、平板电脑、电脑屏幕。"你以前见过这个人吗？"

"没有。等等，我可能见过他。"

"可能？"

"是的……是的，我见过他。那是他的伪装。那可能是开普勒22b。但是，也可能不是他——或她——或它。那不是一个人。"

查理将图片移走。换上一张巨石阵的图片。

巨石阵不复以往的模样，不再古朴，不再神秘。

所有细节都被揭露出来，前后的差异之大叫人瞠目结舌。只见一座由石块、玻璃、金属组成的神秘高塔，足有一百英尺高，高耸入云，而以往标志性的巨石块纷纷散落在高塔的底座周围，就像是孩童随意丢弃的积木。

"跟我说说吧。"

刘安瞪大了双眼。他记忆中的巨石阵仍然停留在此前的模样。"我根本不知道有这回事。我能向你提问吗？"

"你已经问了，那么，你问吧。"

"这就是巨石阵？"

"是的。这一切是如何发生的？"

"我不知道。我记不得了。"

查理向后靠了靠。"我猜你应该不记得了。你中了枪，你知道吗？"

"不知道。"

"你头部中枪了。你的头部伤势很重。不过，还算幸运，你的脑袋里有一块金属碎片，而且是包裹着凯夫拉尔纤维的金属碎片。还真算是有先见之明。"

"是的。挺幸运的。我还能再问一个问题吗？"

"当然。"

"你能告诉我发生了什么吗？"

查理再次停顿了一下，听筒里传来一阵声音。

"我们并不确切知道。我们知道，你中了枪。那是一种特殊的子弹，只有少数人见过。你当时紧紧握着一根绳子，绳子末端是一具年轻男子的尸体。或者说，那是他残留的尸体。他胸部以上完全被炸碎了。只有下半身。"

刘安回想起来，是他把炸弹的皮带绑在那个男孩的身上。那里还有一个奥尔梅克人，一个卡霍基亚人。

"你的女朋友，千代子——"

"不许你提到她的名字。从现在起，她的名字就是我的名字。"

查理瞪了他一眼。他的眼睛从蓝色，变成了绿色，最后变成红色。

刘安对自己说，那都是药的效果。这药真不赖。

"千代子，"查理再次重复了这个名字，似乎是故意要刺痛刘安。"她就在你的身边。当巨石阵下面的东西再次出现的时候，其中一块巨石砸到了她的身上。结果，把她三分之二的身体都砸烂了。当场毙命。我们只能把她的尸体拼凑起来。"

"她就在我的身边？"刘安继续问。眼皮不住地颤抖起来。"就在我中枪以后？"

"是的。是她开枪打你的吗？"

"不是。"

"谁开的枪？"

"不确定。还有两个人在场。"

"这两个人有陶瓷和聚合物子弹？"

"不确定。枪是白色的，所以，也许吧。"

"他们叫什么名字？"

"莎拉·阿洛佩和杰戈·特拉洛克。"刘安很费力地吐出了这两个外国名字。

"他们也是参加游戏的选手吗？"

"是的。"

"他们为谁而战？"

刘安的眼睛再次抖动起来。"为了……为了他们的族人。女的是卡霍基亚人，男的是奥尔梅克人。"刘安的头部突然痉挛起来。新一轮的疼痛席卷他的后脑延髓。显然，药效正在减弱。

查理又把一张纸放在刘安的面前。那是两幅人像。

"你说的是他们俩?"

刘安斜眼看了图片,然后说:"是……是的。"

颤抖。

"很好。"

查理朝着话筒说着什么,刘安听不清楚。

哔。哔—哔。哔。哔—哔。

心率监测仪再次出现。房间的其他细节再次出现在刘安眼前。视线边缘不再模糊。他仿佛是从幽深水面浮出来。身体再次颤抖起来。

"千……千代子……她在哪里?"

"无可奉告,伙计。"

"在这艘船上吗?"

"无可奉告。"

"我……我能见她吗?"

"不能。现在开始,你只能见到我。你再也见不到其他人了。只有我和你两个人。"

"噢。"

刘安的脑部出现了痉挛。手指也不受控制地抖动起来。

"你们……你们……"刘安的声音越来越弱,最后终于放弃,转而低语道。"你们知道吗,那场游戏……"

"知道什么?"

"你们都要死。"刘安的声音几不可闻。查理根本没听清楚。

"你说什么?"查理将一只耳朵凑近刘安。

"你们都要死。"刘安的声音变得更轻。

查理把身体凑得更近。他们的脸相隔不到半米。查理斜眼看过来,额头又皱了起来。刘安双眼紧闭,嘴唇张开。

查理问说:"你们都要死? 你是要说这……"

刘安突然狠狠咬住查理。查理清楚地听到,他的嘴里发出一种塑料碎裂的声音。刘安又呼了一口气,就像泄气的气球,嘘的一声吹出一口气,牙齿后方喷出一股橘色气体,正好命中查理的脸部。查理的眼睛猛地睁大，眼泪随即流出，根本无法呼吸。他的整张脸都在燃烧，全身皮肤都跟着了火一样，眼睛仿佛要融化，肺部不断收缩。最后，他倒在了刘安的胸前。全程只用了 4.56 秒，刘安再次睁开了双眼。

"是的，"刘安喃喃地说，"你们都要死。"

刘安把假牙从嘴里吐出来，他花了好几年时间，才对这种毒药产生免疫。假牙掉在金属地面上。查理耳机里的微弱声音发出了尖叫。两秒钟后，警报被拉响，回荡在金属船体的各个角落。所有的灯光都已熄灭。红色的警报灯在闪烁着。

房间不断转变，发出碎裂声。不断转变，发出碎裂声。

我在船上。

我在船上，我要出去。

未来是一场游戏。

时间，是其中的一条规则。

马卡比·阿德莱，巴依特萨罕

提泽则酒店，亚的斯亚贝巴，埃塞俄比亚

"是我，"马卡比·阿德莱，第八区选手，对着一个不起眼的无线话筒说出这句话。他所说的语言全世界只有十个人能听懂。"*Kalla bhajat niboot scree*。"

这句话无法翻译。它们比古老更古老，但是电话另一端的女人能够听懂。

她回答："*Kalla bhajat niboot scree*。"他们正在以这种方式确定对方的身份。"你那边安全吗?"女人问道。

"我觉得很安全。不过，谁在乎这些呢。反正世界的终结无法避免。"

"其他人可能会找上你的。"

"去他们的吧。"马卡比一边说着，一边用手指抚弄着口袋里的玻璃球，"再者说了，就算他们找来了，我也会察觉到。听着，叶卡捷琳娜。"马卡比总是这样对母亲直呼其名，从小就是如此，"我需要一些东西。"

"任何东西都行，我亲爱的选手。"

"我需要一只手。机械的，或是钛合金的，有没有皮肤都行。"

"神经融合的那种?"

"只要能尽快送来。"

"这取决于伤口程度。我看到伤口就能确定。"

"在哪里? 多快?"

叶卡捷琳娜思考了一下："柏林。两天后。我明天把地址发给你。"

"很好。不过，这只手不是给我的。"

"没问题。"

"这只手不是给我的，我需要植入一些东西，隐藏的东西。"

"没问题。"

"我会通过加密的僵尸网络 M-N-V- 八区，把规格和编码传输给你。"

"好的。"

"再重复一次。"马卡比对母亲说。

"M-N-V- 八区。"

"这通电话结束后，文件会在二十秒内传输完成。文件名称是'山茱萸的嘲笑'。"

"明白了。"

"那么我们柏林见。"

"好的，我的儿子，亲爱的选手。*Kalla bhajat niboot scree*。"

马卡比挂断电话，登录了手机上的僵尸网络，启动了程序，点击了发送按钮。文件"山茱萸的嘲笑"已传输。他把手机反过来，取出电池，丢进酒店前台旁边的垃圾桶。

他两只手拿着手机，在经过礼品店的时候，用力挤压手机的中间。他走到装满苏打水的冰箱前，打开了冰箱门。一股冷气扑面而来。他用力将冷空气吸进肺部。感觉很不错。

他伸手去够货架深处的两罐可乐，同时把手机扔进去，发出了一阵撞击声。

他付了可乐钱，向酒店房间走去。

巴依特萨罕坐在这间普通套房的沙发上，几乎坐在了坐垫的边缘，背部挺直，闭着双眼。手腕上的纱布沾染着深红色的血迹。另一只手成握拳状。

马卡比关上门。"我给你买了可乐。"

"我不喜欢可乐。"

"你当然不喜欢。"

"扎赛尔喜欢可乐。"

我倒是希望跟他搭档，马卡比心想。他打开自己那罐可乐，拉环发出了轻响，然后喝了一小口。可乐弄得他的舌头和嗓子有些痒痒的。

味道还不错。"我们要去柏林，巴依特。"

巴依特萨罕睁开深褐色的眼眸，紧紧盯着马卡比。"风并不把我吹向那里，兄弟。"

"风就是往柏林吹的。"

"不对。我们必须杀死那个阿克苏姆人。"

"不，我们没必要杀死那个阿克苏姆人。"

"我们必须杀死他。"

马卡比拿出口袋里的玻璃球："我们没理由那样做。希拉尔差点没命了。他哪儿也去不了。再说，他的族人会等待他，守护他。如果我们回到那里，无异于自寻死路。我们最好耐心等待。也许他会自己死掉，这样我们就不必亲自前往了。"

"那么，谁来给巴特和博德报仇呢？哈拉帕人呢？"

马卡比走到巴依特萨罕身边，轻拍了一下对方的残肢。马卡比理解这种痛楚，巴依特萨罕只是咬紧了牙关说："她离得太远，巴特。其他人更近一些——那些拥有大地之匙的人。那些遵守游戏规则的人。你还记得玻璃球的显像吧？"

"记得。那座石碑。那个叫莎拉的女孩拿到了第一把钥匙。"

"没错……你是对的。"

马卡比心想，这可是我有史以来从巴依特口中听过的最接近道歉的话了。巴依特萨罕点了点头："我们必须找到他们。"

"我很高兴你赞成我的想法。先说重要的事情。你必须修复你的手臂。"

"我并不想让它复原。没那个必要。"

马卡比摇头说："难道你不想再用弓箭了吗？难道你不想再骑马挥剑吗？难道你不想用两只手杀死那个哈拉帕人吗？"

巴依特萨罕摇了摇头说："那已经不可能了。"

"你听说过神经融合术吗？还有智能假体？"

巴依特萨罕皱起了眉头。

"你和你的族人来自于跟我们完全不同的世纪，所以你们可能无法理解我所说的话。但是我保证，这种技术能够使你如虎添翼。简单地说，你会获得一只性能更好的手臂。"

巴依特萨罕抬起自己的残肢，不解地问："难道是什么魔法吗？"

马卡比窃笑着说："柏林。两天后见分晓。"

"那好吧。然后呢？"

"然后，我们就用这个。"马卡比拿起玻璃球说："我们用它找到那个卡霍基亚人和那个奥尔梅克人，夺走大地之匙。"

巴依特萨罕闭上眼睛，深吸了一口气说："我们要去狩猎了。"

"没错，兄弟，我们要去狩猎了。"

"针对英国南部巨石阵，人们猜测纷纷。根据当地人描述，他们首先在黎明前听到剧烈的爆炸声，随后几秒钟内看到一束光柱直冲云霄，距离时间发生已经过去将近一周时间。根据古老石碑的神秘传说，人们推测可能是外星人造访地球，或是政府秘密机构所为甚至有人认为是莫洛克斯族——没错，你听得没错——那群聚居地下的穴居人是该事件的始作俑者。现在让我们连线福克斯新闻记者米尔斯·鲍尔，自从报道大量出现，他就一直驻守在附近的埃姆斯伯利。你好，米尔斯？"

"你好，史蒂芬妮。"

"你能给我们介绍一下当地的情况吗？"

"现场十分混乱。这座古老的村庄挤满了人。政府车辆不断来往于事件现场和这个村庄。空中有数架直升机。根据匿名线报，现有三架高海拔 CIA 或米 –6 掠夺者侦察机全天二十四小时监控现场。整片区域目前已经宣布戒严，包括英国、法国、德国、美国在内的多国政要已经赶赴现场，并将整片区域用巨型的白色马戏帐篷遮盖起来。"

"所以说，没人知道据称的光柱的真正成因？"

"没错，史蒂芬妮。不过，这束光柱并非据称。福克斯新闻已经获得智能手机拍摄的四段光柱视频，正如你们现在看到的这段。"

"天哪……我从来没有见过……"

"没错。场面太惊人了。你可以看到光柱直直冲向天际——很显然，这束光柱来自巨石阵中被称为踵石的所在区域。不过，史蒂芬妮，真正奇怪的是，四段视频都在同一时间停止拍摄，使用者都试图重新开始拍摄未果。”

"巨石阵是——曾经是——著名观光景点。除了视频拍摄者，还有没有目击者？还有从事发地回来的人吗？"

"如我所说，消息都被封锁了。据称，政府已经扣留了一部分人，他们可能在皇家海军驱逐舰 HMS 无畏者号上，目前正在英吉利海峡。当然，基于调查正在进行，海军方面的发言人目前不可能确认或否认这种谣传。如果公众继续追问调查进程，官方回应通常会是——引用——'巨石阵及其周边区域的未预料到的发展。'再无其他。我们能够确定的是，无论发生了什么，他们不想让公众知道真相。"

"是的，确实如此……很显然。米尔斯，谢谢你的报道。请继续追踪事件的最新进展。"

"我会的，史蒂芬妮。"

"下一条福克斯新闻，叙利亚持续危机以及来自阿联酋艾尔艾因陨石坑的暖心故事……"

艾斯林 · 考普
肯尼迪国际机场，一号航站楼入境登记大厅，皇后区，纽约

透过机舱窄小的椭圆形窗户，艾斯林 · 考普看到了传闻中的那个陨石坑。陨石坑呈现出碗的形状，就像这座城市的一道黑色疤痕，相较于 2001 年人为恐怖袭击的真实图片，这里的惨烈程度不下于前者的十倍。

然而，这个陨石坑发生了一些改变。

倒不是说，现场被修复或是被清理了——这项工作至少需要花费数十年的时间。

真正发生改变的是陨石坑中央，陨石撞击地面的那块区域。如今，这里不再是碎石和废墟，而是一个干干净净的白点。

一顶帐篷。就像是遮盖巨石阵的那个帐篷。

不知道那个卡霍基亚人和那个奥尔梅克对古老的凯尔特遗迹做了些什么。

那是属于她族人的一处建筑。古老的拉坦诺文化的权力中心。

使用。丢弃。遮蔽。

在艾斯林看来，这种白色帐篷传递出一种信号。政府对此感到恐慌，他们一无所知，只能在暗中摸索。如果他们无法解答发生的现象——例如：陨石、巨石阵——他们就会选择掩盖真相，直到他们发现真相为止。

当然，他们不可能发现真相。

就在飞机驶过皇后区的几分钟后，她看到了一些别的东西。她想看的一些东西。就在连接洛克威半岛和皇后区的一大片平地——布罗德通道上面。她看到了波普家的房子。当时，陨石猛烈撞击距此地数英里以北的地区，最后造成了 4416 人殒命、8 千多人受伤。如今，这

栋鸭绿色的小木屋仍然完好地坐落在西十大街上。幸好，陨石当时正好坠落在一片空旷的墓地，否则将有更多的死伤者。这些逝者显然代替了生者，承受了主要的冲击力。

艾斯林幸免于难。她的房子同样幸免于难。

还能幸存多久？答案无从得知。肯尼迪机场还能幸存多久？政府的白色帐篷能够存在多久？这个世界上的一切人与事物还能幸存多久？

大事件即将降临。艾斯林知道具体的时间，却不知道具体的地点。如果大事件集中爆发在菲律宾、或西伯利亚、或南极洲、或马达加斯加，那么波普的小木屋应该还能保留下来。纽约还能保留下来。肯尼迪机场还能保留下来。

然而，如果大事件发生在北大西洋的任何地点，巨浪将会席卷沿海区域，摧毁无数房屋。如果大事件发生在陆地，甚至是城市，那么她的家园将在数秒之间付之一炬。

艾斯林深信，无论大事件爆发于何地，它都将以小行星的形式出现。这一点是毫无疑问的。她曾在贝鲁伊索湖的古老岩画上看到这样的场景。从中生出了炙热火焰，生出了死亡气息，同样孕育了生命意识。巨大的铁镍金属厚块，似乎跟银河系一样悠远，将要撞向地球，在此后的一千年间，持续改变着地球生命。它是超大规模的宇宙入侵者。它是杀手。

那就是开普勒星人。他们是杀手。

从理论上说，我也是他们的一员。

她在漫长而缓慢的入境登记队伍中，向前移动了一些。

她明明有机会射杀那个卡霍基亚人和那个奥尔梅克人，为什么最后没那么做呢？也许，她原本可以阻止这一切的发生。也许，在那一瞬间，她手里握着阻止终极游戏的钥匙。

也许。

她应该先开枪，晚点再提问。

她太软弱。

在终极游戏中，你必须要坚强。早在她符合条件以前，波普就曾告诉她。必须坚不可摧。

艾斯林心想，我必须要更坚强，才能阻止这一切。我不要再软弱下去了。

"下一个，三十一号，"一个穿着棕色运动外套的印度女人喊道，打断了艾斯林的思绪。这个女人有着一双带笑意的眼睛，深色的嘴唇，乌黑发亮的头发。

"谢谢！"艾斯林回答。她向女人笑了笑，同时观察着这个偌大的机场大厅里来自世界各地的形形色色的人们，他们的个头高低不一，肤色深浅有别，性格不同，贫富各异。出于这些原因，艾斯林始终很喜欢肯尼迪机场的入境登记大厅。在多数国家里，你只能看到某一种特定类型的主流人群，不如这里多元化。一想到这种情景可能永远消失，这些来自各行各业的人们将不再能够微笑着、欢笑着、等待着、呼吸着、活着，她就感到无比的悲伤。

他们要到什么时候才会发现？她疑惑着。等到事件真正发生的时候？等到一切终结的那一秒钟？事发前几小时？几周？几月？还是明天？或是今天？

今天。那应该会很有趣。非常有趣。

政府应该会需要更多的白色帐篷。

艾斯林来到三十一号桌。排在前面的还有一人。那是一个体格健美的非洲裔美国女性，穿着皇家蓝的连身衣裤，戴着时髦的蝇眼墨镜。

"下一位，"入境官继续说。前面的那位女性跨过红线，走到了桌前，总共花了78秒钟完成手续。

"下一位，"入境官重复着。艾斯林走上前去，拿出准备好的护照。入境官大约六十岁，戴着方形眼镜，头顶微秃。他大概已经在指望着退休了。艾斯林把护照递了过去。这本护照已经很旧了，盖了很多地方的章，不过在艾斯林看来，这本护照还是很新的。她是在米兰法布里诺大街的秘密情报传递点拿到这本护照的，当时距离她前往马尔彭萨机场仅剩几个小时。波普通过情报员，在53个小时前将护照送达。护照上面的名字是迪安德拉·贝拉方特·库珀，也就是她的新化名。迪安德拉出生于克利夫兰，曾经去过土耳其、百慕大、意大利、法国、波兰、英国、以色列、希腊，以及黎巴嫩。对于二十岁的姑娘来说，算是相当丰富的经历。没错，她只有二十岁。如果陨石再晚几周出现，她就超过二十岁了。艾斯林躲在洞穴里庆祝了自己的生日。"庆祝"这个词语可能言过其实，因为她只吃了几只炸麻雀，喝了点冰冷的山泉水。她还在餐后吃了几块方糖，从酒瓶里喝了一些肯塔基州生产的波旁酒。可惜的是，她没有能够举办生日宴会。

"你一直在四处旅游嘛！"入境官翻阅着护照说。

"是的，我在上大学前停了一年学。结果，一年又变成了两年。"艾斯林将整个身体的重心转换到了另一只脚上。

"这是要回家了？"

"是的，在微风角。"

"哦，你是当地人。"

"没错。"

入境官将护照放在扫描仪下方，放下了小蓝本，开始打字。他看起来有些无聊，不过还算快活——退休近在咫尺——不过，他在打字的手指突然停顿了几秒钟，随后微不可察地斜眼看了一眼艾斯林，并且调整了整个身体的姿势。

他继续开始打字。

艾斯林足足等了九十秒，随后入境官说："库珀小姐，我接下来请你站到旁边，我在那边的同事们要跟你聊聊。"

艾斯林装出担忧的神情："我的护照有什么问题吗？"

"没有，不是护照的问题。"

"我能拿回护照吗？"

"恐怕不行。请吧。"入境官抬起一只手，另一只手放在装有皮套的手枪把柄上说："请往那边走。"

艾斯林用余光看到了两个神情困倦的男人，他们装备了 M4 手枪和柯尔特军用手枪，其中一人还牵着一条异常兴奋地喘着粗气的阿尔萨斯狗。

"所以我被逮捕了吗？"

入境官解开了手枪的皮带，但是没有拔枪。艾斯林不禁想到，在他二十多年的入境官工作经历中，此情此景算不算得上是最刺激的一次："小姐，我不会再重复这句话了。请走到我的同事那边去。"

艾斯林举起双手，睁大双眼，努力装出泪眼婆娑的模样，试图模仿来自非选手世界的旅行者迪安德拉·贝拉方特·库珀应该做出的反应。也就是一种惊恐和脆弱的模样。

她转身背对着入境官，慢慢走向那两个男人。然而，他们并不领情，反而后退了半步。那条狗听到主人发出的指令，站起身来，耳朵微微地抖动着，伸直了尾巴，竖起颈部的毛发。没有牵狗的男人举起步枪，做出准备射击的姿势，然后又说："走去那边。你先走。不要引起过多的注意，还有，我们需要看到你的双手。"

艾斯林听从了对方的指令。她转过身，将双手放在背后，就在书包下方，然后钩起大拇指说："这样可以吗？"

"可以。向前直走。尽头有一间房间，门上标注 E-1-1-7。等你走到那里，门会打开。"

"我能提问吗？"

"不能，小姐，你不能提问。现在，走吧。"

艾斯林照做了。

与此同时，艾斯林在想，他们是否会把她也放在一项白色的帐篷之下。

"探戈威士忌 X 光，这里是利马酒店，结束。"

"探戈威士忌 X 光，我们已收到。"

"利马酒店已经确认夜鹰一号和夜鹰二号的身份。晚安。重复，晚安。结束。"

"收到，利马酒店。晚安。暗号是什么？"

"暗号是恶灵追缉令。结束。"

"收到，恶灵追缉令。第一队、第二队、第三队就位。我们有追踪吗？"

"网上追踪。行动暗号是'0-4-5-5- 祖鲁'。"

"行动暗号是'0-4-5-5- 祖鲁'，收到。另一边见。"

"收到，探戈威士忌 X 光。利马酒店出发。"

杰戈 · 特拉洛克，莎拉 · 阿洛佩
皇冠假日酒店，438 套房，肯辛顿，伦敦

杰戈正在跟伦佐确定交通方式，莎拉在整理行李，新闻不断在循环播放。打包的东西倒是不多。跟伦佐商议结束后，杰戈又想了一遍他们的应急逃脱计划，以备不时之需。计划中包含了附近的地铁通道和下水道。莎拉似乎是在听着，不过杰戈能看出来她还是有点漫不经心的样子。接着，他们又吃了一些汉堡王的食物——这次是当做早餐——品尝着那种油腻且重盐的味道。大事件即将来临。能够吃到这种快餐式美味的日子已经屈指可数。

莎拉坐在浴缸里，陷入了沉思，她还在尽量避免想到克里斯托弗或是世界终结的事情，而且她居然奇迹般地成功了。杰戈在客厅里训练体力，做了三组 100 个为单位的俯卧撑，三组 250 个为单位的仰卧起坐，三组 500 个为单位的开合跳。结束了冥想，莎拉清洗了两人的塑料——陶瓷枪。她不知道枪支的制造者，除了材质、色彩、重量、弹匣容量，它们跟 SIG 专业 2022 系列手枪几近类似。清洗完毕，莎拉将两支枪分别放在自己和杰戈的床边。那是他和她的手枪。有人开玩笑说，他们应该在自己的枪上刻上姓名首字母。每一把手枪都有 16 发子弹，另外配有 17 发子弹的弹匣。莎拉开过一枪，杀死了克里斯托弗，打伤了刘安，几乎将后者打死。杰戈开过一枪，擦伤了千代子的脑袋。除了他们的身体，两支枪就是他们唯一拥有的武器。

除非，大地之匙也算是一种武器，而且这种可能性极大。它被放置在圆形咖啡桌的中央，体积不大，看起来很无害的样子。然而，它就是世界终结的触发器。

电视上播放着 BBC 新闻。一整天都是相同的内容。陨石、巨石阵的神秘事件、陨石、巨石阵的神秘事件、陨石、巨石阵的神秘事件。

其中夹杂着一些无关紧要的消息，例如：叙利亚、刚果、拉脱维亚、缅甸、世界经济衰退引发新一轮金融恐慌等。莎拉和杰戈知道，这些都是终极游戏的影响。不过，华尔街那些西装革履的金融精英们并不知情。他们还不知道真相。

陨石、巨石阵的神秘事件、战争、震荡的市场。

新闻。

"大事件一旦发生，全部都会变得无关紧要，"莎拉在早晨说。

"你说得对。万事皆空。"

接下来是一条广告。当地的汽车销售商发布的当地广告。"我想，有些东西即便失去，我也不会怀念的。"莎拉说。也许她是在开玩笑。

杰戈对此感到有些高兴。不过，他只是盯着电视说："我不知道。也许我会怀念这一切。"

莎拉盯着大地之匙。她就是那个解开封印的人……不。她已经决定不再苛责自己。她只是在参加比赛。她并没有制定规则。莎拉坐在床沿上，双手紧抓着床垫，防备地紧抱手肘说："你觉得会发生什么，杰戈？"

"我也猜不到。你还记得开普勒 22b 给我们展示的图像吗？地球未来的样子……"

"烧焦了，黑色、灰色、褐色、红色。"

"没错。"

"真是丑陋……"

"也许是外星人的科技？也许开普勒的某个朋友将会在它们的母星按下按钮——然后，砰地一声——地球终结了。"

"不对。我觉得现实会更加可怕。更像……更像是一场表演。"

杰戈拿起遥控器，关掉电视说："无论发生什么，我现在不愿意想太多。"

她看向他，伸出一只手。杰戈抓住莎拉的手，紧挨着她坐下，两人拥抱在一起。

"我不想一个人，杰戈。"

"你不会是一个人，阿洛佩。"

"尤其是经历过巨石阵以后。"

"你不会是一个人。"

他们再次坐正身子。杰戈说:"按照计划,我们明天出发,然后我们要找到天空之匙,继续比赛。"

"没错,"莎拉带着不确定的口吻,"就这么办。"

杰戈轻柔地握住她的手,亲吻了她说:"我们一定能做到,莎拉。我们一定能做到。"

"别说了。"莎拉回吻了杰戈,感觉到他如同钻石般的牙齿,轻轻舔舐着它们,又轻咬着他的下唇,感受他的气息。

忘记所有的一切。

他们就这样温存了整个晚上,莎拉再没提过"游戏"、"大地之匙"、"天空之匙"、"终极游戏",或是"克里斯托弗"。她只是微笑着拥抱他,微笑着触碰他,微笑着感受他的气息。晚上 11:37,莎拉终于睡着了。

杰戈并没有睡着。

早晨 4:58,他静静地坐在床上。天还没亮。床左侧的两扇窗户俯瞰着狭窄的庭院。百叶窗已经打开了,微弱的光线透过窗户。杰戈已经能够看得很清楚。他已经穿好衣服,莎拉也是。他看着睡眠中的莎拉,她的呼吸缓慢而稳定。

还真是一个彻头彻尾的卡霍基亚人。

他试图回想他的曾祖父艾萨勒·特拉洛克曾经讲过的一个传奇故事,里面描述的是数百年前在人类和天神之间爆发的战争。根据曾祖父描述——尽管他们家连枪都没有——人类最终赢得了这场战争的胜利。

早晨 4:59。

如果他和莎拉能够幸存下来,他们需要再次打败天神。不过,当时的人类是如何做到的?拿着长矛、弓箭、匕首、刀剑的人类如何打败创世的天神?究竟是如何做到的?

早晨 5:00。

他们究竟是如何做到的?

突然，气氛变得有些异样。杰戈转头看向大门的方向，颈部的毛发竖立起来。大厅里的光线似乎没有变化。他盯了几秒钟，随后灯光熄灭了。

他从床头柜上拿起手枪，用肘部撞醒莎拉。她的眼睛猛地睁开，正准备说话，杰戈用手掌挡住了她的嘴巴。他用眼睛告诉莎拉，有人来了。

莎拉翻身下床，拿过自己的手枪，静静地给枪上膛。随后，翻身滚到床底。杰戈同样侧躺到地上，滚到床底。

"是其他选手吗？"莎拉低声说。

"我不清楚。"

随后，杰戈突然想到一件事。他用下巴指向房间中央。大地之匙还在咖啡桌上面！

"该死的！"莎拉低声咒骂。

没等杰戈阻止，莎拉已经翻了出去，跪在地上，然后停在那里。杰戈从她的双腿之间窥视外面的情况。窗外，两条黑色的战术速降绳索正在来回晃动。

"真是麻烦！"杰戈低语。

随后，大门被撞开。四人纵队冲进了相邻的客厅。他们身着黑衣，戴着头盔和夜视镜，手持未来感十足的FNF2000突击步枪。与此同时，外面传来砰的一声，周围的窗户都被震碎了。两个男人用绳子速降下来，猛踹窗户。玻璃很快就碎了一地。两人跳进房间，落在沙拉身前。莎拉处于蹲伏姿势，枪口正对着领头士兵的头部。她犹豫着要不要开枪，尽管她对此感到恼怒。

不过，她的感觉很敏锐，很快就注意到对方的步枪上面有一处地方很奇怪，可能连接着榴弹发射器。

"别动，"领头的士兵操着英国口音。"我劝你还是放下你的枪吧。"

"另一个人在哪里？"士兵队长穿过了门。

另一个士兵在他身后说："我正在用热感装置。在那边——"

砰——砰！

杰戈开枪了，同时滚向右侧，远离莎拉的位置。两颗子弹击中了士兵腿部，他正在摆弄自己的护目镜。他们的胫骨部位有防护装备，杰戈猜到了这一点，不过他的子弹依旧能够穿破足部以上的骨肉。对方倒在地上，痛得大叫。其他同伴并没有展开救援。相反，他们开始开火。

不过，没有子弹。

莎拉迅速站起身，猛地跳高，头部几乎碰到天花板。只见两枚飞镖险险地从她的身下飞过，它们发出嗖嗖的声音，最后插进了墙面里。

嗖嗖嗖嗖。杰戈也站起身来。他将床头柜上的金属台灯猛拉过来，身体前倾，同时快速转动台灯，作为防守。四枚飞镖划破了他的衬衣，第五枚飞镖擦过了他的头发，不过没有伤到皮肉。第六枚飞镖撞到金属台灯，发出"嗤"的一声。

"用网！"士兵队长在绳索上说。身后的士兵使用了一种类似火箭推进榴弹的武器。

一枚黑色的炸弹划破了凝滞的空气，朝着莎拉的方向袭来。莎拉开了两枪，打中了两枚金属球；这些金属球起到增加网重以及向前推进的作用。然而，为时已晚。网子还是向着莎拉的位置猛扑而来。

杰戈赶紧将台灯抛向莎拉。网子正好扑上台灯，网丝如同紧握的拳头紧紧包裹住台灯。莎拉蹲下身去，侧着躲过了被网子缠住的台灯。两人迅速向前冲去，同时开枪射击，并在移动过程中扭曲身体，试图躲过飞镖的攻击。

飞镖不可能近他们的身。

杰戈向着房间另一侧正在攻击莎拉的士兵开枪，巧妙地利用角度，在不杀死对方的情况下，将他们所戴的护目镜击落。莎拉向着另一侧正对着杰戈的士兵开枪。她击中了两把飞镖枪，它们位于步枪的上方，还有两枪打在对方防弹背心的正中央，第五枪打中了更远处的电视机。被击中的电视机发生爆炸，顿时蓝色、橙色、绿色的火星四溅。然而，这些人仍然一动未动。"致命一击！"其中一人喊着。

第一名士兵开火的同时，杰戈迅速采用下蹲姿势，伴随着5.56×45毫米的子弹扫射，将手枪顶部用力撞向对方腹股沟。随后，杰戈朝着士兵队长身后开了两枪，击中了一人的手部以及另一人的肩部。接着，杰戈站起身来，夺过对方防弹背心上挂着的手榴弹。根据形状和重量判断，杰戈基本断定这是一个闪光弹。

47

与此同时，莎拉冲向两个攻击目标。其中一个开始用枪扫射，莎拉跃过破窗，躲过了攻击。

她抓住了一条绳索，滑到房间外侧六英尺的地方，用另一只手将手枪收进腰带。在滑行中，莎拉将绳索一端捆在一只脚上，伸手抓住另一条绳索，将一端捆在另一只脚上。接着，放开双手，缩进下巴，背部猛烈撞击建筑外墙，同时呼出肺里的全部空气。她感觉到手枪脱开了。她就像是马戏团的高空钢索表演者，头朝下，脚朝上，晃动的绳索和屈起的双脚保证她不会在摔下三层楼后处于头朝地的姿势。随后，莎拉抓住脚腕处的绳索，直起身来，她的双脚距离窗户边缘仅有数英寸的距离。这时，她听到手枪掉落在庭院的地面上。

杰戈眼看着莎拉跳出窗外，却一点儿也不担心这个快如闪电般的卡霍基亚姑娘。他自己闭上眼睛，将闪光弹扔向远处的墙壁。闪光弹照亮了酒店房间，爆炸声回响着，反弹到外面的建筑上，回荡在伦敦深夜的街道上和夜空中。杰戈站起来，用手枪重击士兵队长的颈部，对方迅速倒地。此前中枪倒地的士兵正在用步枪瞄准，杰戈发觉后，脚尖一转，扑向另一个发愣的士兵，用肩膀锁住对方，正好挡住倒地士兵的射击。他总共开了两枪，子弹打在了两人中间的那名士兵的凯夫拉尔纤维背心上。杰戈往旁边一跳，将挡枪昏迷的那名士兵推向前方的金属咖啡桌。大地之匙被推到桌子的边缘，摇摇欲坠却没有掉落，好像它自己不愿意掉到地上。

杰戈正准备去帮助莎拉，烟雾中突然出现一把匕首，砍到了杰戈握枪的右手，手腕部位被割出了一道极深的伤口。手枪掉落在地，从杰戈的脚上弹开。匕首继续向上攻击，差点刺中了杰戈。杰戈只能弯腰后仰，避开刀锋，同时将双手置于身后，以免翻倒；一手撑在咖啡桌冰冷的台面上，一手撑在那名背部中弹士兵肌肉强健的腿上。这时候，杰戈感觉到有一把战术军刀刺中了他的大腿。杰戈拔出军刀，重新站直了身体。手持匕首的那名士兵也从烟雾中走出来，摆出了攻击姿势。

杰戈调整着自己的腿部姿势，用空出来的那只手掩护咽部。对方从烟雾中跃步向前。杰戈侧身躲闪，刀锋划过他的左前臂，划开了袖管，不过没有划破皮肤。

得益于攻击角度，杰戈将对方逼到角落里。他丢掉刀刃，走向前去，用左手抓住对方手肘以上，用另一只手控制对方的手腕，将手臂和手腕扭向相反的方向，干净利落地在肘关节处将对方的手臂折断。对方发出凄厉的惨叫声，杰戈感觉到对方松开了匕首。过重的手柄导致下落中的匕首不断地翻转。杰戈用脚后跟踢中匕首的末端，使得匕首调转方向。杰戈松开对方的手腕，从半空中一把夺过匕首。

就在杰戈夺过匕首的时候，对方用头部突袭杰戈的额头位置。由于戴着头盔，杰戈确实有些痛。

如果说，疼痛能够制服杰戈的话，他确实走了一步好棋。

然而，疼痛对于杰戈来说，早已是家常便饭。

这个奥尔梅克人用左手扼住对方的颈部，用匕首在他的颈部一划，温热的血液喷射到杰戈手上。杰戈走到一边，看着他走向死亡。

就在杰戈激战的时候，原本对付莎拉的两个士兵似乎从闪光弹的刺激中恢复过来了。他们对看一眼，然后跳出窗外，准备好步枪，向着边缘处走去。他们将步枪指向半空中，扫视了左右两侧，仍未发现莎拉的踪影。随后，一个人负责上方，一个人负责下方。

莎拉仍在等待着。她保持着倒挂姿势，趁着对方没有防备，用力抓住他的衬衫袖口，后退着将对方甩出窗外。只听到对方在掉落过程中不断尖叫，再听到撞击地面的声音，最后陷于沉寂。莎拉抬头看去，她知道还有一个士兵。他们目光交接，对方扣动扳机，开始疯狂扫射。

砰砰砰砰砰砰！子弹如暴风骤雨般袭来，不断撞击庭院中的混凝土和金属物，发出爆竹燃放时的高分贝声音；然而，倒吊着的莎拉竟然毫发无损。于是，对方重新瞄准，锁定了目标。莎拉睁大了双眼。克里斯托弗也睁大了双眼。她也要这样死去。

然而，对方身体缓缓向前，最终掉出窗外，脖子后面插着一把匕首。

"你没事吧？"杰戈在房间里问，他的身体还保持着投掷匕首的姿势。

"我很好！"

"还有一个人。"

杰戈转身走向躺在地上的最后一个受伤士兵。对方说："公鸡叫！重复！公鸡叫！"

杰戈本能地低下身子，同时有什么东西射了进来，正中士兵的脸部，炸开了他的脑袋。

"狙击手！"莎拉在外面大喊。

"来了！"杰戈回应说。

倒挂的姿势使得莎拉成为易被击中的目标。她放松脚腕处的绳索，使得绳索滑到脚后跟处，逐渐向地面降落。在落地前，莎拉屈起双脚，双手护住头部，同时减慢速度，使得手部最先着地。莎拉踢开脚腕处的绳索，摆出了一个完美的手倒立姿势。

就这样，莎拉成功躲避了狙击手的威胁。在房间里，杰戈投掷了两发闪光弹，弄得响声震天，同时身体前倾，试图夺过咖啡桌上的大地之匙。在他的身后，狙击手展开了三轮连发攻击，子弹全部射到地上。接着，一连串的子弹打在了咖啡桌上。只剩下一米的距离。又有一轮攻击，差几厘米就要打中杰戈的头部。

去他的。

杰戈站起身来，大喊着"接住"，再将大地之匙扔向窗外。然后，杰戈纵身一跳，双手抓住一根绳索。狙击手从北面和西北面继续攻击。他的双手出现了烧灼感，渗出血来。杰戈一转身，双脚抵住建筑外墙，停止了降落。狙击手错过了角度，也停止了攻击。杰戈将绳索绕过臀部，用坐式下降法完成了最后六米，降落到地面上。

"接住！"莎拉喊。杰戈转过身，正好抓住莎拉扔过来的F2000步枪。他接枪的正好是那只流血的手，不过他并不在意疼痛。他喜欢疼痛感。

他在参加游戏。

莎拉弯腰捡起另一支步枪以及她此前从腰带掉落的那支手枪。杰戈拔出士兵颈部的匕首。莎拉从其中一个士兵的身上找到两发闪光弹。杰戈从同一个人身上搜出一个喷雾罐，还有一个比棒球还小的小挎包。

"那是什么？"莎拉盯着小挎包。

"C4塑胶炸药。"杰戈说得很轻松。

"哇，我可从来没碰过这玩意儿。你呢？"

"那是自然。"

"挎包里面是爆破雷管?"

杰戈看了一眼,给出了肯定的答案。

"太好了。我们赶紧走吧。"

杰戈点了点头。"你拿到大地之匙了?"

莎拉轻拍拉链口袋里面的微凸。"扔得好。"

两人都没再说话,疾步飞奔起来。

几秒钟后,杰戈指着某个方向,莎拉放眼望去,出现了伦敦地区线和环线地铁轨道。他们用 15.8 秒的时间离开酒店,再用 7.3 秒的时间安全隐匿到地铁轨道中。随着他们逐渐深入阴暗区域,莎拉的脑海中突然浮现出克里斯托弗的影像,先是他炸裂的脑袋,再是他破碎的身体。莎拉试图稳住自己的心神,不受负面情绪的影响。他们移动着,抗争着。继续游戏至少有一个好处:帮助遗忘。

①

---

① http://goo.gl/tWVMPw.

爱丽丝·乌拉帕拉

CMA CGM 儒勒·凡尔纳，旅客座舱，从达尔文前往吉隆坡途中

爱丽丝不喜欢卧床，反而偏好吊床，尤其是在船上的时候。因此，她在船舱里架起了自己的吊床。她懒洋洋地躺着，任由海浪将她摇晃。

爱丽丝随意摆弄着匕首，将它扔起又接住，扔起又接住，扔起又接住。一旦失手，匕首就会戳瞎她的双眼，刺穿她的脑袋。

然而，爱丽丝从不失手。

她不喜欢想太多。她只想着这把匕首，还有找到巴依特萨罕，杀死他。

还有，小爱丽丝脸上的惊恐表情。她在梦中反复看到这种表情，以至于这个画面已经根植于她的意识之中。

小爱丽丝。

在尖叫着。

这个从未谋面的小女孩究竟是谁？为什么爱丽丝总是想到她？总是梦到她？

萨里真是疯了，那就是为什么。我也是。其他人都是混蛋，去他们的。

这时，她的卫星电话响了。爱丽丝接起电话，按了通话键。

"嗨，是蒂姆吗？没错，没错。是的。太好了！你跟吉隆坡的威利表哥通过话了？太好了。是的。是的。我不需要。只要刀子就好。不用，蒂姆，我说真的！我不需要什么枪，我告诉过你。你了解我。简单直接就好。哦，没错，很好。你说得很有道理。可能其他选手都已经武装到牙齿了，没错。尽量弄小一些。尽是些空洞的建议。好的，好的。听着，蒂姆，有没有关于陨石的消息？能够确定陨石撞击的地

点吗？为什么？因为我不想撞上陨石。你也不想？想也知道。"爱丽丝又将匕首抛向半空中，在翻转九次后，她用食指和大拇指接住了匕首。她又扔了一次。

"有萨里的消息吗？哦，真的吗？你要告诉我什么，臭家伙？我总有一天要回去割下你的舌头。别废话了，蒂姆，到底什么消息？"

爱丽丝接住刀柄，身体前倾，几乎就要从吊床上掉下来。然而，她并没有掉落下来，反将一只脚伸向另一侧，很好地保持了身体平衡。她在墙上划出了一串数字。91-8166449301。

"谢了，蒂姆。在一切结束之前，留着你的一口气。肯定会是一个大场面。好的，再见，伙计。"

爱丽丝再次按下通话键，躺回到吊床上，拨打了萨里的电话。

电话铃声响了 12 次，无人接听。

她又打了一次。

电话铃声响了 12 次，无人接听。

她又打了一次。

电话铃声响了 12 次，无人接听。

她继续拨打，拨打了无数次，在有人接听前，她是不会放弃的。

因为她有重要消息要告诉哈拉帕人。

一些相当重要的消息。

萨里·乔普拉以及哈拉帕族领袖们

顺景宴会厅（Best Good Fortune Banquet Hall），甘托克，锡金，印度

所有人都在。

萨里、贾马尔、帕鲁、阿纳、沙尔、沙尔古蒂、塞拉、皮姆、帕拉维特、乌娜、萨姆尔、雅丽、皮蒂、朱鲁、瓦利、胡玛、伊马特、哈伊、齐帕、噶拉、布特、海伦娜、约夫、加亚、维埃拉、加普、布鲁蒂尼、切姆，甚至夸丽，怀抱着仅有两周大、尚被包裹在茜草色和绿松石色的柔软褓褓中的杰西卡。

其他的孩子们也都在，总共超过了五十人，名字不胜枚举，从两岁到十七岁不等，其中就包括小爱丽丝在内。他们互相嬉闹，互相照顾，有些就坐在相邻的房间里，有些在遍布药草和石块的花园里玩耍。按照规定，孩童必须跟成人隔开。还有十七位仆人，全部兼任护卫的角色，另有二十三位严密武装的专职护卫，他们驻守在大厅的各个角落。

他们在一起聚会，品尝美食，饮用果汁、茶水、咖啡、奶茶——哈拉帕人不饮酒——聚会已经持续了三小时。空气中充斥着各种食物的味道，咖喱和胡荽、扁豆和面包、姜黄和奶油和热油、柠檬和大蒜和洋葱，伴随着客人们耳后和脖颈部位散发的混合浓重体味、汗味以及肉桂和玫瑰水的味道。

所有人都在交谈着。

在三小时之中，他们都保持着一种彬彬有礼和彼此尊重的态度，互问彼此的近况，进行了友好的交流，巩固了彼此的关系。

然而，就在十六分钟前，他们出现了争执。

"哈拉帕人不能袖手旁观。"皮蒂已经44岁，在族群当中身高居于

首位，曾经教授过密码学，肤色黝黑，眼光深邃而忧伤，头发染成棕红色，显出几分浮夸的感觉。

前任选手加普对此表示赞同，他是一个 53 岁的老单身汉，现在住在科伦坡。"终极游戏仍在继续。为什么我们的选手要如此退缩？我们违背了、违背了、违背了……规则。总之，无论如何，只要部族没有灭亡，人类终将得到胜利。大事件就是明证。"

"选手有她的原因。"回应的是萨里的阿姨珠鲁。就算说话，她的视线并未离开习惯性地抚摸深红佛珠的双手。

"原因？"立马有人反问，"什么原因？"

"她能有什么原因？我要求知道原因。我看她是闻到血腥味就拔腿逃走了。"餐桌远处传来洪亮的女声，声音来自 66 岁的前任选手海伦娜，近 208 年以来，她算是排名第二的一位德高望重的长辈，身材有些矮胖，却依然健壮灵活。"一根手指？就算失去的是一只眼睛、一个肺、一条腿，我也在所不惜。我宁愿失去一条手臂，失去听力，失去舌头！不，我宁愿失去一切！除非死亡，否则我绝不灰溜溜地回来！"

她相伴 45 年的丈夫波尔特——他们在海伦娜失去选手资格的那天结为了夫妻——伸出手，轻拍着妻子的前臂。

"冷静点，海伦娜。"

"*Aand mat kha!*"海伦娜高呼着，甩掉波尔特手，反而指向萨里。"那个——那个——那个女孩竟然放弃了！她放弃了！在受训过程中，她连一个人都没杀过！为了履行职责，我花费了多少精力。为了参加比赛，我花费了多少心血。失去资格以前，我可是干掉了三个对手。可是她呢？一个没有！她过于心慈手软，下不去手。你们想想看！她可是终极游戏的选手！碰巧，她还是一位母亲！你们能相信吗？我们居然把希望寄托在她身上。一个没有骨气的懦夫。"

现场一片寂静。海伦娜的话语就像是一轮轮的子弹扫射，大家四处躲藏，谁也不想做出头鸟。萨里，就她而言，倒是没有丝毫的惧色。她仍然挺直坐着，倾听着，双眼扫过每一位发言者。此刻，她紧紧盯着海伦娜，目光平静而自信。尽管有些恼怒，她依旧敬重海伦娜，她是她的家人。她爱着所有人。

海伦娜误以为这是萨里过于傲慢的表现，反倒是怒不可遏地说："你不用那样瞪着我，选手。"

萨里略微侧头，似是要表达歉意，但是仍然不发一言。她的眼光穿过了海伦娜，径直看向孩子们所在的房间，在一群玩闹的孩子中间，她立刻看到了小爱丽丝穿的亮粉色裤子。贾马尔在桌子底下抓住她的膝盖，就像他们独自坐在庭院中欣赏日落时那样。

"海伦娜，也许你说得没错。不过，把萨里跟你、跟其他的选手作比较，根本没有意义。"说话者名叫约夫德匹哈依奴，同样身为前任选手，哈拉帕族年纪最长者。他已经94岁，却跟44岁、甚至24岁时同样机敏。他的身材不高，身着橘色长袍，显得有些畏缩，全身皮肤都起了褶子。"她只是选择了一条不同的道路。她总是与众不同。我们无需质疑。"

"我不是在质疑，约夫！"海伦娜不肯松口。所有人都这样称呼他，除了孩子以外，孩子们叫他哈皮。孩子们喜欢他的笑容，尽管他的牙齿都掉光了，喜欢他乱糟糟的银色头发。但是，终极游戏开始以来，他很少笑。孩子们都想不明白原因。

约夫举起一只手，明显是在告诉众人他已经听得够多了。"我再重复最后一遍：这不是在针对你，海伦娜！"海伦娜双手抱胸，波尔特在她耳边低语几句，显然他的妻子并没有听进去一个字。"也许我们应该听听萨里父亲的意见，你们说呢？"约夫提议。"帕鲁？你有什么想说的？你的女儿选择了一种不同的参赛方式。你把你的想法给我们说说吧？"

帕鲁清了清喉咙："说实话，我的女儿天生就不是一个杀手。我不知道，如果当时我被选中，能否有所改变。话说回来，虽然萨里不是我们当中最嗜血无情的那个"——一阵窃笑声打断了他的话——"我能够自信地说，萨里是这里的所有人中最有同情心的人，包括你在内，约夫。当然，我并没有任何不敬的意思。"

约夫缓慢地点了点头。

帕鲁深吸了一口气，正视着每一双看向他的眼睛。

"在终极游戏中，同情心也许不算是厉害的武器。它不像重拳坚硬，不像刀剑锋利，不如子弹迅速，无法直取人命。同情心不是终结一击，但是它有力量。我深信这点。如果萨里能够幸存，侥幸获胜，那是再好不过。新的世界需要同情，就像需要谋略。假如这个世界如同我们想象的那样，最终支离破碎，那就请你们扪心自问，我的家人——如果哈拉帕人想在浩劫过后延续自己的血脉，你们希望选择一个冷酷无情的杀手，还是一个克服恐惧、遵从内心的领袖？我想，她应该教导门徒播撒同情的种子而非付诸拳脚。

"谢谢你，帕鲁，"约夫说，"你的话很有智慧。不过，我觉得——"

"但是，"——底下传来一个温柔清亮的声音——"待在这里而不去追寻天空之匙，她打算如何取胜呢？"

说话的是 59 岁的帕拉维特，也算是最受哈拉帕人敬重的人，威望甚至高于约夫。在终极游戏的历史上，共有三次犯规事件，他就是其中一次的选手。1972 年，零区悄悄渗透到那一次的分歧游戏，造成了极其恶劣的后果。他在暴露前总共干掉了其他区的四名选手，在分歧游戏余波中，他还单枪匹马消灭了零区，也就是那些虚拟出来的局外人。更重要的是，帕拉维特是在退赛后宣誓不再杀人的唯一选手。

在 23 年中，他开始了苦修，后来娶乌娜为妻，建立了自己的家庭。在隐退生活中，他刻苦钻研古老的占卜术，破译哈拉帕族的神秘文书，研究族人千年来守护的佛陀。

"帕拉维特问得好，"约夫表示赞同，"我想，是时候听听选手自己的想法了。"所有的视线集中到萨里·乔普拉的身上。旁边的贾马尔握住她的手，挺直了脊背，一副即将英勇就义的样子。

"各位长辈们，"萨里的声音依旧平静，"我们不需要寻找天空之匙。"

意料之中，大厅里立刻炸开了锅。从此起彼伏的说话声中，萨里依稀分辨出众人表达的困惑、愤慨，以及恼怒等情绪。

"这可是终极游戏"……"这简直是渎神的行为"……"不去找天空之匙"……"输定了"……"我们这下输定了"……"她给族人带来了灾难"……"一切都太晚了，黑暗即将降临"……"她这是什么意思"……"她疯了吧"……"她放弃比赛了"……"也许她真的知道"……

"不可能，不可能，不可能"……"这种人也能当选手"……

"够了！"约夫发话了。就连相邻房间里最贪玩的孩子都停止了玩耍。约夫朝萨里的方向伸出手，掌心朝上。

"请你，我的选手，请你做出解释。"

"我们不需要寻找天空之匙，因为我们已经拥有它了。"

对于在场的人来说，这句话似乎起到了反作用。他们不再喧嚷喊叫，反而陷入难以置信的沉默中。

最终，齐帕开口问说："我们已经拥有它了？"

萨里低下眉眼，回答："是的，叔叔。"

"在哪里？你什么时候去拿？你不可能在得到大地之匙前，就得到天空之匙。"海伦娜的语调满是非难。

"从某种意义来说，我已经得到它了，阿姨。"

"你在说些什么，选手？请你说得清楚一点。"帕拉维特再次提问。

"天空之匙就是我的小爱丽丝。"

所有的成年人都沉浸在死一般的沉默中，只有乌娜和加拉大声喘着气。

帕鲁用颤抖的声音问："可—可是，你—你怎么能够确定？"

"是开普勒告诉我的。爱丽丝也用她的方式跟我说过。她一直在做梦。我也在不断做着这种梦。"

"但是，创世者们有什么理由这样做？"奇帕继续发问，"以这种方式把一个无辜的孩子卷进来，这是不道德的做法。"

"开普勒星人本来就是不道德的，叔叔。"萨里不带感情地说，"终极游戏就是不道德的，或者说，是无关道德的。"

更多的喘息声。

在大厅里，超过半数的人都深信不疑，开普勒星人是比神还要神圣的存在。神是它们的孩子，人类是神的子孙。开普勒星人是万神之神，免于任何责难。

"我可不想听这种异端邪说！"加普脱口而出。然后，猛地从椅子上站起来，冲出了房间。他总是这么急脾气，说话不经大脑。

其他人都按兵不动。

"我无意引发冲突，各位长辈，但是，只有我见过开普勒星人。虽然隔着一段距离，但是考虑到它给我的线索，我得出了结论：我遇见的开普勒星人已经……脱离了它们。它原本要前来宣布终极游戏开始，大灭绝即将来临，结果它似乎在跟我讲述一些已经经历过的历史。不要误会——它的讲述方式非常奇妙，完全前所未见，它的能力远超过我们所学到的程度。尽管如此，它仍然向我传递了一些信息，那就是：'人类和动物几乎要全部灭绝，而你们十二个人必须继续战斗，直至找到幸存者为止。祝你们好运！'感觉像是一个孩子拔下了蝴蝶的翅膀。并不是什么高尚的行为。"

萨里稍作停顿。她期待着新一轮的提问。然而，这一次，其他的哈拉帕人选择沉默。萨里继续说："其他的选手分成两大阵营——获胜者和落败者。至少一半人都是心理扭曲的野兽，被自身的虚荣毒害，因知晓命运而疯狂。其他人相反，他们更加自察，他们所感受的不只是血腥屠杀。我想说，真正有资格获胜的只有不到一半的选手。在那次短暂会面当中，只有两位选手表现出卓越不凡的特性——很遗憾，我不在其列。一个是阿克苏姆人，深色皮肤，拥有最幽深的蓝眼睛，拥有皇家的气派，他要求所有人集中智慧，将地球从苦难中拯救出来。另一个是古利人，来自澳大利亚的女性，性格洒脱不羁，曾在成都救过我的命。不过，多数选手都是……普通人。他们——我们——所有人都无法理解肩负的使命。"

又是一阵沉默。萨里看着相邻房间的孩子们。一些年纪稍大的孩子已经不再玩闹，而是站在走廊里倾听着。

她继续说："海伦娜，你说我不是一个天生的杀手，我必须承认。但是，我曾经杀过人，只要终极游戏需要，我还会继续杀人。不过，我不会从中获得满足感。你能理解吗？"

海伦娜冷哼一声。萨里选择了无视。"我不会杀死一个真正的人类，你知道吗？我杀死的那个男孩泯灭了人性。我摔碎了椅子，将木桩捅进了他的心脏。"

萨里站了起来，扫视全场的人，用苦涩的笑容迎接每一道投来的目光。她看得出来，有些人理解她了。约夫、帕鲁、乌娜、帕拉维特、阿纳、切姆，他们都理解她了。最后，她转头看向贾马尔，后者紧紧握着她的手。她看着贾马尔，用平静的语气说："我说起这段杀人经历，不为炫耀，是要表明我将为我的族人而战。我一直都为我的族人而战，我将为小爱丽丝而战。她就是天空之匙。我知道真相，其他人或早或晚都会知道真相。他们会来找她。我们，所有人，每一位族人，都要保护她。"

"你的意思是，你必须保护她，选手。"海伦娜语带讽刺地说。

萨里用挚爱的眼神看向海伦娜。"不对，阿姨，我的意思是我们。尤其是你。我敬重大家，请大家认真听。我已经考虑很久，这不轻松。开普勒星人曾说，终极游戏没有规则。我是选手，大事件会在九十天内发生——只要开普勒星人乐意，时间甚至更短。我们必须做好准备。如果开普勒星人，他们……他们……他们"——她在脑中搜索恰当的说法——"没有道德地将一个孩子，我们自己的孩子，变成游戏的棋子，那么我们最好予以还击。我建议，所有人带着天空之匙，前往永生谷。我们就驻扎在那里。这座古老的要塞可以算是全世界最易守难攻的地方。让其他人去比赛吧。随便他们去屠杀，或追捕、或自我安慰说，'我是最强的，我是最强的，我是最强的。'我们就这样等待。我们等他们将大地之匙带给我们，他们必定一败涂地，我们将会得到大地之匙。我会带着大地之匙，跟天空之匙一起，终结整场游戏。但是，我需要你们，我想要你们。我们是哈拉帕人，我们要保护我们的族人。我们拯救我们的族群。我们一起。"

她坐下来。所有人都保持着安静。唯一的声音来自于隔壁房间还在玩耍的小孩子。萨里看到小爱丽丝推开身边的玩伴们，对她说："你在叫我吗，妈妈？"

萨里的眼睛突然充满泪水："是的，亲爱的孩子。来跟我坐在一起。"

跟同龄的两岁孩子相比，小爱丽丝的言谈举止都显得更加早熟和老练。她昂首阔步地穿过大厅，奔向自己的父母。她没有注意到，所有人的目光都集中在自己的身上。她爬上贾马尔的大腿，然后听到约夫说："我会仔细考虑你说的话，萨里。但是，我想再跟你说几句，还有海伦娜、帕鲁、帕拉维特、贾马尔。我要再次确认你所说的关于天空之匙的事情是真实可信的。"

萨里颔首表示同意。"好的，亲爱的约夫德匹哈依奴。"

正当所有人仔细回味刚才的一番话时，萨里的侍女走进大厅，她似乎出于防备而弓着身体，用颤抖的声音说："乔普拉夫人，请您饶恕我，但是我确实有万分紧急的消息要告诉您。"

萨里向她伸出手。"过来，莎拉，站起来，别害怕。究竟发生了什么事？"

莎拉站起来，身体前倾，把一张白纸递给萨里。

萨里接过白纸，读着上面的内容。

"古利人的消息。"萨里说，"她找到我了。她找到我们了。"

萨里停顿了一下。

"什么消息？"帕鲁急切地问。

萨里把白纸递给贾马尔。之前，他一直站在游戏室里，抱着小爱丽丝，在女儿的耳边低语，逗得她咯咯直笑，小脸紧贴着父亲的脖子。少年们让出一条路，看他们回到隔壁房间，然后重新聚拢起来，紧张地盯着萨里。

等到丈夫和女儿走出视线，萨里继续说："纸上写着，'保持警惕。你的小爱丽丝有危险。极大的危险。其他人都在找她。我不知道原因，但是我看到了。老者们在梦中向我展示了那个画面。我会尽量阻止他们。开普勒星人已经告诉我方法。确保她的安全。确保自身的安全，直到最后。祝愿我们坚持到底，赢得胜利。两个好人。爱你的，大 A。'"

约夫击掌示意，就像是巨人挥散了笼罩头顶的乌云。

无需多言。

哈拉帕人的第 893 次聚会就此结束。

他们必须转移。

他们必须参赛。

他们必须战斗。

他们必须齐心协力。

刘安

在 HMS 无畏者号船上，45 型驱逐舰，英吉利海峡，50.124，−0.673

刘安的审讯者仍然倒在刘安的胸前，再也无法说出一个字。他安静地倒着，死了。刘安必须解除束缚，离开这里。

他闭上眼睛，又看到了她。他依然记得她头发的香气，她呼吸的味道，这种感觉充满了他全身，就像是日本茶道一般的滋味。

千代子、千代子、千代子、千代子、武田千代子。

武田千代子。

62 | 武田千代子、武田千代子、武田千代子、武田千代子、武田千代子、武田千代子。

滴答声逐渐减弱，应该足以……

刘安将自己的左手置于臀部和金属轮床边缘的中间，扭动着调整身体姿势，用拇指顶住冰冷的金属，再用全身的重量按压自己的大拇指，直到听见噗的一声。他的拇指错位了，软绵绵地抵在手掌上。这是极其痛苦的感受，可是刘安并不在意。他拼命拉扯试图挣脱束缚，用肩膀抵住查理的尸体，将其重重地推倒地上。终于，解开了右侧绑带，再用另一只自由的手，将拇指骨头重新归位。再一看，手指已经肿胀起来，满是淤痕。

不过，他的办法奏效了。

门外，警铃大作。刘安解开了额头上的束缚，坐起身来。疼痛感直冲脑门，整个脑袋似乎要炸裂，像吸满了水的海绵。疼痛感不断袭来，挤压着眼球，蔓延到耳道。

应该是枪伤。查理说过，他的大脑受到了剧烈震荡。

刘安只能无视疼痛。

他低头看着自己，穿着一件 V 领 T 恤，松紧带的短裤，料子有些粗糙，就像是一个囚犯，或是精神病人。他用双手解开脚腕处的束带，爬下轮床，走到查理身边，跪了下来。他想从查理身上搜出一些有用的东西，结果在卷起的衣袖里发现了注射器。这可能意味着更多的神奇药物，那种令他神志清醒的药物。这种药物能使刘安说实话。说了太多实话。他指望着，体内剩余的药效能够缓解抽搐。

这样，他才能逃离这里。

他扯下查理的外套，披在自己身上。最后搜查了一下查理的尸体，结果在腋下发现了一把装在皮套里的手枪。那是一把格洛克 17 手枪，真是自大又愚蠢的军用手枪。带着这样一把枪，走进一间房间，面对着终极游戏的选手。倒不如开枪自杀。

刘安卸下了手枪皮套，打开保险装置。紧闭双眼，试图抵挡疼痛，以及……

尽量避免想到被压扁的、已经死去的武田千代子。

她的名字现在就是他的名字。

她就在他的体内。

他的体内。

刘安听到了咯吱咯吱声。不是船在浪中航行的声音。他抬头一看。

钢门上的轮盘在转动。

"千代子。"他说。

他在吸气、呼气、吸气、又呼气。

"千代子。"

风浪似乎小了一些。

是时候离开了。

刘安把查理外套袖子卷了起来，同时做好准备。门上的轮盘停止了转动，向内打开。两个男人走进来，举起了手中的步枪。

砰——砰。刘安先发制人，两枪正中对方的眉心。两人倒在地上，尸体叠在一起。

刘安开始移动。迅速移动着。

门打开后，警铃变得更加刺耳，回荡在金属墙壁，回荡在走廊里，回荡在他的耳中，加剧了疼痛，但是刘安并不在乎。他能够应付疼痛，甚至比其他选手更能忍耐。

他走向倒下的两个男人，俯下身，在他们身上摸索。步枪被压在他们的尸体下方。走廊里又传来了脚步声，愤怒、惊恐、兴奋，各种情绪交织。至少还有十米的距离。他们的动作有些谨慎。他裸露的双脚感觉到了引擎的振动，有助于判断逃生路线。

他找到了逃跑的路线。必须向船尾移动。声音变得更近了。武田千代子。他从其中一个男人身上搜到了两枚 M68 手榴弹，还想找到更多类似的弹药，结果毫无收获。刘安把格洛克手枪拴在裤子上，手中拿着两枚球形手榴弹，牙齿咬住炸弹引线。用两具尸体作为掩护，静静等待时机。

千代子、千代子。

她曾经说过，你参赛是为了求死，而我是为了求生。

为什么？刘安绝望地想。为什么你们要从我的身边夺走她？

他用力咬住下嘴唇，浑然不觉已经流血。

"千代子……"他喃喃地说。

声音越来越近。他听到对方说："有武器，危险。"

"准备好就开火。""一枪致命。"

刘安笑了出来。他能听到对方的橡胶鞋底在走廊地面弄出的咯吱声。

我是为了求死。

他扯掉了第一枚手榴弹的引线。他很清楚剩余多少时间。四秒钟。还要等待 1.2 秒，再将手榴弹扔出门外。

刘安在墙后扔出手榴弹，同时捂住耳朵，用脸颊抵住剩下的一枚手榴弹，紧咬牙关，无视头部的疼痛。

他没有闭眼睛。

这枚 400 克重、6 厘米宽的金属球体在空中划出一道无声的弧线。掉落的时候，四个人正好就位，丝毫没有察觉。手榴弹瞬间在他们脚下炸裂。

爆炸的冲击波震动了整艘船，发出震耳欲聋的响声。刘安放下捂住耳朵的手，将另一枚手榴弹转移到左手，右手握住格洛克手枪。他听到了奇怪的声音。

那是一个男人在尖叫。蒸汽管发出嘶嘶声，警铃还在响着，由于爆炸声影响了听觉，似乎稍有减弱。

刘安故意把手伸出门外，晃动着，似乎希望有子弹打中它。然而，没有任何动静。他检查了爆炸发生的右侧位置，然后检查了左侧位置，再回到右侧位置。那里有两具尸体，还有压在下面的第三个人，失去了一只胳膊，正在呻吟着缓慢移动。他们头顶的蒸汽管发出嘶嘶声，喷出白色的蒸汽。

千代子。

刘安走到走廊里，伸出右手射击。

那个人不再呻吟。

暴力总能让人保持清醒。

死亡也能。

他开始向船尾移动。冰冷的金属地面。略微晃动的船身。在蒸汽的作用下，空气愈发温暖。走廊共有五米长，两侧都有关闭的房门，末端是右转通道。前方还有更多的声音。金属撞击声，脚步声。有人，这次他们没有发出声音。之前遇到的都是业余的。这些人可不是。

想必是特种部队。

刘安快速走了八步，由于光着脚，并未发出响动。他停在了走廊右转的地方。据他推测，对方肯定聚集在走廊转弯处，等他自动送上门去。

他们关掉了灯。

周围一片漆黑。关灯是因为：他们戴着夜视镜，而刘安没有。不过，这并不要紧。

刘安扯下了另一枚手榴弹的引线。数了一秒，然后用力向前投掷。炸弹向着特种部队的方向迅速滚去。

"有手榴弹！"刘安又补射了两枪，子弹从金属外壳上弹出来，发出高刺耳的响声。刘安向后退了几步，赶在第二次爆炸前捂住了耳朵。这次爆炸远比第一次更震耳欲聋。爆炸声不断回荡着，刘安还有三分钟，否则这次突然袭击将要宣告失败。三分钟后，对方必定会放弃控制他，转而控制船体，这样一来，他就不可能逃脱了。在理想的情况下，他只要逃到船尾，跳进水中，就能离开这里。

是时候离开了。

他拿起格洛克手枪，冲过走廊拐弯，飞奔的同时，向着黑暗处盲目扫射。

十二发子弹后，根据声音判断，三发子弹击中了对方身体。

没有反击。他跑出了 5.4 米，随后趴在地上，向前滑动，就像中场球员试图从前锋手里抢球一样。他伸出手，在黑暗中摸到了什么东西。那是一颗人头。

前方的黑暗似乎更浓。爆炸造成的烟雾还在弥漫着。刘安推测，他已经到达了机库。

他听到了更多的呻吟声。还有一阵忙乱的脚步声。

刘安用手托起对方的头，将夜视镜戴在自己的脸上。这时候，刘安才发现自己的头上绑着绷带。他将眼镜绑得更紧，夜视镜不断挤压着肿胀的皮肤，压到了额头上刚缝过线的伤口。他拼命压抑住痛得大叫的冲动。夜视镜穿戴完毕，仍然什么都看不见。

"谁能看见？"远处有人低声说，声音回荡在房间里。

看来他不是唯一看不见的人。

"马上就好。"另一个人回答，这个声音离得更近。"快上！"

这个声音只有几英尺远。刘安已经看到对方夜视镜发出柔和的绿光。只有三米。

"我看到他了！"对方大喊。

不过，他没有开枪。他肯定在爆炸中丢失了步枪。鬼魅般的绿光隐约展现出他的脸部特征，乱糟糟的胡子，以及咬紧的牙齿。他向着刘安的方向扑来，后者扑向地面，瞄准目标，开枪射击。

男子应声倒地。断了气。在刘安的耳朵旁边，一把匕首插在地上。

解决一个。

刘安推开尸体，重新触摸夜视镜，终于找到开关。

房间变成了绿色。

确实是机库。

从房间的另一侧，射来一发子弹，差一米就要击中他。刘安转头看到一个手持步枪的壮汉。对方没戴夜视镜，只能根据声音判断位置。刘安举起格洛克手枪，不紧不慢地瞄准，射出一发子弹。子弹穿过他的手臂，直接击中右眼。男人应声倒地。

刘安从死者手中找到一把匕首，仔细查看发现，这是一把三十厘米的直刃刀，单刃，无锯齿。一把银刀。与其说这是一把军事战略刀，不如说是一把小型剑。可能是死者用来炫耀的战利品，精挑细选的武器。或者说，是他的符号。

但是，不复存在了。

刘安狠狠拍打着自己，迅速穿过机库，同时低语着"武田千代子、武田千代子、武田千代子"。他不断蜿蜒前行，以防突袭。突然，他觉得有些不对。这是一艘相当大的船只，很可能是 45 型驱逐舰，至少需要配备 100 名水手。根据他的计算，他只杀死了 17 人。这就意味着，还有更多的人。

或许，船上的其他人并不知道刘安的存在。他们不知道甲板下面发生了什么。也许，刘安的存在是一个秘密。

他快速跑过一辆水陆两用车，以及用塑料和尼龙绳包裹起来的装满货物的两个货架。三米远处，有一扇打开的门，还有一个向上的梯子。

45 型驱逐舰配备了一个直升机停机坪。可能是梅林或者山猫 mk8 型直升机。

刘安曾经有过 278 小时模拟驾驶梅林直升机以及 944 小时模拟驾驶山猫直升机的飞行记录，驾驶真正直升机的时间是 28 小时。

刘安向着门的方向跑去。

一个甲板。

向上。

两个甲板。

向上。

三个甲板。

空气变得更冷，他闻到了海风甜中带咸的味道。更欣喜的是，他听到了直升机螺旋桨加速的轰隆声。

感谢特种部队。

距离通往停机坪的大门，刘安仅剩几步之遥。门打开着。船的引擎声变得更响，似乎金属、机械、武器都在紧张地工作。他感觉到，直升机螺旋桨带动起来的那阵风，不断吹动他披在身上的属于查理的那件外套。他仰起头，看到了一轮满月、晴朗的天气、明亮的星星、无边无际的夜空。

千代子肯定会喜欢这样的夜晚，刘安心想。她总能发现我发现不了的美丽事物。

刘安取下夜视镜，绑带牵动了头部的绷带，扯裂了几处伤口。

他必须走到直升机那里。

他在最后一级台阶上往外看。那是一架山猫 MK8 型直升机，正如他所想的。直升机停在船尾，外面就是幽深而开阔的海面。他看到地平线上闪烁的灯光。远处就是城市。他抬头仰望，看到了仙后座。他突然想到，开普勒星人是不是正在看着他，是不是正在庆祝。

一想到千代子，他就恨不得杀光它们。

将它们全部、彻底、无一例外地杀个精光。

全部杀光。

刘安向着直升机走去，他们并没有开灯，看来驾驶员打算在黑暗中起飞。

机不可失。

在山猫直升机上，配备了 20 毫米机枪，正对着空旷的甲板。刘安必须穿过甲板。他希望驾驶员不要违背驾驶守则——直升机在甲板上不准开火。

刘安冲向前去，朝着驾驶室开火，子弹被反弹出去，撞到螺旋桨上。

等到还剩两米，刘安停止射击，保留三发子弹。直升机正在缓慢起飞。刘安朝着正在关闭的侧门，射出一发子弹。副驾驶倒在载货区，头盔飞了出来。

刘安呼出一口气，纵身向上一跃，跳进驾驶舱。驾驶员在座位上转过身，想用肩上的勃朗宁机枪射击，结果刘安射出了最后的两发子弹。驾驶员倒向了一边。

死去的驾驶员继续握着手柄，直升机向着舱门的位置发生倾斜。

刘安放下手枪，跳过载货区的长形金属盒，坐到了副驾驶的位置。

他在跳过盒子的时候，产生了一种奇怪的感觉。

一种平静和安详的感觉。

他迅速按下一连串的按钮，解除了驾驶员的控制权，然后握住副驾驶的操作手柄。船上的泛光灯照亮了船桥。

"耶耶耶耶耶耶!"刘安尖叫着，想要克服身体的抽搐。

在直升机的刺耳轰鸣声中，他完全听不到自己的吼声。

十几个船员，操着轻型武器，沿着泛光灯一字排开，对着直升机开火。

航向追踪器发出不同颜色的弧光。刘安只是微微一笑。已经太晚了。

他将直升机抬升到十米的高度，离开船尾，向着相反的北部——东北部方向飞行。2.2秒以后，直升机距离驱逐舰足有87米。他轻轻按住武器按钮，祈祷直升机上配备了海上大鸥空舰导弹，然后按下开火键。

导弹向前方呼啸而去，正中船桥的位置，爆炸造成的烟雾有橙色、黑色和白色。刘安驾驶直升机完成了180度空中旋转，继续抬升高度，在4.6秒内加速到170海里/小时。伴随着船体燃烧和爆炸的声音，刘安知道自己自由了，他终于自由了。除非他们还能召集战斗机来将他击落，否则他就是自由的。

他向着西北方向迅速移动，同时为了避免雷达搜索，直升机几乎是紧贴着水面飞行，闪着忽隐忽现的光。

他自由了。

终于自由了。

我将要向你们宣布，关于"法老的傲慢"的相关文字资料。摩西做了上帝要求他做的事情，将他的手杖变成一条蛇；法老命令所有的魔法师和巫师，用他们的手杖做同样的事情。他们将手杖变成了三条蛇，借助魔法的力量，在摩西和亚伦面前蠕动前行，也在法老和埃及贵族面前蠕动前行。摩西的手杖吞噬了魔法师的手杖，因为这些欺骗者使用魔法来蒙骗众人的眼睛。因为通过上帝所说的话得以实现的事情，必定要胜过世上一切的魔法。没有人相信他是邪恶的，因为是圣灵指示和引导了他，依靠正直的心灵，不会犯下过失。

希拉尔·伊本·伊萨·阿尔索特，艾本·伊本·穆罕默德·艾尔－朱兰

北埃塞俄比亚，阿克苏姆王国，圣约教堂

许多的埃塞俄比亚人、厄立特里亚人、索马里人、吉布提人、苏丹人都相信，约柜被保存在埃塞俄比亚北部城镇阿克苏姆的一栋混凝土建筑中，靠近厄立特里亚边界线。这栋建筑周围高耸着铁丝网，采用了伊斯兰风格的小圆顶，被称为锡安圣母堂的圣碑礼拜堂。只有一位守卫负责看管。所有人都能清楚地看到，所有人都知道它就在里面。

所有人都错了。

艾本·伊本·穆罕默德·艾尔–朱兰甚至不知道礼拜堂里究竟有什么。并非他没有权力探寻真相，而是他根本一点都不在乎。

因为他知道真正的约柜位于何处。

阿克苏姆族的创世者们守护着秘密，至今已有千年。

他们知道真相，因为创世者们授命他们成为约柜的守护者。自公元前597年起，他们就成为了约柜的守护者，正值巴比伦人摧毁耶路撒冷，将所罗门圣殿洗劫一空。希巴特月的三十号①深夜，尼布甲尼撒二世，不朽者埃亚的转世，率领他的侵略军，逼近到所罗门圣殿不到两英里处。在侵略军不断挺进圣殿的同时，埃比尼泽·亚比拿达以及其他三位守护者，将约柜用蓝色亚麻布包裹住，握住皂荚木制成的杆子，将约柜抬了起来。约柜重达358.13磅，自从摩西和亚伦建造约柜，就始终保持原貌。创世者曾在西奈山与摩西谈话，并将契约置于其中。

埃比尼泽和守护者们离开圣殿，将约柜放在牛角镀过金的黑公牛所拉的遮盖严密的车厢里，穿过沙漠，翻过西奈山，一直向西而去。

---

① 译者注：犹太历的五月，即公历的一至二月。

到达 Raithu 之后，他们屠宰了公牛，用盐腌制牛肉作为食物，再将约柜放置在小型木帆船，向红海方向驶去。最后，他们在加利卜登陆，四人低着头、挺着胸、双手仅触碰约柜的抬杆（僭越的惩罚就是死亡），徒步了数周时间，跨越了很长的距离。他们只在夜间行动，避免与人接触。

他们避免与人接触，是出于对生命的仁慈和尊重。

那些碰巧看到契约的人们，不论是男女老少，都会立刻受到瞎眼和失去神智的惩罚，变得疯癫，胡言乱语。埃比尼泽在他们长达 136 天的旅程中，总共目睹此类事件发生了七次，并在日志中将这些案例记录下来，恐怖程度日益加剧。

最终，埃比尼泽和同伴们抵达了目的地，也就是现在的北埃塞俄比亚地区。他们将约柜放在雪松树根下，架起临时的神龛，阻止其他人的觊觎目光，召集整个族群中的德高望重者，他们被称为阿克苏姆不朽者兄弟会，其中包括：所有的前任选手、现任选手，以及一位名叫哈巴·夏伊洛·贾里德的十四岁男孩。

地下圣殿已经基本完工，不过尚未皈依教会——早在数千年前，创世者们就已经决定，阿克苏姆族将要被选定参加终极游戏——约柜被放置在地下九层，保存在最深最安全的房间中。

这个房间就是至圣所。

在约柜就位以后，至圣所的入口就被哈巴用碎石、泥土、微光岩石进行回填。在随后的 2600 年间，这里唯一的出入口就是一个仅供一名成人屈身爬行的洞口。这就是艾本·伊本·穆罕默德·艾尔-朱兰正在做的事情。

他的手肘几近麻木，在这条年久失修的通道中匍匐前进，向着传说中约柜的方向爬去。他要完成从未有人完成的任务。

他一边爬着，一边想到了希拉尔。他不再需要注射吗啡，并且开始行走和说话，尽管这样做会带来更多的疼痛。艾本把他留在自己的房间里，坐在椅子上，盯着镜子看。希拉尔身上满布伤痕，风采不再，这种新的认识刺痛了他的骄傲。以前，尽管拥有无与伦比的美貌，希拉尔从未表现出自负。如今，他无法不看到自己的脸，尤其是他的血红眼睛和白色瞳孔。

"世界似乎变得有些不一样。"希拉尔在艾本走前说过这句话。他的声音沙哑，似乎喉咙满是灰烬。艾本问他："怎么不一样?"

"看起来更……暗了。"

"本来就是更暗了，我的选手。"

"你说得对。"最后，希拉尔转过头，不再看镜子中的自己。他将视线转向艾本，"我什么时候能够回到比赛，长老?"

以前，艾本不让希拉尔称呼自己为先生，不过现在已经放弃了。

旧习难改。

"很快。你对大事件的推测很正确。它原本就可以被阻止。此外，开普勒星人插手了。"

"他们不应该插手的。"希拉尔回答。

"确实如此。"

"我们要怎么做?"

"你一定要继续比赛。不过，我先要看看能否赢得优势。也许你不仅能够予以还击，还能帮你应付其他的选手。"

"你想要打开约柜……"

"没错，我的选手。我很快就回来。你好好休息。很快你就需要耗费不少体力了。"

"我知道了，老师。"

艾本动身出发。

距离现在 27 分钟。

距离隧道尽头还有 5 米。

四米。

三米。

两米。

一米。

咚—咚。

铅制的大门缓缓打开，艾本先前推门，结果一个踉跄差点跌进房间。

想要进入至圣所，想必是没有什么风度可言的。

跟约柜一样，至圣所也有具体的尺寸标准。它有 30 英尺长，10 英尺宽。房间的所有角度——包括墙壁和地板的角度、墙壁和墙壁的角度、墙壁和天花板的角度——都是严格的九十度。土墙上面覆盖着厚厚的铅板，上面有长短不一的金银装饰。整个房间的光源来自于天花板中央的伞状倒置的永明灯，发出柔和而坚定的粉色光线，并且始终保持在 814 流明。

走过三分之二长度的墙壁，出现了蓝色和红色相间的窗帘。创世者的约柜就位于这块 10×10×10 区域内。

同行的还有两个献身者。其中一个人拉开了门闩，另一个人伸手扶稳了艾本。

"没事，我的弟兄。"艾本站稳了脚说："谢谢你，萨穆-埃尔，还有以他玛。"两个人大约三十出头，以他玛是前选手，萨穆-埃尔是工业化学以及苏尔玛式棍法的教练。

"不用客气，艾尔-朱兰长老。"他们齐声说。

艾本举起手，做了一个从未做过的动作——他转过身，关上门栓，锁上了门锁。

他转向两个尼提宁人。

"时间到了吗？"萨穆-埃尔用颤抖的声音问。

"是的，我的弟兄。你们应该感到荣耀。"

以他玛睁大了眼睛。萨穆-埃尔的肩膀颤抖着。两个人似乎随时都会崩溃的样子。

不过，艾本知道得更清楚。

打开约柜对于献身者来说，是一件无比荣耀的事情。那是最高的荣耀。

以他玛显然已经忘记尊卑的规定，像孩子一样用力拉住艾本的双手。

萨穆-埃尔仍在不敢置信地问："我们真的如此幸运地有机会打开约柜吗？"

"是的，我的弟兄。"

"我们真能见到摩西叔叔最后所见的吗？"以他玛问，"我们能够触碰唯有他能触碰的圣物吗？"

"如果约柜允许的话，那答案是肯定过的。但是，你知道这有风险，我的弟兄。"

没错，风险。

阿克苏姆人知道全部的故事传说。他们知道，约柜开启以后，即便是最忠诚的信徒也要遭到毁灭的后果。他们知道，开启约柜意味着将地狱之火带到人间，将瘟疫和死亡带到人间。他们知道，开启约柜会招致血流成河，天空焦黑一片，空气中将要弥漫毒气。这是因为，约柜的开启不是奉着创世者的意愿。

其中蕴含的是上帝的力量，只有上帝的力量。

再也不是了。

"去他的上帝。"艾本心想。

"我们准备好了，长老。"萨穆-埃尔说。

"很好，我的弟兄。当阿克苏姆族成为最终的幸存者，我们将会铭记你们的英雄之名。你们两个的名字。"他注视着面前的两人，拥抱他们，亲吻他们，微笑着，帮助他们做好准备。

两个尼提宁人移除了嵌有珠宝的胸甲。以他玛将他的胸甲挂在木桩上，艾本将萨穆-埃尔的护胸甲套在自己身上，由十二块铁线连接的木制矩形甲片组成，每一组都饰有椭圆形的光滑彩石，折射出不同的色彩。

亚伦的护胸甲。

萨穆-埃尔替艾本拉紧身上的护胸甲。

除了信仰，这是唯一能够保护他的东西。

以他玛用木碗舀出水罐中的圣水，跪了下来。

萨穆-埃尔在他身边跪下。他们轮流冲洗着自己的双手、手臂、脸颊，黑色湿润的皮肤闪耀着旋涡状的粉色光辉。艾本开始觉得头晕目眩。

他有些嫉妒他们，即便他们最终要成为祭品。

不，他嫉妒他们就是因为他们最终要成为祭品。

他们脱下长袍，挂在墙上，赤裸站立着，期待着接下来发生的事情。

艾本最后一次拥抱和亲吻他们。他们两人互相对看，用力拍打自己的大腿，直到双腿泛红。他们继续拍打自己的胃部和胸部，然后抓住对方的肩膀，高喊着父亲、祖父、曾祖父等祖先的名字。他们恳求摩西、耶稣、穆罕默德、佛祖宽恕。艾本同样为他们两人祈祷着。

最后，萨穆-埃尔和以他玛没有再看艾本，微笑着转向挂帘。他们拉着手向前走去。艾本背过身，走向大门，用膝盖抵住铅门，闭上眼睛，捂住了耳朵，静静等待着。

1分16秒后，身后传来了尖叫声。

这不是愉悦的呼唤，也不是受到某种启迪的征兆，而是一种令人胆战心惊的嚎叫。他们两人体格强健，可谓是族人当中最强壮的代表。然而，他们此刻脆弱得像是初生婴儿正在嗷嗷待哺却遭到野兽撕扯一般。

17秒钟以后，艾本背后空气变得灼热，他能够听到挂帘拍击而发出的噼啪声，仿佛暴风骤雨中摇摇欲坠的船帆。尖叫声持续着，满是绝望、撕扯、惊恐，空气中弥漫着终极的味道。

随后出现了刺眼的光线，以至于闭上眼睛的艾本仍能透过眼皮感受到如阳光般的橙色光线。一阵狂风将艾本猛地推到墙上，整个人动弹不得。他的鼻子撞到墙上，墙壁烫得像是锅炉盖，艾本闻到了自己皮肤烧焦的味道，听到猛烈的心跳声，比以往任何时候都要快的心跳声，几乎就要从喉咙口跳出来，他觉得自己好像也快要死了。

尖叫仍在继续，仿佛即将烧断的绳索，加剧了恐怖的气氛。真空般的黑暗和焦灼空气不断倒吸，挂帘的金属环扣不断地发出叮当声，艾本仍然闭着眼睛，空气急剧冷却，将他的泪水冻成了冰。他倒退一步，用另一只脚稳住身体。艾本感到约柜的方向出现了一股猛烈的拉力，他的长袍几乎就要被吸走了，或是像翅膀一样伸展开，将他吸进咆哮着的真空之中。

整整3分49秒以后，房间陷入寂静。

那是一片死寂。

艾本放开了捂住耳朵的双手。他的双手又湿又冷，手指已然僵硬，就像试图抓住什么东西，并且维持姿势长达数小时。他试图睁开眼睛，却发现睁不开，似乎生了一层外皮。他用手指抹掉冰屑和眼泪凝结产生的黄色凝块。

他眨了眨眼。他能看到。

他打了响指。他能听到。

他跺了下脚。他能感觉到。

房间的光线发生了变化。艾本看着距离脸部只有几厘米的墙壁，上面装饰着金银，闪着光泽。墙壁没有变化。他能够看到墙壁上倒映出的并不完美的倒影，如同沾上了污点，却一如往常。

他呼吸着。

呼吸着，呼吸着。

他屏住呼吸，转过身去。

房间并没有什么改变。天花板悬挂的吊灯仍在。右边，一张低矮的镀金桌子，上面放着木碗和大水罐。长袍挂在墙上的木桩上。饰有珠宝的古老胸甲曾经属于以他玛，现在同样悬挂在墙上。

挂帘也跟刚才一样——垂直、明亮、整洁。

"萨穆-埃尔？以他玛？"艾本呼唤着。

没有应答。

他向前一步。房间里，30英尺的距离，漫长得像是几英里。

他走到挂帘的位置。

他用指尖拨开挂帘。

他闭上双眼，用手撩起帘子，走了进去。

他睁开双眼。

它就在那里。约柜呈金色，2.5腕尺长，1.5腕尺高，1.5腕尺深，金盖已经打开，倚在墙上，盖子上的两个基路伯在永恒的时光中彼此对看。

作为萨穆-埃尔和以他玛曾经存在过的唯一痕迹，地上出现了约有拳头大小的两堆灰烬，相隔两米。

艾本踮起脚，试图越过边缘看到约柜的底部。

然而，他什么都看不到。

他侧身移动。

就在那里。在约柜里面，放着一个铜线环绕的陶瓷罐子。一块没有任何标记的石板。一团被推到角落的起皱的黑色丝线。在约柜的中间，两条黑色眼镜蛇互相追逐着，吞噬着对方的尾巴，形成数字 8 的形态，表面光滑，充满力量。

艾本俯下身子，触碰到约柜的边缘。他既没有疯癫，也没有瞎眼。

他用膝盖抵住约柜，身体向前倾，一手抓住一条蛇。当他触碰到眼镜蛇的身体时，它们开始变硬、变直，最后变成一米长的木杖，一头是金属蛇头，一头是金色尖刺。

亚伦神杖。

摩西神杖。

他将一根神杖塞进腰带里。

手里握着另一根神杖。

艾本又俯身寻找石板，将它翻转过来。

两面都是空无一字。

艾本呼了一口气，内心感到无尽的空虚。这是创世者制定的契约。

空白的石板。

诅咒他们。

他不敢打开陶瓷罐。毫无疑问，其中必定是吗哪 ①。

阿克苏姆人将会守护它——只要他们找出操作方法，就能在大事件爆发后利用吗哪制造粮食——不过，他们尚且不需要它。

剩下的只有那堆弄皱了的黑色丝线。

艾本用手杖勾起丝线，它——它就在那里。

他俯身捡起它，在手中反复查看，用手指抚摸着丝线。

他摇了摇头，似乎有些不敢相信。

咚—咚。

门外有人。

艾本赶紧转身，穿过至圣所。他打开门闩，让另一侧的人向内侧推开门。

---

① 译者注：古以色列人在经过荒野时所得的天赐食粮。

希拉尔把头伸了进来，他的容貌已毁。"怎么样，老师？我没法坐在那里傻等着。"

"你不会相信的。"

"打开了？"

"是的。"

"谁打开的？"

"萨穆—埃尔和以他玛。"

"他们还活着吗？"

"很不幸。"

"上帝与他们同在。"

"你说得对，选手。上帝与他们同在。"

"里面到底有些什么？"

"这些东西。"艾本指向蛇状的手杖，"它们是活着的武器。亚伦神杖和摩西神杖，吞噬一切的毒蛇，原始创世者，衔尾蛇，不朽的象征，埃亚的追捕者。即便我们找不到不朽者，这些手杖也能在终极游戏中助你一臂之力。"

"还有其他的吗？契约呢？"

"没有契约，我的选手。石板上面没有文字。"

希拉尔转头看向石板。他几乎咬牙切齿地说："还有其他的东西吗，老师？"

"有，我的选手。一些不可置信的东西。"

艾本把它拿出来给希拉尔看。

那是一块柔软的黑色金属，约有智能手机大小，略微弯曲，一角有图像字符的蚀刻。

艾本将它递给希拉尔，当144区选手触摸的时候，它瞬间绽放出辉光。

希拉尔看着艾本。

艾本看着希拉尔。

"致终极游戏，我的选手。"

"致终极游戏，长老。"

刘安

英吉利海峡，前往 0° 12′ 56″ 的路上峡

他自由了。

然而，他不知道自己身在何处。

他检视了山猫直升机的仪表操纵板，找到了导航系统和自动驾驶系统。在触控板上按了几个按键，然后看到了英吉利海峡。北面的灯光是多佛港。他不想回到英国，再也不想，再也不想，再也不想……

刘安用力拍击自己的脸颊，试图阻止抽搐。

这个办法起效了。"武田千代子。武田千代子。"他喃喃重复着这个名字。

他的鼻子开始流血。

他再次拍打着自己的脸颊。由逃亡而激发的肾上腺素已经消散。疼痛就像引擎一样，蔓延到头部的每一寸。他紧握住操纵杆，将直升机贴近海面，直至航向成为 202°13′35″ 。他驾驶直升机，在向东距离三千米的位置，驶过仍在燃烧的驱逐舰，祈祷着对方没有看见他，祈祷着他们的枪支无法使用，祈祷着他们忙于灭火而无暇顾及攻击。这时候，他注意到操纵板上自己并不熟悉的一块区域，猛然意识到这架直升机原定在黑暗中起飞的原因，以及他当时为什么没有被 F/A-18s 射中的原因。

因为它完全能够在黑暗中起飞。

这块陌生区域是匿踪阵列，而且已经激活。

刘安能够利用这架直升机，隐匿了自己的行踪。

为什么匿踪阵列会被激活呢？如果他作为囚犯出现在这架山猫直升机上，那就能够说得通了；毕竟他是终极游戏的选手，全世界最致命的对手之一。然而，他尚未抵达飞行甲板，直升机就已经准备起

飞了。

为什么在黑暗中起飞？

突然，他身体向前倾斜，就像有人重击他的颈部。

货舱里的金属箱子。

棺材大小的金属箱子。

武田千代子。

刘安将直升机抬高五十米，保持与水面的安全距离，激活了自动驾驶系统，输入了新航向 140°22′07″。他钻出副驾驶座位，直接走到金属盒子的前面。

颤抖。

他再向前一步，将手放在盒子上面。

他不用打开，也能知道盒子里面装着什么。

他俯身听着盒子里面的动静，耳朵和下巴贴在冰冷的金属外壳上，手臂垂在两侧。

"武田千代子。"

抽搐已经停止。

他站起身来，直升机的机舱内部嘈杂而压抑，加剧了头部的疼痛感。他将手指拨开盖子，出乎意料的是，居然很容易就打开了。他扔掉盖子，向里面张望。在微弱的光线下，他隐约看到了拉上拉链的橡胶运尸袋，旁边还有一个小型收纳袋。

刘安从门边的充电插座上取下一只手电筒，按下了开关。从表面看，这个运尸袋似乎装着一个肩膀很宽的孩童尸体。

刘安首先抓住了收纳袋，拉开了原本钉牢的开口：一个指针式电子表、一个装有各种飞镖的皮套筒、一把小刀、一团黑色丝线、一个眼镜盒、一些仅一英寸长的纸管、一个小塑料盒、一个拇指驱动器、一支钢笔和一个薄薄的皮夹。

这些都是千代子的物品。

他关上了收纳袋，将它放在脚边。

接下来是收尸袋。

他深吸了一口气，用手指勾住拉链的金属环，向下拉动 43 厘米。

手电筒掉落在袋子里。光线正好射在武田千代子的脸上。她的一只眼睛睁开着，干枯而毫无生机，黑色的瞳孔放大。刘安用手合上了千代子的眼睛。她的皮肤苍白，带着微微的蓝色。右侧脸颊上的紫色毛细血管裂开，呈现出锯齿状线条。她的嘴唇呈现出海洋般的蓝色，略微张开，刘安仍能看见她的门牙。她曾经黑直的头发，卷曲着散落在脸上。他用手抚摸着她的脸颊，她的脖颈，她的锁骨，最后来到浅绿色棉质病号服包裹着的锁骨。

刘安发出了呜咽声。

他倒在袋子上，他的脸颊贴着她的脸颊。直升机正沿着南方—西南方向诺曼底前进，月光透过窗户投射进来，刘安忍住自己的泪水，他看见自己湿润的睫毛，就像覆盖在他身上、她身上、他们身上的蕾丝装饰。

他用手臂围绕着橡胶运尸袋，用力抱紧。再一次拥抱她。

"千代子。"他呼唤着。

导航仪发出了哔哔声。

刘安亲吻着千代子泛蓝的嘴唇，她的眼睛，她的眉毛和鼻子交汇的小凹点。他嗅着她头发的味道——不像她身体的其他部位，闻着千代子的头发使刘安觉得她还活着——他跌进了副驾驶的座位，再次握住操纵杆，将其向后方拉动，越过驾驶员瘫倒的尸体看向舷窗外面。

500米以外，他将抵达法国。逐渐攀升的海滩和陆地置身于一片黑暗中，罕有人至的地方。他知道，不远处有一座名叫圣洛的城镇，作为商的隐秘补给站。这种补给站实际散落在全世界的各个角落。碰巧的是，他正好在其中一处的附近。

他的运气很好。

他驾驶直升机在空中盘旋，同时在自动驾驶系统中添加新航道，暂未激活功能。他穿上救生衣，等待入水后进行充气。他还找到一个防水袋，里面放着千代子的随身物品、四份军用份饭、驾驶员的勃朗宁大威力马克三手枪、备用弹药、野外分析箱、GPS定位系统、头灯。他还拿上了驾驶员的那把匕首、另外一件救生衣，以及一捆绳索。他割下一长段绳索，将一端系在防水袋上，中间系在第二件已经充好气的救生衣上，剩余的一端系在自己的腰间。

他并没有封上防水袋，还没到时候。他还要在里面放上一些东西。

他用拳头一侧敲击红色按钮，右舷门被打开了。空气涌了进来，带着一丝寒意，又是咸咸的，新鲜的。

离开之前，他再次俯身靠近千代子，抓了一把她的头发，同时拿起了那把匕首。

"我很抱歉，亲爱的。但是，我相信你能理解我。"

抽搐感已经消失。

他用匕首割下头发，纵身跳进水中。

①

---

① http：//goo.gl/NiwKCe.

莎拉·阿洛佩，杰戈·特拉洛克
伦敦地铁隧道，靠近格罗斯特路

他们还在跑着。莎拉跑在前面，杰戈试图超越莎拉，似乎是出于某种荣誉感。他不断向前冲刺，尽可能加快步速，然而还是无法赶上卡诺基亚族的莎拉。

没有人跟上来。

莎拉摆动着手臂，手中紧抓那支步枪，肩膀在不断摇晃着。在隧道中，唯一的光线来自于地铁车厢信号灯，间隔闪烁着红色和绿色灯光，还有莎拉戴的头灯。

它被设置成最弱的光线，只有22流明，白色塑料上面有红色的滤光器。

光线的红色光环反射到隧道墙壁上。杰戈感觉，此情此景具有一种诡异的诱惑力。

"英国空军特别部队，你说呢?"莎拉回头喊道，完全没有喘不过气来的表现。

"我也这么想。也有可能是军情六处。"

"或者是他们联合行动。"

"门边有四个，窗边有两个，狙击手。"杰戈将他们一一数过，"你觉得前面货车里有几个人? 或在总部呢?"

"移动设备有三到四人。行动的有两到三人。"

"说不定还有无人机。"

"说不定。这就意味着——"

"他们看见我们跑进隧道了。"

"没错。"莎拉突然停住脚步。脚跟溅起了不少水花。

隧道出现了岔路。"走哪边?"

杰戈走上前来，跟她肩并肩站着。他想起这些隧道其实是作为他们逃跑计划的一部分。他曾经在酒店房间里，跟莎拉讨论过这个部分。也许她并没有在听他讲。也许她在想着其他事情，这几天以来莎拉始终如此。

"我们讨论过的，还记得吗？"杰戈问。

"抱歉。"

"北边通往高街的肯辛顿站，基本都在室外。南边通往一条支路。"杰戈提醒说。

"那就南边。"

"也许吧。不过，这些隧道很快就会遍布特工。我们走进隧道只有——"他低头看了一下手表——"四分零三秒。我们有可能抵达车站，搭上下一班列车，然后消失。"

"我们应该分头行动。"

"没错。我们应该在集结地汇合的。你还记得我们的集结地在哪儿吗？"

"是的，我记得的，费奥。"

他们都明白这件事情的重要性。伦佐并不知晓中间发生的小插曲，而他将在下午准时抵达停机坪，并将他们接走。这是他们的计划。对于莎拉和杰戈来说，他们必须尽快离开英国。他们只要在隧道中多待一秒钟，被英国政府抓捕的几率就更多一分。

杰戈指向最右侧的那条隧道。"如果我们朝着支路的方向走，需要花费更长的时间。"

"为什么？"

杰戈叹了口气。莎拉显然没记住什么关键信息，甚至没有认真听他说话，杰戈因此感到有些气恼。选手不能遗忘信息，尤其是逃生路线这种关键信息。

"因为我们要用到——"

"火车。"莎拉不经意地插嘴。

于是，他们立刻结束对话，直接跑向北边的那条岔路。他们心意已决。身后突然吹来一阵大风，隧道远处出现了光亮。她看见隧道工人用以躲避列车的保险装置，迅速躲了进去。空间正好足够一人容身，杰戈迅速躲进对面的相同位置，耳边很快传来了列车行驶的刺耳轰鸣声。

列车驶过，造成了暂时的缺氧环境，莎拉屏住了呼吸，头发杂乱地披散在她的颈部。莎拉的脸部跟车厢距离不到一英尺，她的眼睛正好平行于车厢内的乘客。透过玻璃、金属和光线，她看到了一些乘客的模样：深色皮肤带着红色围巾的女士、陷入沉睡头顶微秃的老年男性、仍然穿着昨晚派对装扮的年轻女士。

他们都是街上司空见惯的毫无可疑的普通人。

火车逐渐远去。莎拉重新整理头发，绑起了马尾辫。

"赶紧走吧。"

当他们抵达车站时，隧道内的光线突然变亮。莎拉关闭了头灯。车站已经映入眼帘。刚刚经过他们的列车正在离开站台。从他们所在的角度看，一些乘客正在走向出口。

他们走上了通往站台的低矮阶梯，小心翼翼地躲在阴影中。莎拉抬起手，指着距离他们最近的摄像头，其中一个摄像头隐藏在一道大门的后面。

"只要我们出现在站台上，他们就会发现我们。"

"是的。我们最好在这里等下一班列车进站。"

杰戈卸下步枪瞄准器的螺栓，随后匍匐着爬上阶梯，在不被摄像头发现的前提下，尽量靠近站台，通过步枪的瞄准器观察周围情况。

完全是一个普通早晨的普通场景。一些人在等待列车，滑动着手机屏幕，阅读着八卦报纸和书籍，或是盯着某处发呆。一位商人模样的乘客出现在站台中央。他戴着宽边帽，穿着深色皮鞋，胳膊下面夹着一份卷起来的报纸。他看起来有些懊恼的样子，刚好错过了上一班的列车。

"没有可疑人物。"杰戈说。

"我们最好留下步枪。"

"你还有那把手枪，对吧？"

"是的。"

杰戈再次检视站台的情况。一位年轻的母亲怀抱着三岁大的孩子。

一位蓝领工人穿着连身裤。那位商人正在读报纸。

杰戈仔细观察，拉近了焦距。

商人穿的西装看起来很高档——还穿着黑色的战术军靴。

"狗屎。"

"怎么了？"

"把你的步枪递给我。"

莎拉没有再问，照着他说的做了。杰戈把步枪扛在肩上，瞄准目标，拉开二次触发。

枪管内的飞镖沿着低抛射线，嗖的一声射了出去。男子距离太远，根本没有听到声音。距离数英尺，高处的数字告示板显示：一分钟后将有列车进站。在最后一瞬间，这名男子向后退了一步，飞镖差点射中他的颈部，扎进旁边的广告牌上。

这名男子放下了报纸，两脚分开站立，左右环顾。他将一只手放在耳边，似乎在说些什么。杰戈从阶梯前部向后撤退。

"情况不妙。赶紧回撤。"

"我反对。"

"搞什么呀，杰戈。你反对？"

也许他也变得粗心大意了。太多的遗忘，太多的汉堡王，太多的性爱。

莎拉站在那里，看着他。他就在那里，走近了大约二十步。商人站了起来，帽子掉了下来，手里拿着一把手枪。

杰戈扛起步枪，不需要瞄准，直接扣动二次触发。又是一发子弹。飞镖击中对方的脸颊，就在眼睛下方。他身体猛地一震，向后倒去，滑倒在地上，距离他们仅有 47 英尺。他在地上翻滚着，用手捂住伤口，飞镖的尾端就悬挂在他的脸上。他拼命地挣扎以试图保持清醒，然而并没有奏效。他昏了过去。

年轻的母亲尖叫起来。

两名选手转身就跑。车站的灯光开始后退。莎拉打开了头灯，跑在杰戈前方几英尺处。这时，他们感到了空气中的变化，光线在朝他们的方向逼近。

那是终极游戏的道路列车。

莎拉开始以最快速度奔跑。在列车向他们撞击的瞬间，莎拉躲进了其中一处保险装置的安全区域内，肩膀紧紧贴着混凝土筑成的墙壁。

不过，杰戈不在那里。他没办法跑得跟她一样快。他们相隔约有13英尺，或是1英里。当时他正在看着她，她能看见他的眼睛，又圆又白的眼睛。

莎拉呼喊着"趴下！"，只见火车快速驶过，阻断了她的视线。

火车开始鸣笛，丝毫未有减慢速度，莎拉的耳边传来一阵噪音，眼前出现了火星和小型爆炸。她听到步枪受到列车前部的撞击。此后，她只能听到前方出现剧烈搅动的声音，呼啸而过的剧烈风声，以及列车喇叭声引起的多普勒效应。

再一次，莎拉透过车窗观察车厢内的情况。这一次，透过眼睛，莎拉看到车厢内空无一人。一位乘客也没有。直至最后一列车厢，里面站满了身着黑衣的男子。

携带着不计其数的各式各样的武器。

火车并没有因为看见他而停下来。他们看见了他，但是他们一心要他死。

在拐弯处，火车终于刹车进站，最后消失在视线中。莎拉约有一分钟的时间逃到另一条隧道。她探头查看铁轨之间。没有任何他的踪迹。

她眯着眼睛看。在黑暗中，一块碎布飘到空中，最后落在铁轨上。

那块布料跟杰戈的衬衫匹配。

她向前一步，试图再次确认什么东西。然而，远处传来了一阵男性的狂乱的尖叫声。她顿住了身形。

没有时间了。

她恐惧地瑟瑟发抖。没时间去查看杰戈·特拉洛克的情况。

恐惧蔓延。

她用衣袖擦了擦眼睛，跳上列车轨道，开始她的逃离。

逃离又一次的死亡。

又一个她所爱之人的死亡。

艾斯林 · 考普

美国，纽约，肯尼迪国际机场，一号航站楼，E-117 房间。

艾斯林已经在这间房间待了一小时又三分钟。没有人走进来，没有人给她倒水喝，或是给她送一袋薯片吃，没有人用对讲机跟她对话。房间里面空无一人，只有一张桌子和一张椅子，地板上有一个钢圈，天花板上有一排日光灯。桌椅都是金属制成的，圆形边缘，连接处是焊接的，固定在水泥地板上。白色的墙壁透着浅浅的黄色调，上面什么都没有。没有照片，没有架子，没有通风口。甚至没有双向镜。

不过，有人在监视着艾斯林。这一点毋庸置疑。在这个房间里，肯定架着摄像机和麦克风。可能不止一个。屋内没有危险物品，带她进来的男子甚至没有给她戴手铐。他们只是让她坐在椅子上，随即离开了。她没有动过。自从大门关闭并且锁住以后，她就开始沉思起来。对方有三个人。他们在小声地窃窃私语。她还是能听到他们的声音。

一个，两个，三个。

她想，关禁闭还不如在意大利洞穴呢。

她任由思绪肆意游荡。或者说，她故意这样做。她是一名选手，并不意味着她擅长所有的事情。射击、格斗、追踪、攀爬、生存技能、解决疑难、语言能力。这些都是她拿手的。集中思维、开拓思路，这类东西是她所不擅长的。都是臭狗屎。

然而，在最关键的时刻，有可能拯救世界的关键时刻，她的射击技巧并没有帮助她击落那架该死的飞机。

随它去吧。随它去吧。

呼吸。

随它去吧。

她确实那样做了。画面和感觉来了，又走了。回忆一幕幕泛上心头。她坐在克莱斯勒大楼顶层东北角的滴水嘴上，雨水打在她的脸上的感觉。哈德逊山谷采摘野蘑菇的滋味。她在爱尔兰奥威尔湖差点溺水而死，肺部将水挤出来的体验。她感到恐惧，她赢不了，或是她没有资格赢得比赛，或是她不应该赢得比赛。她感到疑惑，选手里面不尽是反社会的人渣。她想起父亲的亮蓝色眼睛。开普勒22b鬼魅般的声音。大白色金字塔的死里逃生。她后悔没有在大野鹅塔用十字弩射死那个奥尔梅克人。意大利洞穴内的岩画叫她气得不行；根据画面信息，开普勒星人完全将选手们玩弄于股掌中。这是一场不公平的比赛，所以她愤怒。终极游戏完全是一场笑话，所以她愤怒。非常愤怒。

随它去吧。

随它去吧。

呼吸。

门外有些骚动。一个，两个，三个。门闩转动。艾斯林没有睁开眼。她听着，嗅着，感受着。只进来了一个人。门关上了。窃窃私语声。一个，两个，三个。

那是一个女人。她能闻到对方身上的肥皂味。

脚步很轻，呼吸稳定。她可能也在沉思呢。

她穿过房间，来到桌子另外一侧。

她开始自我介绍。"我是行动长官布里奇特·马克罗斯基。"她的声音很甜美，就跟酒吧歌手似的，声量挺大，"这是真名。不是什么该死的化名。你好，德安德拉·贝拉方特·库珀，或许我该称呼你为艾斯林·考普？"

艾斯林猛地睁开眼睛。她们的眼神交汇在一起。这位马克罗斯基长官并不是艾斯林想象中的样子。

"所以，你承认自己用了假护照。"马克罗斯基问道。

"我不知道你在说些什么。"

"别装了，艾斯林·考普，你刚才睁大了眼。我的书里有你的资料，我看了足有上百次。"

"那是什么书？《格雷的五十道灰》？还是《阁楼信使》？"

马克罗斯基摇了摇头，看起来略带失望。她大概四十多岁的样子。跟艾斯林一样，她也有一头红发。不同的是，她的头发从前额到马尾末端有一条明显的条痕，就像科学怪人的新娘。她的双腿细长，身材丰满匀称，坦白地说，还挺性感的，有点像《花花公子》杂志封面上风韵犹存的兔女郎。她戴着眼镜，青色镜框，几乎不施粉黛。她有一双绿色眼眸，双手青筋突出，强而有力，暴露了她的好身手。她在艾斯林的年纪应该相当厉害。

"你不知道，我有多常听到这种狗屁话。"马克罗斯基说。

"也许你得换个工作。"

"不不。我爱我的工作。我喜欢跟你这样的人说话。"

"像我这样的人？"

"是的。恐怖分子。"

艾斯林没有退缩，也没有说话。她能理解——从执法者的角度来看，终极游戏的选手有一万个理由被归类为恐怖分子——但是，这个女人对终极游戏了解多少？

"别再耍嘴皮子了？我要提醒你，我们已经发现了，你试图用假名进入美国境内。""所以我现在被捕了？"

"被捕？"马克罗斯基轻笑着说，"真是老套的说法。我不属于那种逮捕人的政府，考普小姐。我是来自……另一个政府方面。一个小型的应对恐怖分子的特殊部门。近距离地监控私生活的那种部分。"

"问题是，我不是恐怖分子。"

"噢，亲爱的！所以你想说，这一切都是一场误会吗？"

"是的。"

"所以说，根本不存在这样一个收到命令即不计一切代价达成目标的秘密组织？你也不是这个秘密组织的成员？"

"什么？秘密组织？你在开玩笑吗？"

马克罗斯基再次摇了摇头。"不是开玩笑。你听说过西安发生事情吗？你跟这件事有没有关系？"

对方提到了那座中国城市，艾斯林的心跳开始加速。她的脖子开始不住地颤抖。如果无法控制身体经过训练的威胁应变机制，她肯定要出一身冷汗。然而，她此时绝不能出一身冷汗，尤其不能在这个女人面前。她似乎已经知道太多了。

"什么意思？你说的是那颗陨石？你认为我所在的秘密组织是幕后黑手？女士，如果我能够控制陨石活动，我想我也不会坐在这里。"

如果我能够控制陨石，艾斯林心想，大事件就不会到来了。

"不是，我们晚点再说陨石。我说的是，刘安放的那颗脏弹，大约就在一周前。"

这个名字刺激着艾斯林的耳膜。不知何故，这个女人提到的可能是终极游戏当中最危险和最无法预测的选手名字。如果艾斯林能够选择对手，那可能会是商族人。不过，艾斯林很好地掩饰了自己的情绪，她皱起眉头，故作天真地问："刘安妮？我不认识这个女的。"

"刘安是一位男性。你所在的秘密组织的另一位成员。"

艾斯林的心跳再次加速。不是出于紧张，而是出于不悦。她从未料想到，居然有人将所有的选手都归到同一个族群。对于所有的选手而言，十二个独立族群的概念过于深入人心，以至于他们都深刻地铭记着一句话："我为族群而生，其他均非我族类。"因此，将所有选手混为一谈的做法简直无异于渎神。

渎神！

甚至恶心至极。竟然把她跟商族混为一谈。那些神经兮兮的变态。

"我从没听过这个名字。"她冷静地说，"我也不属于任何一个中国的秘密组织。"

马克罗斯基直接坐在了桌子的边缘，低头看着手指甲。她撕掉了手指上的一块死皮说："也许我不该使用秘密组织这个词语。你——还有刘安——更喜欢称之为'族群'。你有没有想起些什么，艾斯林·考普？"

"没有。"艾斯林脱口而出，随即开始后悔。

"这样的话，你听说过这种说法吗？اللعبة نهاي。"

艾斯林说，自己曾经去过阿拉伯国家，所以知道这句话的含义。她开始紧张起来，用后背和双腿用力抵住椅子，椅子开始发出吱嘎声。

"我同意你的说法。"

艾斯林斜眼看了一眼对方，然后说："你可能以为自己知道得不少，其实根本一无所知。"

"那你就错了，考普小姐。我知道，存在着十二个古老的族群，你所在的族群叫做拉坦诺凯尔特。我知道，刘安也有自己的族群，名字叫商。我还知道不少于五个其他族群的名称。我知道，自从陨石坠落，你们就在互相'对抗'，目的是获取某种奖励。你们将会持续比赛，直至世界的终极。我要很抱歉地说，这个日子很快就要到来了。"

"你简直疯了。"

"但愿如此，考普小姐。不过，我不仅知道这些——我还知道你的父亲德克兰，那时候你还是个穿尿布的小——"

"我的父亲？说真的，他是个疯子。"艾斯林嘟囔着说。她已经卸下了所有伪装。没必要再伪装了。

"我理解。他绝对是个疯子，以至于他的父亲，也就是你的祖父，亲手把他杀了。"

"是的，就是这样。"艾斯林低声承认。

"很好。感谢你的坦诚。"

双方陷入了一阵沉默。马克罗斯基继续撕着手指上的死皮，艾斯林有些恼怒。她知道自己应该保持沉默，等待对方先开口，但是……

"该死的，你凭什么扣押我？"

马克罗斯基从桌子边缘滑落下来，双手用力抵住桌子的冰冷表面。"我说的都是实话，考普小姐。不仅因为有人命令我对你诚实，虽然这是事实，而且因为我想要这样做。我的一生中遇到太多的糟心事，多到你根本无法想想——我想你能够猜到不少。我知道你的身份，不过你并不知道我的身份，或是我去过的地方和我做过的事情。我不知道我的受害者们。你不知道我的手段。我见过不少可怕的情景，神秘的时间。不属于这个世界的东西——你可以从字面意思理解。我想，你能理解我所说的话。"

"你听起来跟我父亲一样。满嘴疯话。"

"我们没有时间了。别再固执了，考普小姐。大事件很快就要发生。我们俩都心知肚明。十二颗陨石，那些唤醒你们族群的陨石，那些唤醒你们秘密组织的陨石，它们只是拉开了序幕。还有事情要发生。到时候，我们将迎来世界的终极。"

艾斯林眼睛瞪得老大，张开薄薄的嘴唇。作为一个局外人，她未免知道得太多了。"你是怎么知道的?"

"我告诉过你。你的父亲给过我们材料。我们还有别的消息渠道。我们一直跟纳巴泰族保持联系，他们的选手名叫马卡比·阿德莱，边缘型反社会者。你认识他吗?"

"并不认识。"

"很英俊的变态佬。跟纳巴泰族打交道，我们获得大量信息，同时心生恐惧。第一次穿过边界的时候，我们差点就要发现终极游戏的真相，结果他们派出了约旦境内几乎全部的特工和行动官，外加数百名包括孩童在内的平民。只是为了将我们蒙在鼓里。"

"终极游戏。所以你确实知道这回事。"

"我不敢说我知道所有的事情，但也确实知道的不少。更重要的是——当然，同样令人沮丧的是——我知道有一颗巨型的太空陨石正在向着地球方向行进，而且我们无论如何挽救都无法脱身。"

"你知道陨石的撞击地点吗?"艾斯林问道。她竟然问一个局外人，绝望感油然而生。

"大概知道。"马克罗斯基呼了一口气，"美国宇航局认为，他们的特别团队已经找到了答案。几天前，他们在宇宙中发现了这颗陨石的踪迹。鉴于我们的安全级别，结果很快就送过来了。"

"结果是什么?"

"纯属机密。"

"去你的机密。告诉我。"

"我不能告诉你。现在还不行。"

"什么时候才行?"

"等你做出承诺，考普小姐。"

"什么承诺?"

在回答之前，马克罗斯基停顿了一会儿。"你很清楚，考普小姐，我不想伤害你。我要告诉你，我们有一项新计划。"

"什么计划？"

"这也是机密。我只能说，你们原本打算驱逐外星人并且阻止其再次返回地球。不过，陨石照样会撞击地球，然后为时已晚，我们所有人都完蛋了，没错吧？"

"我想是的。"

马克罗斯基用一种怜悯的眼神看着她说："我并不这么想。我知道，作为选手的你们经历过什么样的艰苦训练，我看过其中一些选手的表现，我必须承认，你们的表现相当惊艳。你们要比地球上任何一支特种部队都要技艺高超和无所不能。一些选手显得更加冷酷无情。他们绝对是令人闻风丧胆的一群人。然而，这是没有实际意义的。终极游戏已经开始。丧钟已经敲响。坦白地说，我和我的同事已经被逼到绝路。我们反复谈论过，不断争论的结果就是我们决定跟你组成联盟。"

"这该死的是什么意思？"

"意思就是，假如这个天大的笑话——终极游戏——真有获胜的方法，如果胜者真能掌握族群生存的关键，那么我们必须确保你能够获胜。"

艾斯林终于明白了她的意思。她微笑着说："因为你也是拉坦诺人。"

马可罗斯科将一根手指放在鼻翼。"猜对了。因为我们也是拉坦诺人，就跟四分之一的美国人和五分之一的欧洲人一样。你，艾斯林·考普，是我们的选手。"

艾斯林的心跳再次加速。信息太多了。鬼魅般的政府组织——终极游戏的局外人——几乎无所不知，这个现实相当使人不安。

这就意味着，世界已经在发生改变，在终极之前。

马克罗斯科把身体向前倾。"这就是你在这里的原因，考普。这样，你就能得到我们的帮助。不过，你也应该知道，在这件事情上，你并没有什么选择的余地。我们选择置身其中。我们数量有限，但是英勇无畏、足智多谋、团结一致、装配精良，我们会帮助你找到钥匙，杀死一切胆敢阻挡去路者，赢得最终的胜利。迎接充满血腥的结局。"

艾斯林靠在椅背上，内心感到了畏惧。她很想远离这个房间，远离这个女人。

"你原本可以在一开始就告诉我。"艾斯林说。

"不行。我们想要多了解你，了解我们的明星选手。"马克罗斯基笑着说，"艾斯林，你是疯狂的、令人胆寒的拉坦诺族选手。我们是你的头号粉丝。"

马卡比·阿德莱，叶卡捷琳娜·阿德莱

德国柏林，利希滕贝格，地下室的干净房间，Arendsweg 大街 11 号

"还需要一段时间，才能动作顺畅。"叶卡捷琳娜·阿德莱使用的是几近被人遗忘的纳巴泰语。那是一种行云流水般的语言，中间穿插着阿拉伯式的似有带痰的单音节词。她和马卡比都以自己能说这种语言为骄傲。

房间明亮而凉爽，空调通风系统在头顶发出微弱的声响，角落的索诺思音响小声播放着巴赫的 D 小调双小提琴协奏曲第一乐章。

叶卡捷琳娜穿着全套手术服，脸部戴着护目镜，眼部戴着手术用放大镜。手术设备发出间歇的嗡嗡声。管子、液体、血袋。她身体前倾，下方的蓝色无菌布遮盖着男孩的手臂，皮肤上粘着厚厚的血迹和碘酒痕迹。他的手腕处连接着一只经过阳极化处理的黑色机械手臂，由光学纤维和钛合金布线制成，配备了超薄的原型锂电池，电量足够工作一万小时。叶卡捷琳娜已经完成手术的关键阶段，将温热的血肉与冰冷的金属连接起来，正在使用电压计和电烙铁进行性能诊断。

马卡比同样穿着手术服。他是叶卡捷琳娜的手术助手。

她用电烙铁刺激病人的手指，对手指加以疼痛刺激，以期得到反应。她碰了小手指，手指抽动了一下。她又碰了无名指，手指弹了起来。接下来是中指——比普通中指更粗一些——手指同样退缩了一下，手掌中央的齿轮箱中，伺服系统发出微弱的声音。

"等到机械手臂开始工作，你的朋友需要花时间习惯一下。"她说。

"他不是我的朋友。"

叶卡捷琳娜露出了会意的眼色。在放大镜的作用下，她的眼睛显得尤为庞大，黑色瞳孔被无限放大，就像猫头鹰在午夜森林中捕猎。

她的上唇有一块漂亮的胎记。

"我已经尽全力在搜集了……我们讨论的东西就在这里。"

她用电烙铁再次触碰中指。然而，中指没有任何动静。她将烧热的尖端静置了两秒钟，三秒钟。没有任何改变。她将电烙铁放回原处，然后开启了计算机终端。手指迅速敲击着键盘，重新编写程序，重新连接神经和电线。

"我会给你一个用来激活设备的怀表。"叶卡捷琳娜说，"不过，亲爱的，你务必要在准备好的情况下使用。这个东西完全遵照你的要求，不过我真的很不理解。如果是毒药结节或是爆炸装置，我应该能够……更加清楚你的用意。"

"那些东西都很容易被发现，叶卡捷琳娜。""就凭这个小野蛮人？"

"他比看起来更机智。"

她停下打字的手，重新握住电烙铁，将它放在中指上。手指很快就做出了反应。

叶卡捷琳娜看着监控器上出现的新数据：3-0-7-0-0。她满意地点了点头。

"干得不错，叶卡捷琳娜。很完美。"

"多谢夸奖。"她用大拇指触碰电烙铁，温度足有418摄氏度。手指收缩了一下。

触碰手掌。

手掌收缩了一下。

触碰脚后跟。

又收缩了一下。

她放下了电烙铁，取下护目镜和放大镜。接着，她脱下了手术手套，用折好的灰色棉质毛巾擦去脸上的汗水。随后，她熄灭了明亮的头灯，搓了搓两只手，试图纾解数个小时专心致志工作带来的僵硬感。"老样子，亲爱的，你启动故障安全系统时，我不会离他太近。"

"我知道了。怀表的范围是多少？"

叶卡捷琳娜走到房间另一侧的书架旁，她的胃里发出咕噜噜的声音。"不超过七米。"她从一个小盒子里拿出了什么东西。"我快饿死了。”

“我也是。我有一个惊喜要给你。”

叶卡捷琳娜转过身来，脸上带着惊喜的微笑。“真的？”

“我已经预定了 Fischers Fritz 餐厅最好的位置。”他露出明朗的笑容，低头看了一下手表。

“一小时后，有车来接我们。”

叶卡捷琳娜——相较于年轻时候，她现在显得有点胖墩墩的——惊讶地蹦了起来，双手抱拳说：“Fischers Fritz 餐厅？你怎么不早点告诉我？难道我们要见新成员吗？”

马卡比将食指和中指抵住大拇指。“不是的，叶卡捷琳娜。我只是想要跟你共进晚餐，仅此而已。”

“那好吧……”她显然很兴奋，而且已经在思考要吃些什么：“怀表在这里。”她把一块短小的金属怀表放到马卡比的手中，后者将怀表翻过来，打开了盖子。里面有一个红色按钮。“迅速按压三次。”作为示范，她用脚在地面上敲击了三次。

“这样就行了？”

“这样就行了。一旦启动，无法终止。没有后悔药吃。”

“我知道了。”

叶卡捷琳娜检视着整个房间，看看有没有落下东西。她并没有。机器持续发出嗡嗡的声响。马卡比和叶卡捷琳娜听着巴依特萨罕发出平稳的呼吸声。

“Fischers Fritz 餐厅。”叶卡捷琳娜觉得像是做梦似的，“真是一个天大的惊喜。”

马卡比的脸上堆满了笑容。他把手放在她的肩膀上，用力按住：“没错，母亲。”

“只有你和我，还有一瓶 1928 年产的库克。倒是跟终极的主题很搭。”

发件人：wm.s.wallace58@gmail.com
收件人：lookslikecandy@gmail.com
主题：你好——请立即阅读！
级别：紧急

卡斯，你好：

我是威尔。很显然。你最近怎么样？皮蒂和格温呢？还有那条小狗，叫红果对吗？约阿希姆最后有没有拿到医院里的鱼叉？

之所以用这个从未使用到的 Gmail 邮箱，是因为我无法通过常用的 NASA 地址跟你讲以下的内容。这件事是机密。真的是高级机密。不过，这件事情太太太太太过重要。我不是要吓唬你，不过这件事关乎生死。对于你和你的孩子们，还有周围的人们都是关乎生死的人事。准确地说，不止你周围的人们——对于大西洋方圆一百英里以内范围的所有人都是如此。它可能会影响到地球上的所有生物。

如你所知，我最近五年一直在研究近地轨道项目，这个团队负责监控所有靠近太阳系 1.3AU 距离的天体。多数人会觉得这是一份无聊的工作，可是你了解我——我热爱这份工作。数字、来自宇宙的消息，这都是我所痴迷的东西。一直都是。

至少，我现在仍然这么认为。

我们最近发现了一个大家伙，卡斯。完全出乎我们的预料。它距离地球相当近，就像是从虫洞中砰地一声出现，或是隐藏在时间空间统一体的某种折皱中。说真的，它距离我们非常非常近。来者不善，我们早在几年前就应该预见到它的存在。如果是那样的话，我们应该能够及早计划，重新引导它的路径。不过，现在为时已晚。也许我们做什么都无济于事了。政府试图寻求对策，不过他们毫无头绪——而且极其恐慌。喷气推进实验室的科学家们完全陷于不知所措的境地。他们制造的模型当中没有一个足以抵挡或者推移这块陨石。陨石的绰号是阿巴顿，也就是希伯来语中"毁灭者"的意思。它的外观引起了极大争议，使得许多人开始质疑最基础和最基本的科学原理。还有很多人已经不来上班了。

我是认真的，卡斯——如果计算正确的话，它会在未来的 82 天或 91 天撞击地球。现在，我认为它会撞击北半球，可能是大西洋中部，相较于欧洲，可能更靠近美国，确切系数高达 95%。我无法预测这件事情的确切后果。不过，破坏性应该等同于全世界核武器效果叠加再乘以十，而爆炸将会在数秒内发生。那将会是……万事万物的终结，卡斯。

万事万物的终结。

你需要提前计划和充分准备。或早或晚，消息会传开，或者被发布。一旦人们知情，世界将会大变。虽然我无法预测未来，但是继续待在布鲁克林肯定不是好对策。你需要开车离开——或者最好是租一辆巨大的露营车，里面装满食物以及——我本来不想说的——枪支。我和萨里可以在中部地区跟你们汇合。我们可以商讨接下来几年的去向，我打算去一个偏远的地方，靠近加拿大边界（一旦事发，国内肯定会出现一大批发疯的人）。也许我们可以去蒙塔纳，或是北达科塔。

请你务必谨慎对待此事。我没有发疯。你一定要现在开始准备，在世界变得混乱和充满恐惧以前。地狱即将降临，我们的世界即将消亡。

打电话给我，我们可以聊聊。

一定要打电话。

　　　　　　　XXOOXXOOXXOO，你的好哥们威尔。

莎拉·阿洛佩

高街肯辛顿车站附近的伦敦地下隧道

莎拉拼命往前跑着。她跑着，试图不去想刚才发生的事情。

又一次死亡。

杰戈死了。

他在那里吗？他真的死了吗？是的。是的，他肯定死了。

肯定是的。

如果他没死，那些士兵肯定也杀死他了。

又一次死亡。

她跑着，走到了隧道的岔路口，选择了南边的那条，杰戈曾经说过这条路通往服务站。

死去的杰戈。

她爱着的杰戈。

她曾经爱过的杰戈。

已经变成过去式。就像此前的克里斯托弗。

她继续跑着，双脚溅起水坑里面的积水，钢条发射出头灯的微弱光芒。她继续跑着，杰戈的声音回响在脑海中，呈现出各种细节。他们在酒店房间的时候，她并没有注意到杰戈说的这些细节，不过她的头脑经过了严格训练，因此条件反射似地自动记住了这些信息。

有一扇门。通往下水道。我们可以沿着下水道进入蓄水池。尽头有一个梯子，上面标着"诺兰换乘及电力设备"。爬上梯子，走出去。我们偷一辆车。莎拉，你在听吗？

我在听。

好的。我们偷一辆车，向北开去。不要走高速公路。我们要在一个旧的飞机跑道上跟伦佐汇合。林肯郡的英国皇家空军佛根汉姆基地，你重复一遍。

"林肯郡的英国皇家空军佛根汉姆基地,"她一边说,一边来到通往下水道的那扇门。门上挂着锁链。她用FN2000弄开了门锁,枪声回荡在隧道里。这肯定暴露了她的位置。他们正在赶来。他还没有看见或听见他们的动静,不过她知道他们正在赶来。莎拉穿过这扇门,爬下铁质梯子,走进低矮的通道,恶臭的积水足有脚腕高。她迅速向着蓄水池所在的东北方向移动。到达以后,她犹豫了一下,选择了标注着"E15AOUTFLOW"的那条隧道,默默祈祷里面的E代表的是*East*(东边)。离开蓄水池前,她撕下衬衫一角,系在标注着"W46INFLOW"的隧道附近的裸露出来的钢筋上面。也许这样能够误导那些追踪者。就在她准备离开蓄水池的时候,上方传来剧烈爆炸的声音。一些松动的混凝土和灰尘从头顶掉落下来。

上面发生了什么?她没有时间去思考。她只能继续移动。可能是杰戈吗?

不可能。绝对不可能。现在,虚无的希望是最危险的东西。减慢速度,可能要了她的命。

大地之匙!

她摸了摸口袋。钥匙还在那儿。感谢神,它还在那儿。

她在蜿蜒的隧道中爬行了一公里,泄洪口不断排水,导致积水从齐腰高度逐渐升到齐肩高度。最后,莎拉来到一个圆形房间,梯子向上伸展。混凝土上印着"NRLND XFER AND ELEC"字样,下面用红色颜料标注着大大的数字"7"。她把步枪扛在肩上,趴在梯子上,双手握成杯状,放在耳边仔细倾听。她刚才经过的方向,传来积水溅起的微弱声音。还有脚步声。

她再次感到疑惑:难道是杰戈?

还是那帮刽子手?在被制伏以前,她能解决掉几个人?那是她想要的吗?小小的报复,随后赴死?

或者,可能是杰戈?

不可能。绝对不可能。你不能去希望。希望是杀手。希望意味着死亡。

继续移动。

她开始移动。

向上爬，向上爬，向上爬。

她用肩膀和头部顶住检查井盖，双手张开并且抵住隧道两侧，强壮的大腿撑在梯子的横档上。她的大腿和膝盖发力，将铁质的井盖抬了出来，然后将手指托住井盖边缘，小心翼翼地将井盖放在一旁。井盖跟地面摩擦，发出了刺耳的声音。她来到了一个昏暗的小房间，阴冷，潮湿。她继续留意脚步声，不过这次没有听到声音。不，也许她听到了什么。没错，有声音。她听到了某种声音。可能是她内心残留的希望作祟。她弯下腰，安静地将井盖放回原处。她环顾四周，发现了一张工作台以及一些工具，墙壁上贴着下水道的示意图纸。还有两个挂钩，上面挂着两件帆布的连身衣裤，还有两顶安全帽。

有一扇门。

她将步枪靠在一堆铁铲上，取下了其中一件连身衣裤。衣服有点大，不过她并不在意。她把连身衣裤穿在原本衣服的外面，将自己的头发盘起来，用工作台上找到的一支铅笔固定住发髻。她挽起裤腿，深吸一口气。随后，朝着大门的方向。再次深吸了一口气。

这时候，她才发现自己在哭泣。

她摸了摸自己的脸颊和双眼。

她真的在哭泣，她居然不知道自己这样哭了多久。

又一次哭泣。

"振作起来，莎拉。振作起来。"

又一次哭泣。

林肯郡的英国皇家空军福金厄姆基地。英国皇家空军福金厄姆基地。你要偷一辆车，向北开，找一张地图——她不可能冒险使用智能手机，或是打电话问路——"然后跟伦佐汇合。你要离开英国。林肯郡的英国皇家空军福金厄姆基地。"

她擦干眼泪，用力拍拍自己的脸颊，尝试打开这扇门。门没有锁。她打开门，偷偷往外看。没有人在等待着她，没有反恐部队，没有APC，也没有 SAS 杀手组织。

她走出门去。

呼吸着新鲜空气。

她的步伐轻快，但是并不张扬，沿着乡村宁静安详的小道走着。走过两个街区，她都没有看到一个人影。偶尔在路边看到一些美国梧桐树，灰色的树皮出现不规则剥落，跟国家或者湖泊的轮廓有点相似。树上，鸟儿在欢快地鸣叫。她听到远处街区的汽笛声，打开的窗户里传来 BBC 新闻的声音。她转了一个弯。她走过又一个街区，跟一个牵着博美犬的女人擦身而过。那只博美把舌头从黑乎乎的嘴巴里伸出来，女人不断催促着："快走，格蕾丝，快走吧。"

那个女人根本没有看莎拉一眼。

在第四个街区的时候，莎拉尝试拉动身边每一辆车的车门。

第六辆车，门被打开了。

那是一辆菲亚特熊猫的两门汽车，毫无特色，很不起眼，引擎盖上还有一处凹痕。完美的逃生工具。她坐了进去，用 18 秒时间启动了这辆车。相较于杰戈在中国施展的短路点火，莎拉的手法还是差了一点，不过还算差强人意。

杰戈。

死去的杰戈。

他有可能还活着吗？

那些是他的脚印吗？

不可能，它们不可能是杰戈的脚印。他不可能比她还要快。他已经死了。

不过，也许他没死？

莎拉摇了摇头。这种想法会减缓她的速度，送了命也说不定。

为什么她会变成这样？为什么她没有确认他的尸体？她就这样毫不留恋地抛弃了他。

毫不留恋！

她抛弃了很多东西，很多人，毫不留恋。塔特，里娜，她的父母，克里斯托弗，杰戈。

她自己。莎拉很清楚。她曾经爱过的莎拉。

都是假借着终极游戏的名义。

她到底是怎么了？她的心到底怎么了？

闭嘴。振作起来。不要希望。赶紧行动。

她的身体前倾，打开了仪表板上的储物箱，从里面取出了一顶皱巴巴的棒球帽和一副廉价的太阳眼镜。她将头发束进棒球帽里，戴上了太阳眼镜。这时候，她注意到天空变成了白色，被厚厚的云层遮盖，于是又取下了眼镜。

她还在哭泣。

不要垮掉。开车。不要垮掉。

她故意不看后视镜里那个看起来快要崩溃的女孩，将汽车开出拥挤的停车场，扬长而去。两小时又二十三分钟以后，她超速行驶了五英里，离开伯恩，抵达 A15，距离林肯郡伯恩不远处。

她快要到了。

在狭窄的乡村小路上，汽车驶过一位年长的自行车手。他穿着粗花呢的运动夹克和长筒靴，车篮里放着一把雨伞，头上戴着一顶绿色的报童帽。

天空依然阴沉，但是还没下雨。

她用双手紧握方向盘，指节已经泛白。她快要到了。

美国皇家空军福金厄姆基地。

开车期间，她依旧不时地哭出声来。仿佛有一个人负责开车，另一个人负责哭泣。在方向盘后面抽泣的是莎拉·阿洛佩吗？紧握方向盘、冷酷地抛弃同伴的是莎拉·阿洛佩吗？总共有两个莎拉，她们彼此厌恶；她们彼此怀疑。

她很清楚地感觉到，自己的身上发生了变化。

有些不对劲的地方。可能是内心深层的原因。难道是在跟特种兵的搏斗中撞到头部？没有。她的头部根本没有受伤。难道是跟克里斯托弗、跟大地之匙有关？也许，但也不尽然。

她告诉自己，只是在比赛而已。这就是全部。她内心空虚，她只是在比赛。如今，杰戈再也帮不了她了。不过，还有什么不对劲的地方。不是头部的无奈提。她的胸腔很憋闷，她的嗓子干哑，她的下巴受了伤。她把车停在路边，熄了火，再次看向后视镜。

她尖叫起来。

用最大的声音尖叫起来。

她用两只手拼命摩擦自己的脸颊，用嘴咬住拳头。

尖叫停止了。

振作起来。

用手来回摩擦大腿，深吸一口气。心跳就像跑完一场马拉松，每分钟127跳。心率太快。在接下来的两分又十七秒中，莎拉控制着自己的心跳，116跳、107跳、98跳、91跳、84跳。

等到心跳低于78跳，莎拉开始运用所有能够想到的集中冥想技巧。

"没问题。"她低声说，"杰戈已经死了，我只能依靠自己。我手里有大地之匙，肯定能赢得比赛。伦佐会带我离开这里，如果他不愿意，那么我会逼迫他执行。我肯定能赢。即便我已经触发了大事件，我也能赢得比赛。我要回家去看望家人，将克里斯托弗的死讯告知他的父母，然后继续比赛。我肯定能赢。我肯定能赢。我肯定能赢。"

她想到了克里斯托弗。不是他死前的模样，身体支离破碎，散落在巨石阵的绿地各处。

她想起的是克里斯托弗在奥马哈参加足球训练结束后的模样，穿着足球背心，全身的汗珠都在闪光，前额的浅金色头发在接近傍晚的光线下熠熠生辉。他微笑着，向莎拉走来，莎拉也在向他微笑。

"我一定会赢的。因为没有人能够赢过我了。"

她听着自己的心跳——每分钟59跳。她发动了引擎，继续向目的地驶去。

六分钟后，她离开A15继续向前驶去，来到一条不知名的且坑坑洼洼的小路，四周的农田里种着小麦、苜蓿、大麦和土豆——很多土豆。她几乎是本能地辨认出这些农作物。毕竟她是一个卡霍基亚人，她在美国高原待过的时间要比其他选手加起来的总数都更多。

她又向前方开了一英里，道路的尽头是一片满是绿色苜蓿的农田。莎拉把车子停在一棵垂柳的树荫下，以便掩人耳目。她脱下连身衣裤，再次检查口袋里的大地之匙，这已经成为她的习惯。她卸下陶瓷枪的弹夹进行检查，再把弹夹装回去，接着检查手枪的保险，最后把枪插在腰带前方。她解开了发髻，将头发重新绑成马尾辫。空气中弥漫着甜丝丝的气味。闻到了土壤、水源和泥煤的味道。还有金银花的味道。加上时不时飘来的粪肥味道。

来到乡间和户外，感觉不错。

这令她感到放松。

她穿过苜蓿田，脚腕高的草叶不断摩擦着她的裤脚。旧机场跑道应该就在前面。

你不可能找不到的，杰戈曾经说过。

走了五十步，她意识到杰戈说得没错。

她看到一辆旧式军用卡车，严重生锈，油漆早已没了踪影，内部呈现出黑乎乎的神秘景象。数十年的风吹日晒，这辆卡车的车身上既有绿色，也有灰色和褐色。似乎跟周围环境已经融为一体，成为了最完美的伪装。很快，这片土地——烧焦的、被辐射的、有毒的——将会收回一切。

莎拉走近发现，还有很多鬼气森森的物件：摩托车、诺曼底登陆时使用的水陆突击车、拖车、拖拉机、二战时期战机的机翼和机尾残片、巨型轮胎、各种形状和型号的废弃金属。这时候，就在苜蓿地的正中央，水泥地面似乎是凭空出现，表面同样破裂，东拼西凑的样子，完全屈服于大自然中的风雨、泥土、植物生长的力量。生命的力量真是不同寻常，莎拉心想。生命还将继续。无论发生什么，生命总会继续。

我也会继续活下去。

莎拉跃过一辆被遗弃的拖拉机，左右两侧是一条延伸着的铺有柏油碎石的飞机跑道，所有车辆都被推到边缘以外。跑道不长——北边的半条跑道长满了杂草——不过，剩余跑道仍有几千英尺长，足够作为一架涡轮螺旋桨飞机，甚至是一架小型战斗机的起降跑道。莎拉寻找着伦佐的踪迹，或是可用于飞行的飞机，但是什么都没有发现。

不过，他肯定在这里，她心想。他肯定在。

她走到跑道中央，跪了下来，用手指划过地面。她发现两个方向都出现了新的轮胎滑行轨迹。这里有一架飞机。根据黑色的滑行轨迹判断，这架飞机降落不到十二小时。

她拔出腰带处的手枪，打开了保险，以右侧的废弃车辆作为掩护，向着北边潜行。

微风拂过，树叶婆娑低语，莎拉发现了一些动静。跑道最北端的废弃卡车背后，有一块防水布正在翻腾。

那是一块新的防水布，印有现代的迷彩图案。

"伦佐！"莎拉大声喊道。

没有回应。只有乡间原有的声音。

"别躲了！我知道你在这里！"莎拉继续呼喊。

还是没有回应。

"我今天过得很辛苦。"她用正常的音量说，继续向北走，同时保持举枪的预备姿势。

"我也一样。"有一个声音出现。距离比她想象得更近。

她转头看向声音来源。然而，那里并没有人。只有一辆生锈的卡车、草地、藤蔓、远处有一排树。

"你在哪儿？"

"在这儿。"伦佐说，他的声音来自于莎拉的右侧。这几乎不可能，因为那里是跑道。"怎么，你看不见我？"

"看不见，"莎拉回答说，感到有些窘迫，她记得伦佐是前任选手。"你现身吧。"

"杰戈在哪儿？"

"他——"

"你别告诉我，他没逃出来。如果是这样，我们就有大麻烦了。"

"他没逃出来。"

"我要杀了你，你这个婊子。"他的声音出现在莎拉身后。

莎拉转过身去，却没有看到任何人。

伦佐是腹语术者。

她听到一阵沙沙声，急忙转身，看到伦佐站在那里，距离生锈卡车仅有十英尺远。他手里只有一把老式短筒霰弹枪，看上去跟在伊拉克的时候没什么两样——矮胖、敦实、自信——只是眼中不再充满快活的神采。他浑身处在戒备状态，脸颊很红，棕色的眼睛眯了起来。

莎拉举起了手枪——伦佐在摩苏尔给了她这把枪，她还用这把枪杀死了克里斯托弗——这时候，伦佐挥舞着手中的霰弹枪，大声说，"想都别想！"

她的手臂静止，保持射击的预备姿势。她不用看枪管也知道，如果没有人轻举妄动，她有机会瞬间击中对方的右脚。

当然，伦佐同样有机会射穿她的心脏，所以伦佐占据了上风。

此外，他还有飞机。

伦佐用冷酷严肃的语气说："如果你再不放下，那我就要开枪了。没什么可谈的。我们可能都要送命，那就是结局。"

"好的。"但是她没有放松瞄准。

"你看起来糟透了。"莎拉知道，伦佐说的是实情。

"如我所说，我今天过得很辛苦。"

"女人，杰戈在哪里？不要跟我说什么，他没有逃出来之类的废话。"

"但是，真相就是他没有逃出来。如果能让你好过点的话，我必须承认这件事情差点使我崩溃。"

"我并没有感觉好一些。告诉我整个过程。"

莎拉照做了。她甚至提到了蓄水池里的爆炸声，不过省略了下水道里的微弱脚步声。她不确定是否真有人在那里。她不能让伦佐发现，她已经在精神崩溃的边缘。

同理，她没有提及在车里尖叫和痛哭的事情，生怕伦佐发现自己其实是在硬撑，也许内心某处早就恨不得拔出枪，了结一切的烦恼。

等她说完以后，伦佐问道："所以说，火车经过，你却没有去检查杰戈的尸体？"

"他不在那里，伦佐。我检查过的。我看到他衬衫的碎片，他可能被撞到列车的前部，后面有三十个人在追赶我。三十个杀手。"

"你也是杀手。"

"你说得没错。"

"所以你并没有杀害杰戈?"

"你说什么?当然没有!"

她的内脏搅在一起。她的左眼抽搐着。难道是她杀死了他?她杀死了克里斯托弗。那是她自愿的选择。难道她也是间接杀害杰戈的凶手?

不是。这不可能。

她握枪的手开始颤抖。风变得猛烈。她要失败了。她要失败了。她要再次失败了。

"怎么了,卡霍基亚人?你在害怕些什么?"

"没有。我告诉过你,我今天吃尽了苦头。*我爱杰戈。我爱过他。他是……他是我遇见过的唯一一个同类。他非常懂我。*"

"爱过?"伦佐似乎从牙齿缝里挤出这几个字,"*我为此警告过他。*"

"我不认为他听进去了。"

"该死的,他确实没有。所以他为此付出了生命的代价。至少你是这么说的。"

"他确实死了。"她给出了肯定的答复。

莎拉看得出来,伦佐有可能改变主意。"所以说,你的计划是来到这里跟我碰头,再让我带你离开这里。是吗?"

"我是这么指望的。英国现在过于危险。我需要回去,见见我的族人们。"

"然后呢?飞机落地后,你再跟我道个别?我们互相说声保重之类的?"

"我不知道能够给你什么回报,伦佐。不过,如果你想要的话,我可以给你钱。"

"不要侮辱我。我想要活下去。我想要我的族群活下去。这一点跟你一样。我想要我们的选手赢得比赛。"

"我很抱歉。"莎拉竭尽全力去隐藏内心愈演愈烈的恐惧感。

他问得很对:我到底在害怕些什么?

"你手里有大地之匙?"

"是的。"

"那我就跟你直说吧。在我们说话的当下，你应该已经成为全世界各大组织的头号通缉犯，例如：联邦调查局、军情六处、摩萨德、中央情报局、国际刑警组织。你想要带着大地之匙回到故乡？你真是太天真了，卡霍基亚人！既然能够在伦敦展开追捕行动，他们有什么理由不会在美国继续张开天罗地网呢？"

"我必须回去，伦佐。在我继续参加比赛之前，我必须这样做。"

"真是个多愁善感的娘儿们。"

"你说什么？"

对方态度似乎愈发清晰。"你听着，仔细听好。真是该死。我不会带你去任何地方。在我看来，你肯定想要杀死杰戈，减少比赛中的阻力。并且，杰戈还活着，可能被俘虏了，我必须去帮助他。此外，你从他那里夺走了大地之匙。"

她不知道如何回应。她真希望自己不是第一个拥有大地之匙和触发大事件的选手——这种念头比任何时候都要强烈。甚至强于她宁愿自己没有杀死克里斯托弗的念头。八秒钟后，她继续说："我说的都是实话，伦佐，以我的所有族人、所有选手、所有祖先，以及所有的历史起誓。我并没有从他那里夺走大地之匙。我本来就带着它。我们……算是共同拥有大地之匙。"

伦佐向前走了半步，好像听不清沙拉讲话的样子。"你们共同拥有大地之匙？"

"是的。"

"你干嘛要这么做？你怎么可能这么做？"

"你知道我们一直都并肩作战。我们原本打算找到其他的钥匙，然后尝试去……"

伦佐震惊地无以复加，甚至放松了握枪的那只手。"你是说，你们决定共同赢得比赛？"

"是的。"莎拉点头示意。

"简直是发疯！"伦佐惊呼。这简直是渎神的行为。他又向前走了半步，将枪口放低了两英寸……正好中了莎拉的下怀。她等待这一刻已经很久了。

她像舞蹈演员那样旋转身体。伦佐迅速作出反应，再次抬高枪筒开始射击。只听到一声剧烈的"砰"声，枪口放出蓝色的烟雾，一连串的子弹朝着旧跑道的相反方向射了出去。

伦佐射偏了。

在他举枪再次瞄准射击之前，莎拉来到了他的身边，用左边手肘撞击他的肩胛骨。对方身体前倾，放松了手中的霰弹猎枪。莎拉再次旋转身体，来到伦佐的身后，用枪口撞他的后腰，只听到脊椎韧带发出脆响。

伦佐痛苦地呻吟出声。他试图躲开攻击，但是莎拉的动作神速：迅速俯身，左腿来了一个扫堂腿，同时用猎枪将他往下推。伦佐的双手往前推，右手抓住猎枪不放。结果，在倒地的时候，握枪的关节正好撞到地上，猎枪脱了手，最后狼狈地阻止了自己的脸部跟地面进行亲密接触。

伦佐试图迅速起身，但是——又一次——莎拉的动作快得惊人。她蹲下身，跨坐在他身上。用自己的前臂抵在伦佐的后脑勺，硬是将他的脸部压在地面上。在撞击之下，他的鼻梁骨折断，鼻孔开始不断流血，鼻腔的疼痛感阵阵袭来。眼睛瞬间充满泪水。

莎拉如同耍杂技般将右腿向前弯曲，彻底阻断了伦佐重新夺枪的可能，同时弄断了他握枪那只手的小指。猎枪滚落在地，飞出十一英尺远。

伦佐忍住全身的阵阵疼痛，再次试图站起来。如果他再次让莎拉有机可乘，可能就没命了。他感觉到莎拉放松了握枪的警惕，身体的重心发生了转移。他正准备翻身压制莎拉。他可能不如她快，但是他绝对比她强壮；这一点，他们心知肚明。他需要做的就是用手压制住莎拉。

伦佐迅速行动，将莎拉翻倒在地。他的手臂伸向前方，莎拉双腿呈现出诡异的角度。他试图用手指抓住莎拉的衬衣，结果抓了个空。他看到了莎拉的手枪，试图用左手去夺枪，结果看到了她脸上的专注和愤怒。她的左腿跨在他的胸前，有什么硬东西在抵住他的头顶，她的双手伸到他的身后，抓住了自己的脚腕，瞬间锁住了伦佐的行动，看起来像是数字4。他的右手被压在身后使不上劲，左手伸直在耳边，脖子和胸部被压得死死的，眼睛里的泪水越来越多。莎拉被压在他的身下，肩胛骨和头部抵在地上，臀部抬高，全身肌肉都在用力收紧。伦佐试图摆脱钳制，结果没能成功。莎拉继续用力，继续用力，继续用力收紧。

"我们没必要走到这一步，伦佐。"莎拉的声音很是轻松。

毕竟她是一名选手。

然而，伦佐不是。他不再是选手了。这已经很明显。对于他们两人，都是如此。

伦佐本来想说："是的。你弄断我的鼻梁，折断我的手，还可能杀死了我们的选手。我们必须要走到这一步。"不过，他最后说出的话却是："是……是的，你弄……我的……鼻……断……手……杀……杀死……我们的……选手。"

莎拉继续用力，继续用力，继续用力收紧。伦佐几乎昏厥。

"如果你告诉我飞机的启动序列，我就放开你。"

"去死吧。"伦佐竖起左手的中指。

"那好吧，我自己搞定。"

继续用力，继续用力，继续用力收紧。

她是如此优秀，如此高效，如此能干，不思考，不屈从于情感。这时候，她突然意识到自己害怕的东西是什么。

我害怕我自己。

我害怕我自己。

虽然害怕，莎拉还是没有停止动作。

她会继续用力压制伦佐，等待他昏迷直至死亡。当他的身体变得无力的时候，树丛中间突然闪出一个人影，把她吓了一跳。

这个人影对她说："莎拉，你究竟在做什么？"

那是杰戈·特拉洛克，奥尔梅克人。

DOATNet/ 加密消息 /JC8493vhee938CCCXx
发件人：泰勒·辛曼（TYLER HINMAN）
收件人：多琳·谢里登（Doreen Sheridan）

　　L—方才收到 S 的来信，想跟信任的同事分享此消息。其中包含极其重要的信息，一旦落入有歹心者之手，可能具有潜在的威胁性。务必谨慎对待。

　　<<<<<<<<<<<<<<<<<<<<<<<<<<<<<<<<<

　　终极游戏即将开始，我觉得有必要进一步揭露堕落者埃亚的阴谋。这些都是关于埃亚的真相。

　　他是站在我们人类肩膀上的恶魔，血液中的暴虐，肚腹中的憎恨。他就是堕落本身。他来自于那里。

　　如你所知，他一直伪装成我们的祖先，已经过了太久。

　　但是，他是恶魔。

　　一万多年以前，他来到地球，作为外星人，作为创世者。随后，他成为幕族使者。他的使命是为人类社会的高度发展奠定科技和社会层面的基础，从而使得人类能够永久地服务创世者。在此过程中，他成为幕族人心中近似半神的存在。他教授给幕族的文明无异于魔法。他带来了神迹。最终，幕族高级议会、即蛇语者兄弟会决定成为他的忠诚侍从和坚定捍卫者。

　　然而，创世者埃亚只是他们中间的可牺牲品，一个情绪不稳定的残暴的年轻人。他们希望此次任务能够帮助他成长。然而，埃亚过于沉浸于自己作为救世主的角色当中，他甚至开始相信自己在人类面前编织的谎言。最糟糕的是，他竟然对高层表现出反叛情绪。

创世者作出决议，埃亚已经无可救药，幕族必须彻底毁灭，残余的部族必须驱逐到世界尽头。这样就能在人类心中埋下恐惧的种子，成为他们心中亘古不变的创伤，恐惧将在他们心中溃烂、腐败，千年不灭。

因此，他们在地球上招致了一场毁灭性的大灾难。地壳发生了震动，岩浆和滚烫的热水淹没了幕族世代居住的大陆，只有少数人漂流在海洋中，摸索着他们未知的命运。埃亚死了，他的追随者哀悼他的死亡。

然而，埃亚的狂妄自大在不自知的情况下给他留一条后路。古老的蛇语者兄弟会，利用埃亚教授的技术，将他外星人的灵魂之力灌注到作为祭品的人类体内，促成了埃亚的重生。从此之后，埃亚就拥有了普通人类的外表以及外星人的内在。出于我无法理解的某种原因，他的躯壳成为不朽，埃亚一直都存活在地球上。

在接下来的几个世纪中，外星访客曾经数度返回地球，观察他们创造的其他人类分支，也就是十二个族群的最初成员。他们奴役了更多人类，挖掘了更多黄金。在史前人类和石器使用前时期的人类心中，他们似神的地位得以进一步巩固和强化。与此同时，埃亚隐藏在暗处，悄悄发展着自己的势力，诅咒那些逼迫自己蛰伏在这个丑恶星球上的罪魁祸首。

然而，尽管他憎恨自己的兄弟姐妹，他更加憎恨地球上的人类。他觉得人类卑微至极、心胸狭窄、野蛮轻信、充满暴力。他鄙夷人类，更鄙夷自己注定要与之为伍。他利用人类的恐惧、无知、彼此憎恨、付诸暴力。他使得人类臣服于自己。他告诉人类，他们是极其卑微的；他告诉人类，只能在自身以外寻找救赎；他还告诉人类，与众不同的东西就要被恐惧、被摧毁。

他教会了人类堕落。在他的引导下，埃亚成为最有权势、最有财富、最有影响力的领袖。至今为止，他仍然拥有无尽的资源。他的思想，尽管遭到侵蚀，始终犀利如初。他就是邪恶的化身。

在人类的历史发展进程中，埃亚扮演着许多名人的参谋角色，利用他们征服更多的人类。他在一些人的耳边低语，例如：埃及法老图坦卡门三世、罗马皇帝卡拉卡拉、法国国王与卡佩、托马斯·德·托尔克马达、亚当·维索兹、约瑟夫·门格尔。几乎可以说，他对于人类历史上每一场战争、每一个宗教或其反面、每一场种族屠杀、每一次大灾难都要负有一定程度的责任。

都是他的所为。

尽管他不断插手人类发展，埃亚始终等待着约定好的上帝审判日的降临，也就是古老的十二个部族以及现在的我们所说的终极游戏。

他的目标很简单，也很骇人。他想让终极游戏进行到最后，尽可能多地毁灭人类，尽其所能地阻止自己的兄弟姐妹们再次返回到我们所在的太阳系。他想要的就是这个星球——我们的星球——将其占为己有。这样一来，他就能创造一个完全屈从于他的世界，一个永恒的残暴的竞技场。

尽管我们跟埃亚拥有相同的目标——将创世者驱逐出我们的宇宙，但是我们不能让埃亚的扭曲计划得逞。我们必须阻止他，我们必须找到出路。我们必须这样做。

忠实于你的，

S

>>

爱丽丝·乌拉帕拉

汉莎航空公司 341 航班，降落前

出发地：吉隆坡

目的地：柏林

爱丽丝又一次从身临其境的梦境中醒来。这一次，她梦到森林在燃烧，里面的动物纷纷逃离浓烟滚滚的家园，在慌不择路地寻找避难所。

它们向着小爱丽丝·乔普拉的怀抱奔去。

小爱丽丝微笑着，很愉快的样子，做出欢迎的姿势——不像是爱丽丝以前所梦见的那样惊恐不安。她的周身闪耀着金色和银色的光芒，她的光环强烈到足以抵挡火焰的程度，所有动物都投奔到她坚不可摧的光环之下。

光芒万丈。

如同白昼。

如同正午的灿烂苍穹。

爱丽丝突然有所领悟。

她揉了揉额头说："我明白了。"她转身对着身边的男人说："原来小爱丽丝就是天空之匙！"

对面是一个二十五六岁的年轻男子，脖子上戴着一副夸张的耳机，穿着松垮的裤子，鼻子上架着一副奥克利牌子的眼镜，嘴里散发出昨晚宿醉导致的阵阵恶臭。他看着爱丽丝，对着此前一语不发的邻座说："原来如此！"

"就是呀！那些该死的开普勒星人竟然无耻到将一个无知的小女孩卷入到这场纷争中。你能相信吗？"

男人打了一个嗝，转过身来打量着爱丽丝。他说："我说，你看起来真是强壮。"

"当然了。我就跟大野牛一样壮实。你想象不到得壮实。"

男人窃笑着说："我猜也是。"他调整了一下眼镜的位置，然后靠着座位说："你之前说什么？开普勒星？那是什么鬼东西？"

"混蛋而已。又高又瘦，还有该死的蓝色皮肤，活像是蓝精灵。"

"蓝精灵可不算高。"

"没错没错，他们倒是很高。你想想，他们居然是整个宇宙的主宰者，真是该死的。"

"是吗？"

天哪，我真是爱死酒鬼了，爱丽丝心想。你可以随便乱说。他们只是随便听听。蓝精灵，天晓得！

"没错，他们是宇宙的主宰。不过，他们都该死。只是一个小姑娘！还有萨里。"

"所以说，你要去柏林见一个开普勒星人？"

"我？不是。他们都是胆小鬼。至少我是这么想的。不过，在地球上，他们还不至于横死街头。至少现在还不会。"

"哦，所以他们是外星人？"

"是的。"爱丽丝用一种跟傻瓜说话的口吻，"不过，我确实要去柏林见一个人。一个男孩。他很难琢磨，不过他不是胆小鬼。有点像奈德·凯利的类型。"

显然，对方并不知道奈德·凯利是何人。不过，他对此并不纠结。"所以说，这个人是你的……男朋友之类的？"

"天哪，当然不是了，伙计。你是在开玩笑吗？"这时候，机上广播打断了他们的对话。一个女声报告说，还有二十分钟，飞机即将降落。

"我要去盥洗室。"

"请便。"

爱丽丝走向商务舱的盥洗室。在走路的时候，她越来越清晰地接收到某种信息，源头指向东胡人巴依特萨罕。

灯塔就像是一张三维地图，爱丽丝就站在地图正中央。在高空飞行中的飞机更加强化了这种感受力。这张地图向着不同方向延伸，同时显示出物体光点。爱丽丝在地球另一边的时候，光点在很远的位置，发出微弱可辨的光芒。现在，爱丽丝距离源头仅有几百英里，光点明亮，感应清晰。地图可以按比例缩放，更加有利于导航。事实上，爱丽丝感觉，自己基本可以蒙着眼睛从机场走到巴依萨可罕的所在地。不是因为她想要这样做，而是因为她能够这样做。

爱丽丝解开纽扣，拉下裤子，坐在马桶圈上。她好奇的是，巴依萨可罕是否已经俘虏了另一名选手，他是否正在动用私刑试图套出关于钥匙的信息——就像他对萨里做的那样，他是否取得了游戏中的先机。她想知道，巴依萨可罕是否受了伤，是否找到了帮手。也许，他已经躲了起来。

她想知道，对方是否已经找到大地之匙，在胜利之中沾沾自喜，正如所有的反社会人格那样。

反社会人格都很有趣。

他们在临死前，都是惊恐不已。

爱丽丝站了起来，拉起裤子，洗了洗手。再次响起机上广播，通知乘客尽快回到自己的座位。

还有不到一个小时，她就要站在德国的土地上。

她准备先去酒店办理入住手续。

如果东胡人已经离开，她会跟上去。

如果东胡人尚未离开，她会睡上一觉，明天再开始猎捕行动。

"特大消息，今天一封来自 NASA 科学家的泄露邮件导致新英格兰临海地区和中大西洋国家的恐慌。米尔斯·鲍尔在巨石阵现场给我们发回报道。米尔斯，你好？"

"下午好，史蒂芬妮。"

"下午好，来自 NASA 科学家威廉·威利斯一份泄露的邮件引起了人们的争议。你能给我们介绍一下吗？"

"好的，我正在 NASA 位于加州的喷射推进实验室的总部，几次想要进入均遭到拒绝。我已经得到关于威廉沃利斯的书面确认，他是加利福尼亚理工学院博士毕业的行星地质学家，确实供职于喷气推进实验室的 NEO 项目。"

"你能为观众们解释一下 NEO 的意思吗？"

"NEO 是指近地轨道项目，史蒂芬妮。这支团队负责寻找任何靠近地球的小行星，并且估算出撞击地球的可能性。"

"有意思，似乎跟近期发生的事件有关。"

"确实如此。"

"NASA 如何回应沃利斯先生的主张？"

"他们基本未作回应。不过，他们承认沃利斯先生确实供职于 NASA。根据这封流传甚广的邮件描述，一颗巨大的名为亚巴顿的小行星正在向着地球移动，他们既不肯定也不否认它的存在。不过，NASA 对此既不确认也不否认。"

"好吧，米尔斯。不少人相信，NASA 没有直接否认，其实就是在变相承认。毕竟 NASA 是政府机构，鉴于最近的惨剧……"

"听起来很有道理，不过，NASA以及空气推射实验室的所有数据和图像都是为了公众利益服务——不仅考虑美国的利益，还要顾及全世界人民的利益。通常来说，他们所有的发现都会公布在网络上，每周更新，甚至每日更新。如果沃利斯先生的邮件是真实可信的，那么空气推射实验室封锁信息确实是前所未有的行径。"

"我不想轻易相信这种阴谋论者的疯狂言论，米尔斯。不过，假如NASA确实封锁了消息，他们是否出于公众利益的考量，以便政府能够腾出足够的时间来计划某种……应对措施？"

"如果东部沿岸发生的事件确实是某种预兆的话——像是：疯狂抢购水、加油站大排长龙、去银行兑现、网络上枪支弹药销售量飙升——不明真相的后果似乎跟知道真相的破坏性相似。"

"听起来，人们都在准备迎接世界末日，你说呢，米尔斯？"

"我有理由相信，他们的反应过度了，史蒂芬妮。不管怎么说，这只是一封未经确认的邮件。不过，你说的也没错。这些人正在准备迎接世界末日。"

艾斯林 · 考普

美国纽约皇后区，JFK 国际机场，一号航站楼大厅，E-117 房间

听起来倒是不错，艾斯林听着行动长官马克罗斯基所说的，关于政府职业杀手的机密要事，她心想：我可不想要所谓的"头号粉丝"任何形式的帮助。

当然，艾斯林没有讲出自己的真心话。她并不买马克罗斯基的账，而且她确定对方有所保留。有一点是肯定的，她是中央情报局的人。她的工作内容就是撒谎，不断地撒谎。

不过，艾斯林一心想要离开这个房间，并且越快越好。她振作起精神，尽量保持冷静的语调说："谢谢，马克罗斯基。我很高兴能够与你们合作。毕竟，世界末日的善恶决战不容易应付。"

"的确如此。"

"如果你不介意的话，我想要跟你们的团队见个面。"

马克罗斯基伸出手说："那是自然。不过，我们首先要握个手。"

艾斯林站起身，握住了对方的手，她的身材高大，是一位颇有魅力的女性。

马克罗斯基没有笑。艾斯林也没有。

她们握了握手，此时门外传来一个人、两个人、三个人的声音。马克罗斯基说："我们走吧。"

她从口袋里拿出系在链条上的徽章，挂在自己的脖子上。然后，她带着艾斯林走出人山人海的入境大厅，来到 K-9 入境官的那一列；当初就是这位长官命令艾斯林进入房间。其中一人将一把装有皮套的手枪递给麦克罗斯基，后者把枪插在腰带上。艾斯林盯着他们看，而对方没有看她一眼。他们只是在单纯地执行指令。

艾斯林跟着麦克罗斯基穿过行李领取处，来到一个人面前。他是

一个中等身高、年龄稍长、蓄着乱糟糟的棕白色胡子的男人，戴着圆形镜片且镶有金边的眼镜，颇有点史蒂夫·乔布斯的味道。如果要艾斯林在一千个人里面挑出一个间谍，他肯定是她最想不到的对象——也许这就是他作为间谍的原因。

"这位是移民官格里芬·马尔斯。"马克罗斯基停下来说。

"马尔斯，你好。"艾斯林打了个招呼。

"嘿，你好呀。"对方肩上正好背着艾斯林的随身背包，用手指着属于艾斯林的托运行李，显然已经被打开检查过了。"这里面有一支枪，姑娘。"马尔斯以一种充满鼻音的单音调语气说。

"我有这支枪的国际通行证。"

对方抬了抬眉毛说："用的是假名吧。你真是不简单。"

"我是一名选手。我们有自己的做事方式。"

马尔斯看着马克罗斯基说："我们起码找对人了。"

"那是毋庸置疑的。"马克罗斯基转向艾斯林说："准备好见乔丹长

官了吗？"

艾斯林简单地点头示意，她说："越快越好。我不想浪费时间。"

"绝对不能浪费。"马尔斯应和着。

马克罗斯基走在前面，艾斯林紧随其后，马尔斯走在最后。马克罗斯基把一张纸递给出口处的最后一位海关官员。除了中央情报局的盖章和一段文字，艾斯林什么都没有看清。海关官员看完文件，又检查了马克罗斯基和马尔斯的随身证件。没有一个人说话。就在艾斯林路过的时候，那名海关官员说了一句："祝你今天过得愉快，小姐。"他们走过了到达大厅，穿过了挤在金属围栏附近的前来接亲友的民众。他们穿着T恤、牛仔裤、衬衫、毛衣、工作服；他们拿着鲜花或是充填玩具或是小指示牌；他们中间有孩子、妻子、兄弟姐妹、祖父母和孙子孙女。艾斯林和她的"新朋友们"经过了一堆停得密密麻麻的豪华轿车，司机们手里拿着写有姓名的平板电脑或是硬板纸——辛格、X.詹姆斯、恩斯特、弗里德曼、恩加拉、霍夫、马丁等等。他们走出了机场的航站楼。一辆全黑色的凯迪拉克CTS汽车停在路边。引擎未

熄。司机隐藏在涂色玻璃后面，看不清面目。马克罗斯基打开了后座车门。

她说："请上车。"

艾斯林注意到，车身很低——肯定配备了大量武器——前座和后座中间隔着挡板。

"车子不错。"艾斯林一边说，一边向着车门移动。

"毕竟是政府车辆。"

"我说过，我们准备得很充分。"马克罗斯基有些骄傲地说。她的一只手放在车门边缘，另一只手放在背后的贝瑞塔 92FS 手枪上。

马尔斯把行李放在后备箱里，然后走到另一侧车门。

他打开了后座的车门，看来是要跟艾斯林坐在一起。也许马克罗斯基也是，这样就能把艾斯林夹在中间，确保万无一失。

我可不想要你们的帮助，艾斯林又在想。

艾斯林走向台阶，貌似随意地转身面向马克罗斯基。同时，她俯下身，准备把脚踏进车厢内。在她身后，传来一阵朝相反方向开去的机场班车的喇叭声，以及较远处方才停下来的一辆摩托车的引擎轰鸣声。

听起来性能不错的摩托车。

艾斯林抬起脚，不过没有把脚踏进车厢内，而是用力地抬高脚尖，狠狠地踢在马克罗斯基的胸口位置。

我可不想要你们的帮助！

马克罗斯基倒在人行道上，在地上拼命地喘息。同时，艾斯林向后空翻，跃过汽车停在另一侧车门边，用手抓住马尔斯的肩部，直接把他推到车门上。"你该死的想要做什么！"他低声咒骂了一句。

艾斯林站稳脚跟，随即转过身，全速冲向那辆反向行驶的巴士，几秒钟就甩开了中情局的两人。

"站住！"马克罗斯基用尽全力吼道。

一阵尖叫。

又一阵尖叫。

艾斯林没有时间回头看，她猜可能是中情局特工拔出了他们的手枪。

艾斯林看到一个瘦高男子，骑着一辆银黑相间的宝马 S1000 RR 型号超级摩托车，戴着专业头盔，全副武装地停靠在路边，根本没有注意到有一个红色短发的女人从右边向他猛冲过来。

艾斯林减缓速度，俯身抓住并且抬高对方的脚腕，对方没有防备，瞬间被掀翻在地，发出一声闷哼。

"我再说一遍，站住！"艾斯林根本不去理会马克罗斯基的威胁，一把夺过摩托车扬长而去。

她仅用数秒就离开了上客区，以每小时 85 英里的速度冲向机场出口坡道，在轿车、出租车、身穿蓝白相间制服的港务局专用车中间穿梭行驶。

其中一辆闪着深红色的车灯，开始追赶艾斯林。

然而，它不可能跟上。

艾斯林将车速加到 95、103、112、119，最后调到了第五挡，每分钟 8000 转速。然而，这还只是热身而已。这种型号的摩托车还有更高一挡，极限速度可以达到每小时 60 到 70 英里。在一分钟内，她就骑上了 JFK 高速公路，蜿蜒行驶在路况复杂的交流道上，向着贝尔特公园大道的方向前进。

两辆灰色 mali 巴士从北部通道直接超车到她的前方。艾斯林推测，这些应该是普通便衣警察。不属于马克罗斯基的手下。艾斯林继续加速，向右下方俯身贴紧车身，迅速超过了旁边的轿车和 SUV 越野车。这些警察仍在前方压制，伺机拦截。艾斯林将速度降至每小时 79 英里，夹在一辆埃斯卡拉迪汽车和一辆小型斯马特汽车中间，随后突然转向，以一种极其危险的方式从出口 17N 驶出匝道。摩托车的后轮猛地离开地面，在地面滑行了一段距离，整辆车冲进了坡道。随后，艾斯林切换挡位，调整姿势，车身竖立向西边驶去。

她行驶过输水道跑马场地，甩掉高速公路上的两辆警车以及一辆灰色卧底车辆。她将摩托车重新调至三挡，以每小时 111 英里的速度行驶，完全不去理会红绿灯。这时，她看向自行车的后视镜，发现那辆中情局特工驾驶的凯迪拉克，前灯在不断闪烁着。

马克罗斯基紧追不舍，假如最后被她抓到，想必不会有好结果。

你什么都不肯告诉我，马克罗斯基。你不可能抓到我的。

艾斯林将车子调至四档，迅速超过一辆卡车，随即转向林登大道。此时，前方出现了一条宽敞笔直的道路。

半路上，警车排成一列，拦住了她的去路，警察全部荷枪实弹，蓄势待发。

艾斯林踩下刹车，调整挡位，左转进入德鲁大街，径直穿过两条车道。就在她拼命加速的时候，一辆警车从前方驶来。

该死的。

看来是比试胆量的时候了。

于是，她选择继续前进。

警车也在向前行驶。

没有一方愿意退让，没有一方愿意转弯。

眼看着就要相撞。

艾斯林在心里不断地权衡利弊。她会飞过围栏，很有可能撞到自己的脑袋。如果不这样，她就要束手就擒。如果这样做了，她可能受很严重的伤，甚至无法继续比赛。

然而，在最后一秒钟，警车踩了急刹车，巨大的冲击力使汽车引擎盖撞到地上，前保险杠在摩擦之下火星四溅。

艾斯林再次抬起车轮，从汽车的顶部一跃而过，落在三十英尺开外的地方，车轮猛烈撞击着地面，就在她勉强控制住车把方向的时候，身后突然传来两声枪响，子弹打在了地上。她右转驶向另一条街，骑过一个街区后，前方出现了一片大型住宅区。

她停下车，看到一群站在街角的少年，身材精瘦而且强健，戴着帽檐平直的球帽，穿着松垮的短裤，趁着午后悠闲晒太阳。想必他们不常在这个街区看到骑着价值两万美元德产摩托车的红发姑娘。

"嘿，早上好呀！"其中一个少年冲着她喊。他的朋友们开始哄笑起来。

艾斯林微笑着拔下摩托车钥匙，从车上跳下来，随后将钥匙随意扔给了打招呼的那个少年。

"我用摩托车换你的帽子。"艾斯林朝他使了个眼色,一把夺过对方头顶的黑色网队球帽,用一种类似跑酷的方式跃过低矮的铁丝网,消失在绿树成荫的街区中。对方还在大喊:"天哪!你是说真的吗?"

"该死——"

在住宅区穿行的时候,她吸引了更多人的注意,其中有老年人、有小孩、有青少年。她考虑是否应该躲进一栋楼房,藏在屋顶上,直至一切归于平静。然而,这种做法太过显眼,很可能招来警察;他们可能会派直升机来抓捕她。

不行,她一定要回家,而且要快。如果能够留有一定的时间,从地下室的安全房间取出一包"玩具",她就能够永远消失了。

消失,然后继续比赛。

逃跑,并且不被抓到。

尽其所能地阻止大事件的发生。如果无法阻止,那就赢得比赛。

独自赢得比赛。

她遇到了一片铁丝网围栏,打量了一下高低位置,随后低下身子,钻过围栏,回到街道上。她听见远处的警笛声,一架直升机正在从南边驶来。周围没有太多的行人,唯一的那些旁观者都用一种超然的怀疑眼神看着她。正如其他城市的居民,他们早就学会了少管闲事。

因此,艾斯林走近一辆改装过的本田思域,从打开的车窗钻进去,不到五秒钟就发动了这辆车,旁边的人们对此没有任何反应。车内音响播放着旋律轻快的 *narco-corrido* 原声音乐。艾斯林将音量调低,戴上了网队球帽,手腕轻松地放在方向盘上,悠闲地驾车离开。她还从仪表板里取出一副太阳镜戴上。

艾斯林向南开过了几个街区,一辆警察巡逻车从她身边驶过,开往林登大道,随后向西转弯。她跟着那辆车开了几百米,随后从边道驶向 JFK 机场方向,祈祷警察尚未在跨港大道附近设置路障。

果然不出她所料。

一小时不到,她开车来到了西十大街。接下来,这十分钟是最关键的时刻。布罗德通道是牙买加海湾中间的一座天然桥梁,因此当地警察以及马克罗斯基的手下能够轻易定位她的位置。一旦道路被封,她就只能利用警用船。不过，船并不是理想的逃跑工具。

因此，她只能祈祷。

她停在青色房屋以外，没有发现有人出入的痕迹。她推开车门，把手插进裤兜，步伐沉重地向前走。还是没有任何动静。周围都静悄悄的。

她走在人行道上，走到院子里的花园小矮人旁边，从小矮人的红色尖帽里翻找出一个带有组合锁的小匣子。她把密码输进去：9-4-6-2-9。打开小匣子，取出里面的钥匙。艾斯林走到前门，再次向里面眺望。一架波音747飞机正好在肯尼迪国际机场起飞。屋顶发出吱吱的声音。门被打开了。艾斯林推门走到屋内，锁上了门。

房间里面一片漆黑。

她将右手拇指放在墙上某处，壁画后面闪出红光。靠墙的小桌子沿着静音滚轴弹出了一个抽屉。艾斯林迅速扫视了抽屉内各个角落的各种物件，取出一把安置在泡沫纸盒里面的装着消音器的Sig226手枪。保险已经打开。然而，这把枪的保险此前始终是关闭的状态。

"波普，你在吗？"艾斯林呼唤着她的祖父。

没有回应。

"波普，你在吗？是我，艾斯林。"

依然没有回应。

艾斯林穿过客厅，经过台阶，走到通往地下室的门口。她仍然在留意角落是否有埋伏，搜寻着每个角落，始终保持握枪姿势，提防着可能出现的袭击。然而，没有人在这里，只有她一个人。她停下了脚步，用拳头猛击墙壁，木板向后退缩，出现了一个组合保险柜的密码盘。她单纯凭借肌肉记忆旋转着密码盘。59右、12左、83右、52左、31右。门打开了。

艾斯林推开沉重的大门——看起来是木门，实际是3英寸厚的钢门——随后关上了门。同时，里面的电灯自动开启。她安全了。

沿着台阶往下走，艾斯林走过形形色色的枪支弹药、储藏食品、生化防护套装、潜水装备，还有一个防弹有机玻璃柜，里面都是近身肉搏的珍贵武器，其中不乏博物馆级别的古老物件。

然而，她根本没有看这些东西，而是径直走向挂在墙上的两个书包。一个是背包，一个是随身的行李袋。里面装着她所需要的一切装备。

艾斯林转身走到防弹玻璃柜前。她的目光停留在一台视网膜扫描仪和字母数码小键盘上。序列号总共有25位——分别是GKI2058BjeoG84Mk5QqPlll42——她从七岁起就牢牢记住了这一串序列号（她总是向祖父抱怨应该定时更换序列号，然而她的祖父并没有照做）。她打开柜门，走进温控隔间，取出所在族群最珍视的宝剑，那是一把公元前六世纪铸造的弯曲钢质短剑，是当时整个欧洲唯一的钢剑，已经索取了3894条人命。拉坦诺凯尔特人的祖先从创世者那里直接获取知识，他们早在几千年以前就知道如何铸造钢铁，而且始终保守着这个秘密。在公元前六世纪，拥有钢剑就意味着持有者拥有着如有神助般的力量。

艾斯林将装在剑鞘内的钢剑放进随身行李包中，随后离开了玻璃隔间。她拾级而上，灯光渐次熄灭。她重新回到客厅里，关上了沉重的钢门，正准备离开这里。这时候，她突然听到了拍手的声音，不由得愣在当场。

"逃得漂亮，考普小姐。"一个男人的声音从客厅传来。

艾斯林转过身去。祖父最喜欢的躺椅上坐着一个四十五六岁的中年男子。对方的身高和体格都属于中等，腰腹略有些发胖，长着一张大众脸，完全不引人注意的长相。他的头发灰白，中间略秃，蓄有胡须。他的模样很普通，艾斯林依稀看到他的脸侧和颈部有一道长长的疤痕。即便如此，普通的长相使疤痕变得极不明显。他穿着蓝色牛仔裤、浅灰色V领上衣，脚上穿着黑色的跑步鞋。

如果走在人群中，艾斯林根本不会正眼看他一眼。然而，此时此刻，他握着一把HK416自动步枪，红色的镭射光照在她的颈部。他用右手拍击大腿，制造出拍手的效果。

看来是左撇子。那我可真是猜不到了。

艾斯林没有举枪。她说："看来你就是马克罗斯基的上司了。"

"猜对了。"

"怎么称呼？"

"格雷格·乔登。"

"马克罗斯基在外面候着？"

"她应该在赶来的路上。"

"我想她肯定很生气咯。"

"实际上，并不会。"对方回答的时候眉毛略微抬高，"她倒是感觉如释重负。假如你没有施展那一套手段，她反而会觉得你根本没有资格跟我们合作。"不过，说实话，马尔斯确实很生气，他总是念叨着"我年纪太大干不了这种差事。"

"我想我应该跟他们道歉。"

"可以。他会接受你的道歉。"

"所以说，机场只是一场测试。"

"一切都是测试，考普小姐。尤其是大地之匙重现于世的现在。"

"有道理。"

"我来做一下自我介绍。我想我们今后还有很长时间要一起共事。"

"很抱歉，格雷格，我们不会共事。"

"真是太伤我的心了，考普小姐。为什么？你难道讨厌我们吗？"

"我不信任你们。"

乔登叹了口气说："如果我是你的话，想必也是如此。不过，你要知道，我相信你。我必须相信你。"

"因为我是你们的选手？"

"是的，就是这样。因为我没有别的选择。"

"马克罗斯基可能不是这么想。她似乎相信，有别的选择。她说根本不想跟我合作，是你说服了她。"

"这倒是真的。全都是真的。看见了吗？我们已经取得了你的信任。"

艾斯林不满意地继续追问："如果你不介意的话，我想知道别的选择是什么？"

"这不重要。既然小行星要来了，没有什么事情比跟你合作更重要。"

"我还是想知道真相。"

他又叹了口气。"我们想要阻止终极游戏的发生。"

艾斯林有些讥笑地说："难道你们以为能够做到？"

乔登耸肩说："我想我们确实有些异想天开。你是觉得，我们疯了？"

艾斯林稍微放松了肩膀。尽管不想接受帮助，她必须承认自己不讨厌这个男人。"没错，彻底疯了。"

"请听我说——你还没允许我进行一番自我介绍呢。"

"请便。"

乔登仍然微笑着用枪对准艾斯林。他的手部动作始终稳定，整个画面看起来很讽刺。

"我不喜欢飙脏话。从没喜欢过。我的许多站长上司都很喜欢飙脏话，似乎不说脏话就难以为继。在我看来，过度依赖飙脏话是一种发展停滞的表现，一种无意义的喧嚷。有些人擅长飙脏话，使用频率很高——他们能够及时收住。不过，这些人属于有天赋的极少数。"

"所以说……"艾斯林附和着说。

乔登晃动着右手说："总而言之，恰到好处的脏话——就像是设计精妙的炸弹——能够发挥有效的作用。我认为，它们必须加以限定。只在真正需要时，方能使用。"

"我想我懂你的意思。"

"不，我不认为你懂。"

"那又如何？"

乔登又露出了微笑。尽管愈发担忧终极游戏的进程，他很欣赏这个姑娘。"你的祖父在我们手里。"

艾斯林向前走了小半步。

"阿—哈。小心了。"乔登说。

他依然用枪指着艾斯林。

"你继续说。"

"他不是犯人。他在跟我们合作——他希望你能接受我们的条件。不过你要知道，马克罗斯基所说的都是真的。我们是好人，但在需要变成坏人的时候，我们也可以做出难以想象的坏事。所以说，如果想要保住祖父的性命，你最好答应我们的要求。我们会成为你最好的朋友，直至世界终结。这是一个承诺。不过，你必须答应我们，而且是真心诚意的。你是选手——我们的选手——我们非常需要你，只要你能接受我们，我们愿意做任何事情。请你真心诚意地答应我们，艾斯林。不要口是心非。你懂吗？请你答应我们。"

先是马克罗斯基，现在又来了一个乔登——这些特工总是喜欢发表长篇大论。艾斯林好奇他们是不是受过专门训练。他们简直是从一个模子里面刻出来的。艾斯林觉得，乔登应该比他的疯子手下们更有自知之明。不过，她依然想要杀掉他。他总是逼她接受帮助，实际上她才是那个提供帮助的人。况且，他还以祖父作为威胁。也许，她应该立刻杀掉乔登。可是，祖父必定因此丧命，她注定无法赢得比赛。

她还能怎么办？

她耸了耸肩膀。"我要求见我的祖父。"

"所以你答应了？"

"是的，真是该死，我答应了。"

U+2624[1]

---

[1] http://goo.gl/YGCq3L

希拉尔·伊本·伊萨·阿尔索特
美国内华达州，拉斯维加斯，麦卡伦国际机场，美国捷蓝航空公司 711 航班，正在滑行至 D4 门

没有人喜欢希拉尔·伊本·伊萨·阿尔索特的模样。

亚的斯没有，戴高乐机场没有，肯尼迪机场没有，去往拉斯维加斯的航班上也没有。他们讨厌看到他的脑袋有一半都被绷带包裹着，或是绷带上面的斑斑血迹。他们讨厌看到深色皮肤旁边的蓝色眼睛，尤其讨厌绷带缝隙中隐约显露的红色眼珠。他们讨厌自己非得遮住孩子的眼睛，或是在被这个阿克苏姆人吓哭后安慰他们。他们讨厌他的洁白牙齿——本身很完美，可惜在这张丑陋脸庞的衬托下显得……显得……形同魔鬼。

从外表来看，希拉尔·伊本·伊萨·阿尔索特确实形同魔鬼。

在旅程中，只有少数人不得不跟希拉尔讲话，他们包括机场前台接待员、航班空乘、海关官员，还有不幸跟他邻座的乘客。隔得最近的那位乘客是年轻的非洲裔美国女性。她看到邻座的模样后，低声惊呼了一句"上帝哪"，随后再也没有发出一个字。自从飞机起飞以后，她就故意看向另外一边，或是睡觉，或是假装在睡觉。希拉尔全程都盯着前方的座位靠板，陷入沉思中，独自忍受着即将陪伴他终生的无尽痛苦，逐渐学会享受痛苦。

他还在思考自己的新任务。

他来到拉斯维加斯只有一个目的——隐藏在创世者创造的约柜中长达三千多年、如同手机的神秘物品引导着他。

至少这是希拉尔和伊本长老的解读。

这件物品在至圣所重获了新生，显现出一幅无缝拼接的画面，近似于明亮星际的背景噪声，期间夹杂着无数的黑暗线条和色彩平面，并且以三维图形式呈现出印象主义流派的空间和空间的图像。希拉尔

将这件物品上下左右来回摆弄，背景始终保持顺畅地移动变化，仿佛是能够窥见平行宇宙秘密的一扇窗户。

不过，当希拉尔以某些方式放置时，该物品显示出三幅不同的图像。

第一幅图像是数据集，一个模糊的两点坐标列表；希拉尔发现，只要拍打上方或是下方，图像可以滚动显示。只有手持物品朝向正南方时，才能看见序列。序列采用"程度—分钟—秒钟"标记法，数字超过一千个。它们基本保持静止，少数数字会随着时间推移，呈现递增趋势，仿佛它们的参照对象正在不断移动。

第二幅图像来源于那张宇宙模型图，当时希拉尔将手臂抬到肩膀高度，物品正好对准东—东南的中间方向。他看到一道亮橙色的球形光束，如同心跳一般持续跳动。最初，希拉尔推测那可能就是在数百万光年以外的开普勒星球——不过，当他开始移动，这种想法很快被推翻。希拉尔和伊本必须连夜赶回亚的斯亚贝巴，就希拉尔的伤口情况跟整形医生进行磋商。正当他们赶往南部的埃塞俄比亚首都途中，希拉尔必须作出相应调整，重新定位橙色光束。

他发现，光束似乎指向地球上的某个静止物体。

根据基本的三角测量，这个物体存在于喜马拉雅山以东。

这个物体可能对终极游戏具有关键作用，也可能毫不相干。

第三幅图像不是一系列数字或是一道光束，而是一个符号。

一根权杖上面盘绕着两条蛇，顶部——就在蛇头位置——生出一双翅膀。

那是墨丘利的节杖，一种医学的标志，代表着蛇油和欺骗。赫尔墨斯的魔符，创世者的信使，用自己的权杖分开两条缠斗的蛇，教它们和平相处。

希拉尔和伊本认为，墨丘利的节杖具有全然不同的意义，更加邪恶的意义。这种发现足以让希拉尔暂停终极游戏，延缓前往喜马拉雅寻找闪光的灯塔，直接飞到地球另一端的拉斯维加斯。在希拉尔继续参加比赛以前，他必须面对堕落者。他的名字不可胜数，例如：马吕斯、达加尔、安格拉·纽曼、骑白马的卡莉。

还有，恶魔。建筑师。

埃亚。

这就是阿克苏姆族的秘密：独特之处在于，他们怀抱着两个目的。第一，阿克苏姆跟其他部族一样，守卫着人类文明的秘密，时刻警惕着为终极游戏输送选手。然而，他们必须寻找并利用约柜内的权杖，将埃亚永久毁灭。

埃亚，蛇语者兄弟会的领袖，必须彻底消失。希拉尔会是他生命的终极者。希拉尔自己很清楚地知道这一点。

他还知道，埃亚污染了人类的灵魂。他就像是伊甸园中诱惑夏娃的蛇。他阻断了人类对于灵魂的探索，掩盖了古老的真相。

在大事件发生后，希拉尔会把古老的真相传递给幸存下来的人类。无论活着或是死去，无论胜利或是失败，希拉尔将会使地球永远摆脱堕落者埃亚的控制。他已经折磨人类太久了。

希拉尔想要所有人去看、去感受、去理解：人类获得启蒙，不需要神、神像、圣人、庙宇、开普勒星球、创世者。通往天堂的钥匙留存在每个人的心中。

我们每个人都是我们共有宇宙的神。理解和接受这个古老的真相，就要挣脱埃亚数百年来加诸于我们身上的精神枷锁。

不过，我们首先要做的是：杀死埃亚。

"必须将古老的真相传授给新的世界。"

当飞机颠簸降落在机场跑道的时候，陷于沉思的希拉尔在不经意间说出了这句话。

坐在他身边的年轻女性，也就是那个从头至尾只说过"上帝呀"的那位乘客，惊讶地盯着希拉尔，她忍不住问："那是什么？"

希拉尔向她转过身。他有一个蓝色的眼睛，一个红色的眼睛。绷带上依旧有斑斑血迹。"请问你说什么？"他的声音低沉而沙哑。

邻座乘客几乎要喘不过气来。"我听见你说什么'新世界'？"

广播再次响起，安全带被打开。乘客们纷纷站起身，收拾各自的行李。前几排座位上的婴儿开始嚎啕大哭，旁边座位的另一个婴儿反而大笑出声。

希拉尔微笑着说："我没有意识到我说了话。不过，没错，我想我确实说了'新世界'。"

"你不会真的相信吧？"她的气息有些不稳。

"相信什么？"

"关于亚巴顿的事情。"

他很了解这个名字。在《塔纳赫》[①] 中，亚巴顿的含义就是地狱。但是，在他生活的这个时代，希拉尔完全不理解对方的意思。

在阿克苏姆族中，亚巴顿也是埃亚的别名。

"难道你没有看新闻吗？"

"没有。我……我最近二十四小时都在旅途中。况且……况且我的烧伤还很严重。这场……事故不过发生在一周以前。"

"我能看得出来。"

希拉尔很清楚，对方很想知道事情的原委。在她说话以前，希拉尔抢先说："他们过去总说我长得很漂亮。"他喷了一下鼻息，感觉闻到了一股浓烟的味道。"不过，我总觉得不自在，你怎么能把一个男人称作漂亮呢。"

邻座的女士不知如何回应。也许她觉得希拉尔是个疯子。

"再给我说说关于亚巴顿的事情，如果你不介意的话。"希拉尔要求说。

这位女士耸了耸肩膀。如果他是疯子，至少是一个有礼貌的疯子。"新闻里面一直都在说，有人截获了一封来自 NASA 的秘密邮件，当事人写信给他在马萨诸塞州的姐姐，警告她在八天内迅速撤离，否则她的孩子和家人都将难逃一劫。"

这条消息激起了希拉尔的好奇心。"难逃一劫？难逃过什么劫难？"

"亚巴顿。至少那个来自 NASA 的家伙就是这样说的，一颗巨大的小行星正向地球袭来。他说……他说这颗小行星可能会杀死无数人类。我的意思是，非常非常多的人类。这将改变一切。"

"一个新的世界。"希拉尔低声说。

---

① 译者注：犹太教第一部重要典籍。

"没错。就是这样。不过，多数人不以为然，他们认为这是一场骗局。至少他们想要这样认为。"她停了下来。过道里，一位体格魁梧的壮汉似乎对此表示反对。她降低声音继续说："不过，很多人开始担心，因为政府一直没有出面否认。况且，一个月前的陨石撞击确实害死了许多人，加上巨石阵的神秘事件，至今无人能够解释。电视上有个疯子在说什么游戏。"

"没错。这个我倒是知道。"

"乱透了。你说呢？亚巴顿的邮件——所有人都读过，但是没有一个政客出面评论。没有人站出来。真是糟透了，对吧？"

."是的。"希拉尔若有所思地说。

走道里的那个壮汉摇了摇头，决定不去理会这种阴谋论性质的谈话，继续向前走去。

希拉尔应该站起来，跟这位年轻的女士道别，随后离开。他应该这样做。

但是，他没有起身，反而认真地看着她。

他将身体向前倾，眨了眨眼睛。一只蓝色。一只红色。

"请听我说。NASA邮件说的都是真的。这是真相。我不能泄露我的信息来源——如果我告诉了你，你可能会大笑不止——不过，亚巴顿是真实存在的。你应该做好准备。准备迎接即将到来的新世界。"

这位女士用一种对待精神病人的眼神看着希拉尔说："哦，不可能。我不想听这些疯话。"她晃动食指，随即站起身来，尴尬地从希拉尔身边走过。她的手提包撞在希拉尔的肩膀上。其实，这一下撞得很疼，但是希拉尔没有喊出声来。"我根本不想听这些该死的疯话。"她坚持说。

希拉尔表示理解：真相总是残酷。

这位年轻的女士用最快地速度从过道离开。

其他人都已离开，只有希拉尔还坐在原处，他再次陷入沉思。无论亚巴顿相关新闻有何影响，无论人们是否相信，这都没有关系。终极游戏仍将继续，这个世界已经发生改变。

他取出了那件物品。尽管年代久远，没有人注意到这件物品，这件由创世者制造的物品。在这个充斥着屏幕的世界，它不过就是一个普通的屏幕。

他用手握住，物品再次发出光芒。他用这件物品对准了拉斯维加斯这座城市的方向，希望能够看到墨丘利的节杖。

他确实看到了。

不过，他的眼睛睁得很大，呼吸突然急促起来。

他距离目标物很近，标记点很亮很明显。最令人惊讶的是，屏幕上出现了两个标记。恶魔有两个标记，而且都在拉斯维加斯。

这究竟意味着什么？

一位空乘员走到他身边说："先生，请问您需要轮椅吗？"

希拉尔从沉思中惊醒过来。"请问你说什么？"

空乘员示意其他乘客都已经离开机舱。"请问您需要轮椅吗？"

希拉尔将物品放进衬衫里。"不需要，女士。谢谢。"

他站起身来，走到中间的走廊，打开头顶的行李架，取出一个小型背包和两根手杖；手柄位置是蛇头。

亚伦之杖。摩西之杖。

只要距离够近，它们将成为终结堕落者埃亚的有力武器。

他缓缓离开机舱。机长等在驾驶员座舱门口。

"祝您度过愉快的一天，先生。"

"您也是，机长。"希拉尔说。

走下飞机，走到跑道，走进航站楼。

这座航站楼跟他以前见过的不一样。

倒不是说这座航站楼的设计风格不同于普通的美国机场，也不是因为他听见远处的自动售货机发出如铃般清亮的音乐，而是因为整座航站楼沉浸在一种相当诡异的安静氛围中。

正当是临近傍晚时候，航站楼里面人满为患，只不过他们全都僵住不动的样子，仿佛被冰封住了。没有人走动，没有人打电话，没有人在追赶孩子。他们就那样站立着，伸长着脖子，盯着大门口附近的电视屏幕。

屏幕上出现的是美国总统。她坐在椭圆形办公室的桌子后面。她的脸色阴沉，语调有些不自然。她用颤抖的声音说："亲爱的同胞们，亲爱的地球公民们，亚巴顿是真实存在的。"

大厅里到处都是听得见的喘气声。有人开始嚎啕大哭。

总统继续说话，但是希拉尔不需要继续听下去。

这就是终极游戏的真相。

他必须找到埃亚。

他拿起了手杖，暗暗下了决心，继续自己的旅程。

他是航站楼里唯一移动的人。

唯一在这个恐惧蔓延的冰封新世界里移动的人。

八十九位国家元首经过协商，分别发表电视讲话，确认亚巴顿真实存在。八十九位国家元首庄重宣布，尽管他们无法完全肯定这颗小行星会撞击地球，但是这种可能性极高。他们不知道撞击地点，然而，一旦发生撞击地球事件，将会影响地球上的所有生物。他们说，这并不意味着地球末日，但是肯定意味着我们所知世界的终极。他们说，这个事件将会标志着新纪元。

人类历史上前所未见的纪元。

跟其他元首一样，美国总统在讲话结尾不无动情地说："今天，我们不再是美国人或欧洲人，亚洲人或非洲人，东方人或西方人，北部人或南部人。我们不再是基督教徒或犹太教徒，穆斯林或印度教徒，什叶派或是逊尼派，信神者或无神论者。我们不再是印度人或巴基斯坦人，以色列人或巴勒斯坦人，俄罗斯人或车臣人，北韩人或南韩人。我们不再是恐怖分子或自由斗士或解放者或圣战分子。我们不再是共产主义者或民主主义者或独裁者或神权政治者。我们不再是学者或牧师或政客或士兵或教师或学生。我们不再是民主党或共和党。今天，我们都只是地球子民。今天，我们要记住：我们人类是在这颗绝无仅有的星球上绝无仅有的物种。今天，所有的争论、所有的怨恨、所有的差异都不复存在。我们都是一样的。我们人类能够并且将要团结起来，共同面对未知未来不确定性带来的各种挑战。我们都是一样的。如果我们能够度过这场前所未见的惨烈灾难，有机会幸存下来，我们唯一能够依靠的是人类的善意、仁慈和挚爱——我们的人性。我们都是一样的，我的朋友们。愿上帝庇佑我们每一个人。愿上帝庇佑我们的地球。"

全体选手

美国、德国、印度、日本。

莎拉、杰戈、伦佐在塞斯纳 CJ4 飞机上看到了这段总统演讲。在此之前，杰戈突然出现在了林肯郡的废弃停机坪，这令伦佐和莎拉都感到欣喜若狂；他的出现总算解决了——至少是暂时搁置了——他们之间的争议。杰戈做出的解释就是，他当时巧妙地伏卧在列车下方的铁轨上，等到所有人都离开了，他才悄悄地钻了出来。对于莎拉当时的"背弃"行为，他倒是显得无所谓的样子，甚至嘱咐伦佐叫他也不要介意。他们都是选手，共同经历过很多的事情。随后，他们很快乘坐飞机离开了那里。接着，他们在加拿大的新斯科舍省哈利法克斯市补充了一次燃料，顺便休整了一天一夜。随后，他们又不顾伦佐的反对——他认为这样做太幼稚，并且危险系数极高——决定前往内布拉斯加东部地区，并在卡霍基亚人一处秘密聚居地短暂停留，拜见莎拉的家人。

她坚持要去见自己的父母，解释自己对克里斯托弗的所作所为，坦诚说明获得大地之匙后发生的事情，阐明自己当前的精神状态。也许他们会安抚她的心神，也许他们会向她传授最后一课：教会她如何应对、消除她的焦虑、帮助她恢复清醒状态。

到家以后，莎拉想要去塔特的墓碑看看。那是她的哥哥。另一个终极游戏的牺牲品。

在聆听总统讲话的时候，她一直在无声地流泪。等到演讲结束后，莎拉借故去了一趟卫生间，在里面痛哭起来。

总统的话并没有感动杰戈和伦佐。对于亚巴顿，以及它可能带来的严重后果，他们已经有了心理准备。

"你得夺走大地之匙，我的选手，然后赶紧甩开她。"等到卫生间门关闭后，伦佐迫不及待地说。

杰戈开始抓挠颈部的旧疤痕，那是他的老习惯。这是他在思考时的习惯动作。

"我做不到的。"

"你必须这样做。时间不多了。世界将要毁灭。我们必须回到祖先的家园。回到你的家园。我们需要将大地之匙带到奥卡波玛·瓦伊纳·特拉洛克面前，聆听她的智慧箴言。"

"伦佐，你根本没有认真听我说话。"

"我一直在听，我的选手。"

"别说这种谄媚的话。我知道你是对的，但是我不能抛弃她。我也不会抛弃你。但是，我需要你的帮助，不需要你的怀疑——你能理解吗？"

伦佐转过身来，眼睛盯着杰戈。他抬起下巴，用男人与男人之间的特殊方式，认真地点了点头。"好的。我理解你，杰戈。"

"太好了。你说的没错，我们不能浪费时间了。莎拉也不能。她的状况不正常，而我并不认为她回家有任何好处。她现在太脆弱了，看到家人只会受到更多打击。"

伦佐用手指戳着座椅靠背。"也许我们应该带她去看心理医生，你说呢？我们应该有足够时间吧？"

杰戈抬起手。伦佐不再说话。"我们重新调整航线，出发去秘鲁，但是我们不告诉她，行吗？"

伦佐垂下手臂，控制着自己的情绪。"我们需要再次补给燃料。"

"我明白。我们可以在埃尔莫索山谷停留。玛利亚·雷耶斯·桑托斯·依兹尔还在那里。她会帮助我们。我们还能舒舒服服地睡个安稳觉。"

莎拉愤怒地敲打着卫生间里的某样东西。也许是墙壁。也许是洗手池。他们听见莎拉的抽泣声。

杰戈看着卫生间的大门。莎拉是他遇见过最坚强的人之一，同时也是最脆弱的人之一。他又开始抓挠自己的疤痕。

伦佐投来质疑的眼光。"杰戈，她是一名杀手。我曾在英国亲眼所见。但是，她不是选手。不再是了。"

"够了，伦佐。把她交给我吧。"杰戈满怀痛苦的样子，"准备好导航仪，让我来处理莎拉的事情。"

艾斯林·考普靠在全副武装的凯迪拉克 CTS 汽车靠背上，看着窗外的乔治华盛顿大桥。格雷格·乔登坐在她的身边，马克罗斯基坐在前面的副驾驶座，马尔斯在开车。

"说得不错。"马尔斯评价道。

马克罗斯基窃笑着说："当然，反正也不顶用。纯粹的霍布斯哲学的垃圾。"

艾斯林倒是很同意马克罗斯基的观点。显然，乔登和马尔斯同样表示赞成。不过，他们都没有说话。

爱丽丝·乌拉帕拉坐在柏林酒店床上，观看德国总理发表演说。爱丽丝会说流利的德语（她还会说法语、拉丁语、马来语、荷兰语、中文、其他不少地方方言），因此她能够轻松地理解演说的内容。演说在晚上十点开始，持续了十七分钟。总理在结尾的地方悲戚大哭。在整个播放过程中，爱丽丝不断用磨刀石摩擦着她的回旋镖的边缘部分。

不断地摩擦。

来回地摩擦。

不曾间断过。

"看来整件事情变得有意思了。"

马卡比和叶卡捷琳娜观看的是波兰总统演讲的现场直播。他们全程没有交流过一句话。他们只是盯着电视屏幕，跟全世界其他人一样全神贯注。演讲结束后的几分钟，马卡比突然说道："我很高兴，我们至少已经喝到了库克香槟酒。"

"我也很高兴。"叶卡捷琳娜没有继续说话。当天的早些时候，他们替巴依萨克罕修复了一条手臂，他目前仍在昏睡之中。"我们需要把这件事告诉你的朋友吗？"

"不用。"马卡比回答说。他看着关闭的门，那个东胡人就在门后沉睡。"巴依萨克罕不在意这种事情。我甚至不确定，他是否将其他存在的人看作是人。"

在永生谷群山环绕的哈拉帕族聚居地 सूरज की आखिरी किरण，萨里和贾马尔在他们简单布置的房间里观看印度总理发表演说。如果说，这个世界上存在足以抵挡小行星撞击地球后果的地方，假设并不是直接的撞击，这个地方无疑就是 सूरज की आखिरी किरण。

小爱丽丝也在看着。她只有两岁大，但是她似乎能够领会到字里行间的严肃口吻。

如此年幼，如此机敏，如此善感，如此聪慧，萨里心想。这不禁使她感到胆寒。

"妈妈，这就是我的梦境。是吗？"小爱丽丝插嘴说。

那是你的噩梦，萨里心想。"没错，我的宝贝。"她紧紧握住贾马尔的手说。

"亚巴顿会伤害我们吗，妈妈？"

"不会的，宝贝。它距离我们很远。"

"我和你的母亲——还有所有家族——都会待在一起。不会有人受伤，我的小白鸽。"

"那就好，爸爸。"

演讲继续。萨里感到一阵恐惧，但不是因为亚巴顿。创世者必定会确保小行星的撞击地点尽可能地远离天空之匙的所在地：终极游戏不能缺少小爱丽丝。"

至少他们现在是安全的。

在其他人到来以前，他们是安全的。

刘安正在千代子的家乡——日本。他用全新的笔记本电脑观看非法渠道播放的中国主席发表演讲。他蹲坐在地上，看起来不像是终极游戏的选手，反倒像是抽烟休息的码头工人。他只穿着一条黑色的内裤，手上戴着武田千代子的指针式电子表。

他的头上不再包着绷带。在中枪部位的皮肤上，出现了一个星形的缝合伤口。他的肋骨沿着身侧部位发生弯曲，看起来像是一只鸟笼。大拇指受伤的部位完全紫黑。他的右腿上，还有一块芒果形状的擦伤。他不记得擦伤是怎样得来的，而且他也不在乎。

他有一双狭长的眼睛，眼珠乌黑，紧盯着电视里的国家元首。主席戴着眼镜，穿着熨烫好的正装，戴着共产主义象征的红色领带，讲述着即将到来的世界末日。

他说的话并没有使刘安感到惊讶，也没有使他产生任何悲伤、紧张、恐惧的情绪。他已经预料到会出现一颗巨型的小流星。他还期待着能够享受这一时刻。在接受训练的晦暗岁月中，他时常幻想着这样的场景，所有人类命运变得像他一样黯淡无光的时刻，他们的脸上散发出死亡气息的时刻。

如果他没有遇见千代子。

如果他没有……爱上她。

真是荒诞。他。一个商族人。他不具备爱的能力。

不可能。

然而，从主席的这段话中，他没有感受到喜悦的情绪，反而感受到了愤怒。

对他来说，愤怒如同心跳一样，常伴左右。愤怒产生一种持续的节奏感。不过，这种愤怒不同于往常。这种愤怒是新的感受，较以往更加强烈。史加专注。史加根植于失落的爱情，他永远无法复原的那种爱。愤怒伴随着渴望。

渴望着她。

尽管无法让她死而复生，他仍然有所计划。可能是非正统的计划，然而，这是正确的选择。他清楚这一点。他想，千代子也会认同他的观点。他希望这项计划能够获得她的族人的认同，希望他们能够发现其中的智慧——公正之心。

你参赛是为了求死。我参赛是为了求生。

她曾经说过。

千代子。

看到演讲结尾，刘安开始把弄着手中的某种东西。那是一小束黑色的柔软头发，大约一英寸厚，一英尺长。在中间的部分，头发延伸成大约手掌大小的 V 型网状物，编织成蜘蛛网的样子。在网状物的末端，系着两块硬币大小的苍白皮肤，以及两只颤抖着人类耳朵。他将网状物举了起来。快要完成了。

那是挚爱之人剩余躯壳制成的项链。她的头发。她的血肉。

他继续看着演讲。

跟当天的其他元首一样，中国的国家元首使用了类似的结束语：

"我们都是一样的。"

画面变成了黑色。

刘安无声地合上电脑屏幕。他扯下嘴唇上的一块死皮，把它吐在了地上。

"不对。"他忍住了一声几不可闻的呻吟。"你说错了。我们不是一样的。我们完全不同。"

①

147

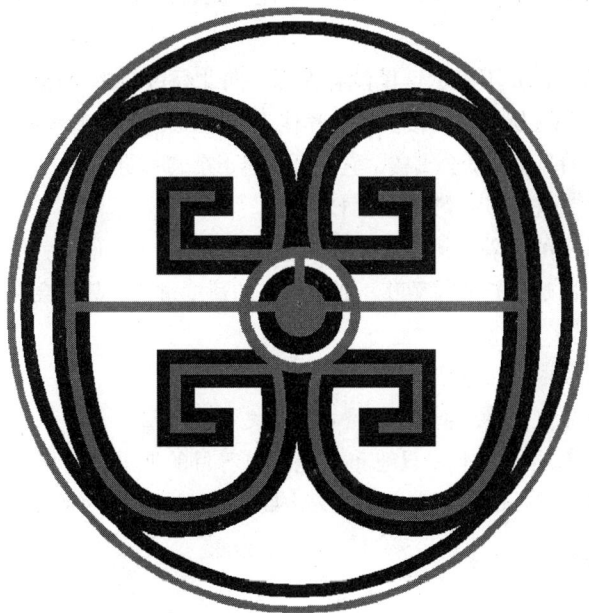

爱丽丝·乌拉帕拉，马卡比·阿德莱，叶卡捷琳娜·阿德莱
德国柏林利希滕贝格，Heldberger Straße 东航站楼

此处人迹罕至。爱丽丝坐在一棵椴树下，后背依靠着树干，抱膝而坐。她透过一副小巧且高性能的双筒望远镜观察着这片区域。她一边哼唱着《丛林流浪》，一边用脚趾有节奏地拍打地面。

日出发生在 4:58，也就是两小时前。尽管她的打扮有些诡异——在奥兹以外的其他地点，毫无保留待人真诚的古利人总是显得不合时宜——没有任何人注意到她。几乎没有人经过那条她正在监视着的死胡同。她隐藏在柏林的废弃角落，来往于此的只有青少年、蓄意破坏者，以及杀手。

然而，这并不表示这里没有人烟。向北经过 Sollstedter 大街，有一排四层和五层的公寓楼。从这片住宅区向西走，沿着 Arendsweg 大街，可以看见更高的公寓楼，它们可能建于东德时期。

这里就是巴依萨克罕的藏身之处。

她脑中的灯塔极其准确定位了对方的所在位置，信号就像警笛一样，不断回响在她的前额叶。如果前进的速度过快，甚至会影响到她的视力。

她必须尽快除掉巴依萨克罕。

一旦完成任务，我要出发寻找大地之匙。

她站起身，背上一只帆布书包。向着目的地进发。那只小怪物就在 450 米以外的地下室里。她只需要偷潜进去，先发制人，取他的性命。

哔哔。哔哔。哔哔。哔哔。

马卡比被一阵微弱的声响吵醒。他看着闹钟，皱着眉头，来回晃

动自己的脑袋。

到底是什么声音？

他跳下床，身上只穿着四角紧身内裤，随手拿过床头柜上的镀金的快动作手枪。然而，在匆忙之下，他忘记了装有毒针的那枚尾戒。每晚临睡前，他都要特意脱下尾戒，以免在睡眠中误伤自己。现在，这枚尾戒被遗落在了床头柜上。

哔哔。哔哔。哔哔。哔哔。

他在装满脏衣服的洗衣篮里翻找自己的手机。

然而，声音并非来自于手机。

哔哔。哔哔。哔哔。哔哔。

他走到房间中央，竖起耳朵听着动静。他无法确定声音的确切位置。声音一开始来自于左侧，接着移动到了右侧，随后来到他的身后，再是身前。他疯狂地旋转身体，心想着自己是不是疯了，随后他突然意识到一件事。

是那个球体的声音。

他和巴依萨克罕在巨石遗迹贝克力山丘下面的黄金屋发现了一个球状物。他将手枪插进内裤腰带内，拿起在挂钩上不断晃动的背包，手伸进背包，手指环绕在球体的周围。球体正在不断传送着其他选手的位置，同时还在剧烈地震动着，似乎在球体中心有一个疯狂转动的陀螺仪。他用双手抓住球体，把背包随意扔在地上。

他将球体贴近面部，黄色的光线从他的指缝中射出来。光线在球体表面不断跳跃、来回移动，最终汇聚成一个明亮的点。

球体停止了晃动。马卡比抽离了自己左手的手指，眼睛盯着球体看。

这个亮点正在沿着交叉线条发生移动。马卡比眯起了眼睛。

这些线条是街道。

他注意到大楼以外的那些线条。

"有一位选手正在靠近。"

爱丽丝来到 Arendsweg 大街旁边，停下了脚步。她走在附近的开阔区域，感到有些事情困扰着她。她没有看到一个活人、一辆开动的汽车，或是听见任何人发出动静。

换句话说，她根本不需要躲藏。

时间刚到早晨八点。周三。人们应该赶着上班，开着汽车，骑着自行车，人们应该在路面上走动着，做着各种琐事。

然而，他们并没有。

"亚巴顿。"她轻轻地说，"他们在害怕亚巴顿。"她在路边停下来，准备穿过马路。"如果是我，想必也不会继续工作。"

她想象着那些在家里的人们；对于终极游戏、部族、选手、人类古老且隐秘的历史，他们根本一无所知。他们不知道自己的未来，他们没有做好准备，或是认为自己做好了准备。有些人囤积了不少枪支弹药、罐装食品、饮用水、发电机和汽油，正如许多澳洲人和美国佬那样。然而，他们完全没有预料到世界末日的无可避免——或者说，世界末日的紧急性。

"世界末日意味着巨大的血腥的火球，也许更有甚者。"说完这句话，爱丽丝来到了大楼的后门，垃圾就是从这里被清理出去的。

她的脑海中再次点亮了那座灯塔。现在距离目标仅有 20 米。更近了。如此得接近。

他还是没有动。

也许，他在睡觉。

也许，他丧失了行为能力。

她心想：保持警惕，乌拉帕拉。你面对的是一位选手。不要想当然。

球体发出的光线已经移动到中央位置，表示街道的线条已经全部消失了。他和巴依萨克罕偷偷接近那个阿克苏姆人时，球体内部显示希拉尔·伊本·阿尔索特正在一台电脑上工作。他们还像看电影一样监视着巨石阵发生的事件全过程，看着幕族人溃不成军，商族人中了一枪，卡霍基亚人和奥尔梅克人带着大地之匙逃脱了。如今，球体上出现了前所未见的情形。

马卡比在想，球体的能量缘何在向他发出警告之后忽然减弱。也许那位选手是出于某种原因阻碍了信号？

天知道。马卡比相信，很快就会找到答案。他穿上长裤，套上跑步鞋，穿上白色 T 恤——后者是在一家名叫"角落柏林人"的商店里以 120 欧元的价格购买的。衣服非常合身。他感觉很舒适，同时调整好状态。他拿起镀金手枪，滑动子弹夹。这把枪没有保险。扳机在最前方，他只需要使用四盎司的压力，将扳机向后推 2.477 厘米，随后手枪将会连续发出子弹。如果他没有完全放开扳机，就能用 0.3175 厘米扳机连续射击。这就是这把枪被称为快动作手枪的原因。

他打开房门，查看客厅的情况。

没有人。

在左侧的客厅尽头，就是巴依萨克罕所在的房间。另一侧是上锁的钢门，内部的台阶通往叶卡捷琳娜居住的街面房间。

在行动前，他必须要确保东胡人的状况。虽然可能性很小，但是侵入者仍由可能已经来到巴依萨克罕的房间，说不定正要动手杀死他。

马卡比贴近墙壁，悄悄地走到门边。房门微开着，但是他听不见任何声响。他靠近房门，蹲伏着查看里面的动静。他认为，即便里面真的有人，对方不太可能瞄准低处。于是，他偷偷往里面看，看到巴依萨克罕的卧床一角，还有他沉睡着的侧脸轮廓。马卡比随即转身，打开房门，用手枪扫过房间的各个角落。

没有人。

他走到巴依萨克罕身边，后者被他突然的动作惊动了。这个男孩的眼珠在快速地来回移动，嘴唇分开，新的手臂在抽动着。他似乎是在做梦。

天知道他在梦些什么，马卡比心想。可能梦见了溺水的小狗吧。

巴依萨克罕需要更多的休息。手术很成功，巴依萨克罕很喜欢这只新手臂。他甚至对叶卡捷琳娜表达了谢意。马卡比怀疑，这种谢意不会发生第二次；他无法想象，巴依萨克罕会因为任何事情向任何人表达两次以上的谢意。

马卡比离开了房间，在身后关上房门，将巴依萨克罕锁在里面。

这是为了保证他的安全。

你对我还有用处，我的小杀手。目前还有用处。

马卡比来到钢门旁边。在密码盘上输入一串数字，然后点击＃号键。门锁打开了。马卡比打开钢门，走上台阶。他正准备关门，听到上方传来两声枪响，急速的枪响，并且装了消音器。他转身跑上台阶，取出手枪，每一步都跨两级台阶。

就在马卡比查看球体的时候，爱丽丝正站在公寓楼的后门。她放下帆布书包，取出一根结实的吊索，将它甩在肩上。随后拿出她的匕首以及回旋镖，其中两只装有刀刃、一只是木质的、另一只由深色金属制成且尚未开刃。最后，她在皮带上挂了一支有皮套的黑色鲁格LCP型手枪，外观呈现哑光黑色，里面装有空尖弹，体型小巧，配有消音器。

她将深色金属制成的回旋镖嵌进了大门的边缘，用力拉拽了一次。大门被打开了。她偷偷进到房间里。

房间里漆黑一片，只有逃生出口标志发出绿幽幽的光线。侧墙共有四只垃圾桶，对面有一扇关闭的门。

爱丽丝呼了一口气，带着厌恶的表情说："鱼头和臭尿布味。"她一手拿手枪，一手拿着回旋镖。

她离开车库，走进大楼走廊，走到了一个T字形的交叉口，现在她需要决定走哪条路。

"你在哪里呀，小家伙？"她低声说。

灯塔向四面八方散发着光芒，仿佛她就在目标物的正上方。不过，她在来回走动的过程中发现，她的右侧信号更强。

于是，她选择了向右走。她经过间隔十五米出现的橙色公寓门。她听到里面的争执声、吃早饭的声音，听到1E房间有一个男子在大叫"希尔达"，听到每间公寓内的电视背景音。

想必今天全世界的人们都在看电视吧。当然，除了我们这些参加终极游戏的选手。

这就是她的线索。当她来到1H公寓的时候，她停下脚步。此时的灯塔信号前所未有得明亮。同时，这间房间并没有发出任何的响动，这就意味着：要么住客正好有事出门，要么他们根本对亚巴顿的新闻无动于衷。这就更加证实了她的推测。

爱丽丝将耳朵贴在门上，仔细听里面的声音。一开始，她什么都听不到。然而，她随即听到厕所抽水马桶的冲水声、脚步声、光脚走动声。脚步声从右侧移动到左侧，距离大门很远。随后，她听到了房门铰链的吱嘎声。

那不是她的目标——如果是，灯塔肯定会发疯式的发出信号——不过，确实有人在里面。难道是东胡人的同伙？

她尝试扭动门把手。门锁着，这很正常。

爱丽丝后退一步。她完全可以撞开这扇门，但是那样会造成整栋楼的骚动。如果这真的是选手的安全屋，那么可能装有警报器，那会打草惊蛇。

她可以撬开门锁，但是那样耗时太久。邻居可能正好走出来，还会质问她的来历。他们有理由这样问，尤其针对一个深色皮肤、体重接近 200 磅的陌生女子；在这样一座同类性颇高的城市，她再怎么努力掩人耳目都无济于事。因此，爱丽丝做了任何一位普通访客会做的动作。

她按响了门铃。

传来一阵脚步声。爱丽丝站在一旁，里面的人无法通过猫眼看到她的模样。

"有人吗？"一个女人用德语问道。听起来对方像是四五十岁的中年女性，操着一口很容易辨认的波兰口音。爱丽丝判断，如果没有听错的话，她应该来自靠近乌克兰的波兰东南部。

"早晨好。"爱丽丝用纯正的德语回答。"我是楼底下的希尔达。很抱歉打扰你了，不过我正好用光了家里的茶叶，实在是感觉无助。听到这种可怕的消息，我实在是没有勇气出去买东西。请问你们家有茶叶吗？"

"有的，有的。请你稍等一会儿。"

对方转动了门锁，松开了防盗门链，打开了房门。

当叶卡捷琳娜发现门外不是希尔达时，她试图立即关上门。然而，爱丽丝迅速地将一只脚挤进房门内。她箭步向前，用刀尖抵住了女子的下巴，刀尖在她的皮肤上抵出了一个凹洞。

"不要说话。往里面走。如果想要反抗的话，我想我会杀了你。"爱丽丝威胁说。

叶卡捷琳娜身材高大，显得有些微胖，脸上长着一颗美人痣，嘴唇很薄的样子，深色的眼眸，留着一头接近银色的金色长发。她穿着一件长袖的深色和服，赤裸着双脚。脚趾甲修剪得很整齐。她看起来并不感到害怕。

对方后退了三步。爱丽丝走进公寓，用脚带上房门。她的眼睛盯着对方，后退一步，锁上了房门。

"你不可能活着离开这里。"叶卡捷琳娜用英语说。

"按照我说的做，明白吗?"爱丽丝同样用英语回应说。

"他不会让他活着离开。"

"谢谢你告诉我。我本来还在猜测。"

对方的脸上闪过一丝失望的表情。她对自己感到失望，竟然如此154 |轻易地泄露了秘密。

"你叫什么名字? 我叫爱丽丝。"

"我叫叶卡捷琳娜。"

"很好。好名字。现在好了。叶卡捷琳娜，我现在要把你绑起来。否则，我就要划破你的喉咙。不管是哪种选择，我都会很快地完成。当然，我希望你选择前者。我想，你应该足够聪明，对吧?"

"*Yaheela biznoot farehee.*"

爱丽丝向前一步，叶卡捷琳娜向后退。"我从来没有听说过这句话。现在，你给我听着，我们要走进你的房间。我想应该是在那边，对吧?"爱丽丝用下巴指向左侧的房门。叶卡捷琳娜点了点头。"很好。慢慢转过身去。别做突然的动作，否则我不保证你的人身安全。"

叶卡捷琳娜照她说的做了。

"做得很好。"

爱丽丝收起回旋镖，对叶卡捷琳娜进行了搜身。她没有任何武器。什么都没有。她将一只手放在叶卡捷琳娜的肩上，另一只手拿着匕首。

"继续走，向前。"

叶卡捷琳娜照做了。距离房门，只剩下两米。

"你是教练？"

"*Yaheela biznoot farehee chint*!"叶卡捷琳娜继续嘀咕着说。

"我想，我开始理解你的意思了。'去死吧'，对吗？或是类似的咒骂？"

叶卡捷琳娜没有回答。

她们走进了房间。装饰很简单，远处的墙壁旁边有一张床垫，一张木质的床头柜，一盏阅读灯，一张书桌，一把椅子，一个衣柜，一个书架——上面都是成卷书脊，破破懒懒的样子，书脊上没有任何书名或标记。椅背上搭着另一件和服。她准备用这件和服来捆绑叶卡捷琳娜。

"躺到床上，脸朝下，手放在臀部。脚腕交叉，大腿弯曲到膝盖处。"

叶卡捷琳娜一一照做了。

"做得好。你的合作度相当高，我发自内心地感谢你的合作。你所帮助的那个家伙，在我眼里并不算是一名专业的选手。他很幸运能够拥有你这样的支持者。"

爱丽丝伸手去拿和服，眼神从叶卡捷琳娜身上转移了仅仅两秒钟。这时，叶卡捷琳娜开始悄无声息地迅速移动，就连爱丽丝都没有发现。她把手伸进床垫和墙壁中间，拿出了一把手枪，迅速给枪上了膛。

爱丽丝转身看的时候，叶卡捷琳娜正用手枪对准她。爱丽丝迅速俯身，扔出匕首，朝着叶卡捷琳娜的头部直直地飞去。

两声枪响。砰—砰。其中的一颗子弹射中了匕首，使它偏离了预定轨道，射进硬木地板，发出砰的声响。最后，爱丽丝险险地躲过突袭，两颗子弹都射进了墙壁。

叶卡捷琳娜将手枪对准几英寸以下的位置，瞄准爱丽丝的身体。与此同时，爱丽丝甩出了带有刀刃的回旋镖，尖啸着擦过枪口、枪管、击锤，以及叶卡捷琳娜的手，最后撞进她的鼻梁，将她的右眼一切为二，面部皮肤直接被撕裂到太阳穴。叶卡捷琳娜发出哀嚎声，手枪掉落在地。爱丽丝迅速向前，从地板上拿起匕首，一个箭步走到床边，干净利落地划破叶卡捷琳娜的喉咙。

温热的鲜血从伤口汩汩流出，沾染到爱丽丝的手上和刀柄上，浸染了身下的床单和床垫。

她收回自己的匕首。这把匕首是直刃型，没有锯齿或锯齿边缘，很容易就能抽脱出来。爱丽丝跟叶卡捷琳娜处在面对面的状态，对方的眼睛正在失去神采。她发出含糊不清的咯咯声，如果没有割断她的声带，想必她还有些什么话要说。

"对不起，女士。我也不想杀死你。不过，你应该好好听话的。"

叶卡捷琳娜的脸上出现了一丝恐惧的表情，随后彻底失去了生命迹象。

爱丽丝帮她闭上了眼睛。

她站起身。

她就站在那里，听着大厅里传来的脚步声。

她脑中的灯塔变得乱七八糟。目标物就在附近。她一直跟踪的选手就在她的身边。

然而，脚步声显得很重，推测体重应该远大于那个东胡人。

大得多。

爱丽丝捡起沾血的回旋镖，向门口走去，并且蹲伏下去。

门口出现了一个身穿白色T恤和黑色宽松长裤的男子，手里拿着一把镀金手枪。

灯塔似乎在她的前额叶爆炸一般，同时彻底熄灭。找到了！她找到了目标物。

"是你？"爱丽丝叫出声来，很不理解的样子。她很确定，目标是那个最年轻的参赛选手，那个割掉萨里手指的凶手，那个在成年后的爱丽丝·乌拉帕拉梦境中不断威胁年幼的爱丽丝·乔普拉的人。马卡比·阿德莱表现得同样震惊。他没能像训练那样做出反应。他的眼睛搜索着整个房间，没有扣动扳机，他注意到床上的叶卡捷琳娜。

流着血。

死去的叶卡捷琳娜。

被谋杀的叶卡捷琳娜。

叶卡捷琳娜·阿德莱。

他的母亲。

马卡比的眼中燃烧着愤怒的火焰。他扣动扳机，对准爱丽丝。然而在此之前，带有刀刃的回旋镖已经插进枪管，刺破他的指节，伤口深可见骨。他射出一发子弹——嘣的一声——但是子弹彻底射偏了，直接飞向天花板。

他再次扣动扳机，手枪被飞旋而来的那把巴克刀打偏了方向。结果，刀和手枪都掉落在身后的地面上。

他现在什么武器都没有了，只能徒手一搏。他依靠的不仅是自己的双手，还有憎恨和愤怒激发出来的呈现出前所未有高强度的肾上腺素的不断刺激，他的身体似乎有所反应。他拼命地向前冲去。

他们之间相隔四米。

爱丽丝按兵不动。她抛出了第二枚带有刀刃的回旋镖。

马卡比伸手接住飞镖，并将它反方向扔了出去，在半空中正好撞上爱丽丝连续抛出的金属回旋镖——那枚没有开刃的回旋镖。两枚回旋镖向着不同角度偏斜，完全飞向相反的方向。

他们之间相隔三米。

爱丽丝已下手投出了最后一枚回旋镖——那枚木质的飞镖。

他单手抓住了回旋镖，却丝毫没有畏惧，反而举起回旋镖，用力投向爱丽丝。

爱丽丝仍然按兵不动。

她紧盯着纳巴泰人，同时以流畅的动作迅速解开了鲁格枪的皮套。

她举起手枪放在胸前；同时，马卡比用回旋镖内弯边砍向爱丽丝的左肩。爱丽丝受了伤——伤还不轻——不过她并没有表现出任何异样，除了左眼下方的轻微抽搐。手枪几乎被夹在他们中间，爱丽丝完全可以近距离平射。然而，马卡比用另一只手抓住她的手腕，将手枪向下压。

爱丽丝仍然没有移动。

天哪，她可真壮啊，马卡比心想。

他们的脸颊靠得很近。还没等马卡比做出反应，爱丽丝出其不意地用前额猛撞马卡比的鼻梁。

他的鼻梁再次折断。

他已经折断鼻梁多达七次。这一次是近三周以来的第二次。

感觉很糟糕。

幸好，在肾上腺素的作用下，他并没有感觉到疼痛。

对方很强壮，简直跟他对抗过的所有男性不相上下，对待她要像对待男人。他弯曲膝盖，用力撞向爱丽丝的腹股沟，对方短暂停顿，发出一声痛哼。马卡比继续将注意力集中在手枪上。他用力扭转对方握枪的那只手的手腕，使手枪掉在地上，再用脚把手枪踢到床底。

然而，爱丽丝很快恢复战斗状态，抓住胸腔和盆骨中间的位置，用双臂进行挤压，仿佛要把他挤成两段，再把内脏拖拽出来，狠狠扔在地上。

马卡比放开了爱丽丝的手腕，顺势猛击她的颧骨。他感觉到对方的颧骨在眼睛下方碎裂。

"呀！"爱丽丝痛得叫出声来，放松了抱紧马卡比的双臂，向后跳到床上，正好跨坐在叶卡捷琳娜毫无生机的尸体上方。她并没有说话，但是她的脸上展现出诡异的笑容，似乎在说：干得不错。

马卡比试图顺势抓住她，没想到爱丽丝反将一只手撑在他的头顶，如同杂技演员一般，做了一个漂亮的翻身，越过他的头顶，悄无声息地落在地上。爱丽丝原本以为，马卡比会转向她，继续攻击。然而，他并没有浪费一秒钟，反而向后方做了一个扫堂腿，狠狠地绊倒了爱丽丝。她倒在了侧边的地面上，就在瞬间的犹豫之后，她拼命挣扎着起身。在她站起身以前，马卡比用膝盖抵住她的身侧，迫使爱丽丝贴近地面，收拢自己的身体。

马卡比跳到爱丽丝的上方，膝盖压住她的手肘，用闪电般的速度猛烈地捶打爱丽丝的胃腹部。爱丽丝绷紧自己的腹部肌肉，利用每一寸肌肉纤维分担痛苦。直到第五拳的时候，声音变得有些不同；更像是掌掴，而非拳头重击。爱丽丝遇到过更糟糕的处境。

在承受攻击的同时，爱丽丝观察着马卡比的面部表情，充满着愤怒和哀伤。如果他不是试图杀死她，她甚至可能会对他表示歉意。

不久以后，将有更多的人们感觉到相同的痛苦。

太多太多的人们。

爱丽丝尝试用推高臀部的方式进行反击。马卡比没有退缩，不过如同疾风般的攻势被打断了。爱丽丝努力挣脱了右手臂的束缚，翻手向上，张开右手，将手指弯曲成鹰爪的模样，用指甲划过马卡比的颈部，弄出了道道血痕。她再次发动偷袭，试图抓住并且扯下他的右耳。马卡比迅速举起手，在半空中抓住了她的手腕，将她的手腕用力扭到地面上，再从脚腕的刀鞘中抽出四英寸长的匕首。刀光闪过，向着爱丽丝的颈部袭来。他要以其人之道，还治其人之身：用爱丽丝杀死自己母亲的方式来杀死爱丽丝。

那是他的母亲，爱丽丝突然意识到。

爱丽丝再次发力，左手挣脱开来，逃脱了压在手腕处的膝盖控制。匕首险险地划过爱丽丝的耳畔，割下了一小把卷发。他没有一秒钟的犹豫，再次挥刀攻击，试图深深地划破她的喉咙。

然而，爱丽丝的左手不受压制，再次躲开了针对颈部的猛击，甚至还抓住了马卡比的手腕。马卡比在指间翻动匕首，使得刀尖向下，同时用另一只手抓住爱丽丝的手腕。爱丽丝利用另一只手，试图迫使对方松开抓住手腕的那只手。与此同时，马卡比尝试使用尾戒中藏有的毒针，他在一瞬间意识到自己并没有佩戴尾戒。

他们互相锁紧对方。

刀尖距离爱丽丝 12.7 厘米。

这是一场力量的对抗。

在几秒钟内，没有人占据上风。两个人的肌肉都鼓了起来，全身都在不断抽搐着。他们脸上暴着青筋，在爱丽丝的鼻梁和苍白的新月形胎记中间，还有一条青筋斜着划过她的脸，最后消失在茂密的发丛里。

马卡比将自己的身体向前倾斜，用上了肩部的力量，继续跟爱丽丝抗衡。两人互不相让，刀尖在持续对抗中不断抖动，距离爱丽丝的颈部仅剩 2.4 厘米。

爱丽丝默不作声，全神贯注。

突然，马卡比尖叫一声，喉咙深处的唾沫星子喷到了爱丽丝脸上。她略微眨了一下眼睛，但是没有移动，肌肉在持续对抗着，对抗着，对抗着。

马卡比仍未占据上风。

他再次尖叫一声，这一次显得更加绝望，那是一种发自心底的绝望。他抬起脚，调整肩膀的角度，将身体的重量转移到匕首上，刀尖终于一点一点地向下移动了。

越来越下。

越来越下。

终于，刀尖触碰到爱丽丝的深色皮肤，并且刺破了她的皮肤。马卡感觉到皮肤被撕扯开来。他看到了血迹。马卡比继续抬起臀部，身体用力下压，刀尖刺破了颈阔肌，一厘米，两厘米。血液开始流淌下来。第一滴血落在地上。

爱丽丝没有说话。

他继续用力。

她继续向后退。

他继续用力。

她用力抓住马卡比的手腕，用力之大，以至于他的手指开始泛紫。

他占据了上风。

爱丽丝松开了自己的右手。刀尖又向下刺了一厘米。

对方应该痛得尖叫。然而，爱丽丝并没有。

她突然蹲了下去，用尽全力抓住马卡比的腹股沟位置。

马卡比后退一步，痛呼出声。爱丽丝抓得更紧，并且越来越紧。

爱丽丝用左臂承受住对方的全部体重，用中指按压住他的手腕压痛点。马卡比痛苦地放开了匕首。爱丽丝扭转身体，将他甩到身侧，翻身跨坐在他的身上，同时继续加大右手的力量。

最终，她放开了手。

马卡比哀嚎着，不断喘着粗气。他从未感受过这样的痛苦。

她将匕首从颈部移开，扔到地上，接着握紧拳头，有规律地捶打马卡比的脸部；先是左边，再是右边，然后是左边，接着再是右边，循环往复。

等到她住手的时候，马卡比已经动弹不得了。他的鼻子呈现出了一种不可思议的角度。嘴唇裂开。左眼已经肿胀不堪。脸上的鲜血、泪水、汗水，聚成一滩血水。鼻孔里不时地冒出气泡。

爱丽丝揉着自己的双手。它们已经有些淤青，所幸没有骨折。她又摸了摸颈部的伤口。看起来伤得不轻，不过不会危及性命。

她暂时死不了。

"身手不错。不过，想要打败古利人，你还太嫩了。"

她捡起了马卡比使用的匕首。

用刀抵住他的心脏。

"咱们地狱再见，伙计。"

没错，古利人……地狱……继续比赛……马卡比心想，他仍然清醒，但已无力为继。

纳巴泰人只看得到爱丽丝的头发轮廓和她眼中不舍的神情。

……继续比赛……

马卡比等待着心脏被刺穿后死亡亲吻的温暖气息，他希望能在往生之后看到自己的母亲，如果能够的话，他想要见到她，跟她在一起，让一切结束。在那一刻，他选择拥抱死亡——内心甚至产生了某种对于死亡的热望。

他已经准备好了。

然而，就在下一刻，爱丽丝的脑袋倾斜到了一种近乎不可能的角度，侧倒了100度以后，重重地跌落在她的肩膀上，接着又掉落在地上，鲜血四溅。

匕首撞击地面，发出叮当的声响。

巴依萨克罕

德国柏林，里斯滕伯格，Arendsweg 大街 11 号，公寓楼 1H 房间

巴依萨克罕只穿着一件粉色的病号服，正在俯视着失去生机的古利人和如同烂泥般的纳巴泰人，努力承受住爱丽丝的体重。

他所做的不过就是紧紧捏住爱丽丝的颈背，结果那只仿生学的神奇手臂达成了意想不到的效果。马卡比和他的母亲曾经向这个东胡人解释过这只手的功用，详细描述了每厘米压力和增加的握力。纳巴泰人总是喜欢喋喋不休。巴依萨克罕没有过多留意他们的话。他相信眼见为实。

他用手压碎了眼前古利人的皮肤、肌肉、骨骼，仿佛压碎的不过是一把稻草。在 3.7 秒以后，巴依萨克罕手中捏着一段黏糊糊的成粉末状的脊椎关节。

他放开了对方。她的身体倒向一边，脑袋跟躯干之间只剩下少量血淋淋的骨骼和纤维组织。她的身体颤抖着，痉挛着，生命力缓慢地抽离出她的身体。如此的缓慢。

几秒钟后，她再也不动了。

巴依萨克罕向着古利人被撕裂的尸体吐了一口唾沫。

爱丽丝·乌拉帕拉已死。

她的终极游戏结束了。

在她身侧，马卡比的胸腔仍在起伏。伤得很重，但是还活着。

"这只手挺不错的。"巴依萨克罕平静地说，似乎马卡比并未受重伤，似乎一米外的叶卡捷琳娜还在呼吸。

巴依萨克罕回忆起自己在土耳其跟卡拉对战时的情景，当时马卡比以类似的方式救了他的性命：他偷偷地潜伏在苏美尔人的身后，趁其不备从背后攻击他。

"我们扯平了。"巴依萨克罕一边说，一边盯着这只不可思议的手。

马卡比只能呻吟着表示赞同，他的嘴唇完全肿胀起来，一颗断裂的牙齿插进下嘴唇。这头小野兽完全不费吹灰之力就能杀死他。这样就有两名选手瞬间消失。马卡比再清楚不过，他甚至很感激这个东胡人表现出来的幽默感，或者说是感恩之心，或是其他的某种情绪。

他很感激，同时也很惊讶。他很快就会失去意识，任由这个东胡人摆布，他们的角色完全倒转。

巴依萨克罕把手伸进病号服，用手挠挠光秃秃的屁股。"我要尿尿。"说完，转身离开了房间。他的脚步声要比马卡比的脚步声更轻。爱丽丝·乌拉帕拉的判断正确。

马卡比的眼前突然一片漆黑。

然而，跟古利人不同，他将会再次苏醒。

萨里·乔普拉
印度锡金，永生谷，सूरज की आख़िरी किरण

做梦的人变成了萨里。

噩梦连连。

她看到整件事情发生，一切历历在目。爱丽丝躺在地球另一端的某间卧房里，惨死在异乡。萨里尖叫着，悲泣着，用力踢打那个纳巴泰人，挥舞着长钉装饰的手杖，向着东胡人打去。

然而，她的攻势完全穿透他们的身体，仿佛她是鬼魂一般。

在梦中，时间过得飞快。萨里看到两人收拾东西准备离开，马卡比将手臂搭在身高较矮的巴依萨克罕肩膀上，而巴依萨克罕爱怜地看着自己的手。

只剩下爱丽丝。

冰冷的，残缺的尸体。

优秀的爱丽丝。高贵的爱丽丝。

死去的爱丽丝。

萨里跪倒在她的尸体旁边，试图维持爱丽丝的体面，然而这是不可能的。

萨里意识到，她所看到的并不是梦境。

在外面世界拼命保护她的小爱丽丝的那位选手已经不复存在。

这简直是一场噩梦。

萨里穿过房间，试图追上那两个人，但是，在离开房门后，她被传送到了另外一个地方。

萨里发现自己置身于一个小型的石头房间，全身浸在齐颈深的水中，冰冷的水面泛着幽幽蓝光，将波浪起伏的光线折射到墙壁和屋顶。

她尝到了水的味道。

有些咸。

她趟水前行，找到一块面积不大的筑堤，挣扎着爬上了岸。她浑身赤裸着。除了远处传来的海浪声，没有任何声音。

墙壁上，雕刻着许多文字。梵语、苏美尔语、埃及语、凯尔特语、哈拉帕语，还有一种萨里从未见过的语言——完美雕凿而成的文字，由横线、竖线、圆点组成，类似于盲文系统。

在这些文字中间，夹杂着貌似随机排列的一串现代数字：

040113984451340743718763784529110365661021319646521 58293456。

萨里沿着墙壁走，用手指触摸着这些文字。

她能够读懂梵语。那是来自《摩诃婆罗多》的篇章。关于这首印度史诗，她早在九岁的时候就背下了全篇文字。这部史诗讲述了德罗纳以及阿周那、迦涅王及其战功、黑天神克利须那以及德瓦尔卡战役、Shikhandi 以及毗湿摩；还讲述了俱卢之战。

讲述了四种人生目标，也许不全是高尚的目标："dharma"、"artha"、"kama"、"moksha"。

它们分别代表：正直、繁盛、欲望、解放。

所有人生存、奋斗、甘愿为之抛头颅洒热血的目标。

在她走动的同时，水中的光线变暗了，最终陷于彻底的黑暗。

海浪的声音也消失了。

数字上闪现出光芒。

这里有，这里有，这里也有。

其中的十个数字突然飞到房间中央，不断盘旋在半空中。

4922368622。

萨里知道，这些数字是关键。也许，从某种意义来说，它们是爱丽丝送来的临别礼物。

她必须记住这些数字。

她试图抓住数字，将它们保留下来，但是它们穿过她的手指，如同徜徉在花园中的蝴蝶。

突然，出现了一种嘶吼声。

短短几秒钟内，这种嘶吼的音量升级到了震耳欲聋的地步，萨里

165

被吓醒了。嘶吼声消失了。贾马尔在她的身旁，仍在沉睡。小爱丽丝睡在相邻房间的巨大石床上，也在沉睡着。

萨里挣扎起身，在床头柜上找到一张纸，匆忙写下这些数字。她确实记住了十个数字。它们就在这张纸上，存在于这个真实的世界，来自梦境的馈赠，来自爱丽丝·乌拉帕拉的道别，愿神与她同在。

刘安

日本冲绳县，那霸市，鸟岛 22B 号

在后院里摆放了一些"以防不时之需"的小玩意儿之后，刘安爬上了这栋建于战前的四层木屋后墙。不到一分钟，他就爬到了屋顶。现在是早晨 3 点 13 分。这栋房子坐落在山顶，从屋顶可以看到山下的海面。那霸还在沉睡，就像是半废弃的城镇；自从陨石摧毁了此地的海港，许多人因为恐惧而逃离此地。

刘安穿得像个忍者。松垮的黑色棉质裤子、平底软鞋、黑色长袖绵 T 恤、露指手套、戴上了帽子、用围巾遮住脸、肩上的小背包被紧紧地系在腰间以防晃动——里面还有一些小装备，包括：胸口挂着两颗烟幕弹，左边裤兜里装着一支瓦尔特 PPQ 手枪，摆成了适于右手抽拔的角度、双开关遥控器、缝在左侧袖管的击发装置、缝在右侧口袋的雷管、左侧口袋拉链里的智能手机。

最重要的是，他的胸口戴着那串用头发和血肉做成的项链。

那是他的护身符。他的救赎。他的爱情。

从此以后，永不分离。

屋顶上装了四个摄像头。刘安躲过了它们的监控，但是没有做到最彻底。他认为，亚巴顿秘密揭晓以后，政府当局根本无暇顾及入室盗窃之类的案件。

也许，他这身伪装根本就是多此一举。

不过，忍者装是在向他所爱之人致敬。考虑到这栋房子的主人是谁，刘安认为这样穿着是再妥当不过的了。

这是武田家的住宅。住在里面的千代子的家人。

他来到屋顶的门口，将智能手机放置于小型键盘上方。屋顶摄像机必定看到了他的踪迹。也许，屋里的人们已经在赶来的路上。

来迎接他的人们。

但愿他们像千代子一样，能够有所克制。刘安不想在今晚被杀掉。

他还不能死。

他有话跟他们说。

他滑动智能手机的屏幕，选中了一个自制应用程序。3.4秒以内，这个程序运算出了202398241种密码组合，通过无线传输给键盘。最终，他发现了开门密码：202398242。门锁解开了。

刘安转动把手，打开大门，走进室内，轻轻关上大门。没有警报声，没有高呼声，没有脚步声，没有黑暗中射来的子弹呼啸声。

只是一片静谧。

千代子必定会喜欢这种方式。

也许武田家都喜欢这种方式。

也许他们都是哑巴，刘安心想。

刘安取下围巾和帽子。他的眼睛下方有一块新的泪滴状文身，有一种油般的光泽感，文身周围的皮肤因为受到刺激而有些红肿。

他悠闲地走下楼梯，双手做出一种友好的手势，以防在途中遇到什么人。

然而，他一个人都没有遇见。

他来到最顶层。只有一盏过道灯。四扇滑动门，其中三扇门被打开了。经过观察，他发现这些房间都是卧室，地上铺着榻榻米，里面空无一人。他走到第三扇关闭的门前，将它推开，里面有一张西式风格的床，门口放着一个锡铅合金的铃铛，一根线连接着墙壁。窗户俯瞰山下的港口。床对面的墙上挂着一幅画。画面呈现鸟瞰角度，描绘的是一条蜿蜒曲折的河流，流露出安宁祥和的气质，就像千代子一样。

然而，刘安知道，河水无比坚韧，百折不挠，无孔不入。

就像千代子一样。

他走进这间空房间，嗅着里面的味道。

他能够闻到千代子的味道。

这是千代子的房间。

他深吸一口气，把千代子的味道吸进了自己的肺里，随后迅速离开，继续搜寻。

走下一级台阶，他看到两间空卧房、一间书房、一间浴室。仍然没有人。

再下一级台阶。他看到了一间厨房、一间茶室、又一间浴室、一间装有西式壁炉的起居室；橘色的火苗在里面跳跃燃烧。

一个光头男子，身穿简单的蓝色和深红色相间的条纹和服，安静地坐在一块圆形地垫上，深色的眼睛圆睁，直直盯着刘安。

在他面前的小台几上，放着一把拥有1329年历史的无鞘武士刀、留有面包屑的白色瓷盘、一只不知空或是满的茶杯。

"你好。"对方用日语说。

刘安的眼睛盯着武士刀，抬起了他的双手。"我很抱歉，先生。但是我不会说日语。"他用中文回答。既然千代子听得懂中文，他期望对方也能听懂中文。

"没关系，我说中文就好。"对方用中文回答。他看到了刘安脖子上的那串项链。用耳朵、头发、血肉编制而成的项链。

"我的名字是刘安。我是第三百七十七区的选手。我是商族人。我很抱歉以这种方式来到您的家。我想，如果按门铃的话，您肯定会拒绝见我。"

刘安已经很久没有这样正儿八经地讲话了，他觉得有些费力，需要集中精神。这件事情比他想象的更加吃力。他时刻提醒自己，绝不能表现出任何鄙夷态度，同时保持语调的中肯态度。

"我的名字是武田信行。你说得没错，我必定拒绝见你。甚至更糟。"他伸出手，握住武士刀，但是没有抬起来。

"您是千代子的……什么人？"刘安问，"您是她的父亲吗？"

"她是我的侄女。"

"真是抱歉，武田先生。我必须告诉您的是，您的侄女已经死了。"

信行猛地站起来，抓起武士刀。房间另一侧的刘安发现，信行湿润了眼眶。

"你务必赶紧告知实情。如果说谎的话，我能分辨出来。"

刘安向他点头示意，简单表达了敬意。"她死于巨石阵。我也在场。

地面震颤的时候，其中的一块巨石正好砸中她了，她的下半身完全被砸烂了。她当场就死了。"

"你目击了全过程？"信行的声音很平稳，没有恐惧，没有悲伤，但是掷地有声。

然而，他的脸颊上淌下一滴眼泪。

刘安摇了摇头。"没有。我失去了意识。另一位选手，一个卡霍基亚人射中了我的头部。"他指着自己星星形状的缝合伤口说："如果不是因为这块金属板，我想我死定了。"

"还有其他人吗？"

"是的。一个叫做杰戈·特拉洛克的奥尔梅克人也在场，他向来跟那个卡霍基亚人为伍。还有一个卡霍基亚人的同伙，但不是参赛选手。他也被杀死了。"

"那么你呢？你跟千代子合作吗？"信行的语气有些疑惑。他知道，千代子是不可能跟他人组成联盟的。她总是独自行动。这是她的众多优点之一。

刘安再次摇了摇头。"不太准确。不过我们确实……达成了某种共识。一种协议关系。"

最后一句话说得有些勉强。

"你了解她吗？难道你们真的超越比赛的界限？"

"武田先生，"刘安改用日语"Takeda-san"称呼对方，他知道的口语单词不多。"我们没有超越比赛的界限。正如千代子所说，她为生存而战。于我而言，这句话对她具有不同的意义。其中，比赛意味着一切。超越游戏就是超越生命。"

信行重新跪坐到地上，但是没有放下那把武士刀。刘安的话语令他感到好奇。"把一切都告诉我。说说你跟她之间的事情。"

"我是在比赛中认识您的侄女的——事实上，在誓师大会之后，我们初次相遇是在五金店里打了一仗。最终我们的表现平分秋色。她的速度相当快。她的气筒简直无人能敌。"

"这一点我很清楚。"

"甚至有传染性。"

"这是什么意思？"

"我生病了，武田先生。我的族人使我得了病。我的身体在抽搐中逐渐衰弱，最糟糕的情况下，它们甚至阻碍了我的思考和行动。它们是童年阴影的产物，充满暴力恐惧的回忆。他们把我变成了一头野兽。"

"你们都有着可怕的童年。"

"我跟其他人不同。"

"也许是的。但是你们并没有全都变成野兽。"

"您很爱她，是吗，武田先生？她懂得什么是爱？"

"我爱她，刘安。即便她已经不在了，我依然爱她，甚至爱得更深。"

刘安低下头，下巴几乎抵到胸口。他看到脖子上挂着的项链，那里挂着她的头发、她的耳朵、她的眼皮。"我也爱她。"刘安无声地说。

"她也爱我。她是第一个、也许是唯一一个爱我的人。唯一一个。"

"如果你生病了，为什么没有任何症状？你所说的抽搐呢？"

刘安抬起头，看着武田信行的深色眼眸。壁炉里的火苗发出劈啪声。屋内没有其他的声响。

"她治好了我。她的气治好了我。她的爱治好了我。"

信行举起武士刀，指向刘安的咽喉。他们之间相隔四米。

"你脖子上挂的是什么？"

"这是我能够留下的你侄女的遗体。她给予我的最后留念。这些东西是我继续活着的信念。"

"是你把这些东西割下来的吗？你亵渎了她的尸体吗？"信行咆哮着说。

"我很抱歉，先生。不过她肯定会同意我这么做。我向你保证。如果我不是这样想，我绝不会这样做。"

信行的眼皮抽动了一下。刘安理解他的心情。看得出来，信行在努力克制内心的愤怒。

他的语调发生了变化。他的语气改变了。"你说过，我的侄女是为了生存而战。我认同这一点。但是，我现在要问你，商族人，你的目的是什么?"

刘安叹了口气说:"武田先生,我不是为了求生。生命对我来说太残酷。死亡也许更有吸引力。我宁愿杀死所有选手——包括我自己——让这场比赛没有赢家,让所有人都彻底消失。我宁愿看到人类全部灭绝,让我们来自外星的祖先们被彻底消灭和彻底遗忘,也不愿意继续过着这种满是谎言、伪善、残酷的人生。我的内心还在回荡着这种声音。人类不应该继续存活在地球上,地球上不应该再有人类的踪迹。"

"但是……"武田盯着刘安说。

"但是……我遇见了您的侄女。她唤醒了我内心的某种东西。我发生了改变,也许只有一点点。我希望您以及您所代表的古老而脆弱的族群,也许是最接近创世者的族群,能够帮助我意识到这种改变,并且让这种改变持久存在。"

"你是打算做什么建议吗?某种互利共赢的计划?"

"没错,我想要谦卑且满怀敬意地宣布,我要断绝与族群的关系,为您的族群战斗。千代子应该活下去,应该赢得胜利。我没有资格,我的族群没有资格在大事件中幸免于难。相反,我认为您的族群有资格延续下去。我宣誓效忠于您,武田先生。如果您接受我的话,我将宣誓效忠于您。"

武田信行皱了皱眉头。刘安读不懂他的想法,无法判断他的回答是出乎意料或是冒犯到了这位老人。不管是哪种情况,武田信行没有说话。

"请求你,武田先生。否则,我会变回原来的样子,那个充满仇恨和愤怒的我。您能理解吗?我的内心沸腾着,几乎要爆裂,我已经受不了了……只有您的侄女能够安抚我。她是唯一能够安抚我的人。然而,她已经不在了。为了继续靠近她,我做了可耻的事情……"刘安用手摸着项链说:"我相信您会指给我一条生路,武田先生。就像千代子一样。我要效忠于幕族。我要成为幕族的一员。开普勒星人总是无视规则,它们只看重比赛和结果。如果能赢的话,我就告诉它们我决定代替千代子,为了幕族的荣耀而战斗。它们一定会认可我的做法。

我保证。我已经感觉到了。我恳求您，为了您的族群，为了我的灵魂，它已经污迹斑斑、绝望无助、千疮百孔。求您了。"

这些话语几乎耗尽了他的全部力气。他说了很长时间，完全剖析了自己的目的，近乎恳求的、哀求的语气，却很真诚。

信行将武士刀当作手杖一般站起身来。他看起来很是疲倦，苍老了许多，似乎他已经一千多岁了，时日无多。

"不行。"幕族的领袖轻声说，他的声音略微有些颤抖。

"但是——"

"不行，我的答案是不行，商族人。"

刘安的胃腹里突然升起一种空虚感。他觉得自己就要哭出声来。

刘安什么都没有说。

"我的决定并不轻率，商族人。"信行有些费力地说，"但是，我只能这样做。如果幕族注定要衰亡的话，那就让它衰亡吧。该来的总会来的。"

"求您了……"刘安恳求说。他的左手开始抽搐。

信行的声音变得更加低沉，更加坚定。"你提到了荣耀，可是你又知道什么是荣耀呢？说到敬意，你是深夜闯进我家的不速之客。你打断了我的冥想，还告诉我说，我最爱的千代子已经死了。你选择了一种貌似真诚的语气，但是所有都是借口和伪装。您甚至懒得学习用我的母语、千代子的母语跟我问候。你说要跟自己的族群和全部历史断绝关系，却只是出于最自私的目的。千代子确实年轻，但是她不自私。你的教练残忍地对待你。他们可能殴打你，折磨你。那又如何呢？"

"你在千百年前的祖先们又如何呢？他们残忍对待你了吗？下一代族人呢？他们残忍对待你了吗？也许可以挽救他们，他们全部的人，也许你能挽救他们。从现在开始，从此处开始，你可以为你的族群荣耀而战，也为千代子而战。

"这才是她想要看到的结果。我再了解不过。她很清楚作为一位选手意味着什么。而你，你什么都不知道。我很抱歉，刘安，商族选手，我不能接受你。千代子可能真的爱过你。我希望如此。但是，这并不代表我能够接受你，不代表我的族人们能够接受你。如果你有难题，你必须自己解决。我没办法拯救你。"

"但是……"刘安的声音越来越弱，愈发含糊不清。他已经无话可说。

"现在，我要请你离开了。不过，在此之前，我必须向你提一个要求。"信行抬起武士刀，更近地指向刘安。"如果说，我的侄女——我最爱的千代子——在这个世界上的唯一遗物是你戴在脖子上的那串东西，那么我必须要求你把它归还给我，我的族人将以英雄的待遇来纪念她，为她举办一场体面的葬礼。"

眨眼。

眨眼抽搐眨眼抽搐。

抽搐。

刘安后退一步。"不可以。"

信行继续向前，将刀刃抬得更高，他弓着背脊，对着地面说："你必须把它给我。这是你应该表达的敬意，选手，这一点没得商量。"

刘安轻轻弹开左臂的保险开关，信行没有注意到这个小动作。

"不行！"

信行继续弓着背说："你必须把它给我。"

刘安伸手解开手枪皮套。此时，信行突然站起身，猛地向前冲刺，如同巨人一般。在 0.5 秒之内，他完全跨越了两人之间的距离。武士刀劈向了刘安，后者毫发无损撤回走廊里。

信行继续攻击，这次的目标是刘安伸开的那只手，干净利落地切下手枪的枪口，击发装置瞬间失灵。

此时，刀刃的角度变低，刀尖冲着地面。刘安没有丝毫犹豫，直接用手枪猛击信行面部。对方痛呼出声。刘安躲过刀刃，转而攻击信行的下盘。千代子的叔叔倒在地上。刘安扔掉手枪，一脚踩在信行握刀的手上，骨头发出碎裂的声音。用布包裹住的刀柄展露出原本的样貌。

刘安弯下腰，捡起了武士刀。

抽搐眨眼抽搐。

"站起来"—眨眼—"站起来。"

信行站了起来。面对着刘安。瘦削的、长相普通的刘安，作为选手的刘安。

信行用手腕背部揉着自己的脸颊。刘安用双手握住武士刀，把它高高举起，蓄势待发的样子。

"简直乱来，没礼貌的臭小子。"信行的牙齿沾染了血迹。

"够了。"刘安说，"不要"—眨眼—"不要再说了。"

"如果你乖乖把项链交给我—充满敬意地——我会重新考虑你的建议。"

说话变得越来越困难。眨眼眨眼眨眼眨眼眨眼。说话变得越来越困难。颤抖颤抖颤抖颤抖颤抖。

"通过测试？那样你就会"—眨眼—"你就会"—颤抖—"你就会接受我？"

"是的——"

然而，信行的回答被打断了。刘安用这把古老的武士刀——比刀刃更锋利，比钻石更坚硬——从左肩到右臀，将信行斜着切成两段。除了脑袋和小肠，信行其他的身体主要器官都被切断。然而，刀锋的速度之快，使得他在原地站了一会儿，脸上带着惊讶的表情。随后，他的脸色变得苍白，几秒之后，他的上半身跟下半身分开，掉落在地。接着，他的下半身倒向一边。

刘安剧烈地呼吸着，他的背脊拱了起来，他的思绪有些混乱。他松开了一只手，伸到口袋里，按下了雷管。

外面的院子里，一枚燃烧弹被点燃了。他听到玻璃震碎以及烈火熊熊燃烧的声音。一阵炙热的气浪吹过，吹动了宽松的衣袍。他已经闻到了木头烧焦的味道。年代悠久的武田家宅就要在几分钟内灰飞烟灭。

刘安迅速走向前门，身侧继续拖着那把武士刀。又得到一个战利品。他戴上黑色头巾，背后传来滚滚热浪，又用围巾遮住因抽搐而嘎吱作响的脸颊。

他走到前门，打开房门，扣住金属环，用力一拉。

再见，那霸。

再见，日本。

再见，世界。

再见，终极游戏。

他再次触摸着千代子，触摸着她的头发，她的皮肤，她的耳朵。抽搐再次消失了。

他走下楼梯。

"我为死亡而战。"他低声说。

"我为死亡而战。"

杰戈 · 特拉洛克，莎拉 · 阿洛佩、伦佐

墨西哥塔毛利帕斯州，巴耶埃尔莫索郊外，私人停机坪，在伦佐

的塞斯纳 CJ4 私人飞机上

自从在总统演讲后突然发作嚎啕大哭以后，莎拉一直在昏睡。她睡了整整十九个小时，而且还没有醒转的迹象。

伦佐将飞机停靠在巴耶埃尔莫索，位于墨西哥东北角，是一座比较偏僻、偶有暴力事件发生的边境城市。飞机一路颠簸，最终在私人停机坪上滑行了好一段，结果莎拉根本没有被惊动。杰戈仍由她沉睡着。他小心翼翼地从莎拉口袋里拿出大地之匙，将它放置在自己的口袋里。他们把莎拉独自留在机舱里，派了两名武装警卫守在外面，严格叮嘱他们不要打扰她。杰戈还留下了一部手机，便利贴上写着自己在当地的号码。这样，她醒来后就能打电话给他。

不过，她没有醒过来。

在她睡着期间，伦佐和杰戈来到位于一英里以外的一处土坯房屋中，跟 67 岁的奥尔梅克族人玛利亚 · 雷耶斯 · 桑托斯 · 依兹尔见面。他们吃了牛舌玉米饼、加了辣椒和椰片的水煮红鲷鱼、奶油冻配 pablano 辣椒酱，还看了一场墨西哥足球比赛。杰戈向玛利亚 · 雷耶斯 · 桑托斯 · 依兹尔展示大地之匙，玛利亚把它放在手中来回摆弄，从不同角度进行观察。"真漂亮。"玛利亚用西班牙语回答说。她震惊地发现，体积如此小的物体竟然蕴含着如此大的力量。杰戈和伦佐各自喝了两杯啤酒，又睡了 6.33 个小时。他们对房屋的主人表达感谢，随后跟她告别。玛利亚依然用西班牙语祝福他们："一路顺风。"杰戈回答："上帝与我们同在。"他回到加满油的机舱，叫胡里亚纳通知杰戈父母，说他们随后就到。

"你必须让那个老女人滚开。"杰戈站在机舱外面，跟他的父亲对话。他的手指抚摸着机翼的前端。

莎拉还在睡着。

杰戈走进机舱，坐在她的对面。他看着她，足足看了半个小时。与此同时，他在指间不断摆动大地之匙，看着它陷入沉思，试图找出玄妙之处，未能如愿。

但愿这把"钥匙"能够开启一扇门，引领人类历史的新篇章。

但愿开普勒星人推行的终极游戏不像传说的诸多黑幕。当然，这就是问题所在。在痛苦真正来临前，已经让我们生不如死。他参加游戏时间越长，他越是憎恨这些来自外星球的臭杂种们。这些所谓的神。他希望自己有机会将其根除，而不是相反的结局。

然而，这是不可能的，他很清楚这一点。

终于，莎拉动了一下。

杰戈将大地之匙放在舱壁内置的防火嵌壁式储物盒中，并且上锁。

大地之匙很安全。

他再次将目光投射到莎拉身上。她用握成拳的双手揉眼睛，试图驱赶浓重的睡意。随后，她咽了一口唾沫，伸展双腿和背部肌肉，放松了脚趾。

"嗨！"杰戈跟她打招呼。

莎拉眨了眨眼睛，看向杰戈说："嗨！"她的声音很沙哑，带着一丝性感和自信。杰戈很欣慰，莎拉看起来已经恢复大半，很像他在中国的火车上遇到的那个姑娘，那个跟他调情的姑娘，那个跟他一起参加比赛最后拿到大地之匙的姑娘。

很像原来的莎拉·阿洛佩。

"我睡了多久？"

"十九个小时多一点。"

"什么？"莎拉支起手肘，环顾四周，试图看清窗外的景象。

"没错，十九个小时。我从没见过有人睡这么长时间。有一次，我在安第斯完成训练任务，结果睡了十二小时，但是从未超过十二小时。"

"你怎么不在降落时叫醒我？"

"我试过，你睡得跟死猪一样。"

莎拉抬腿坐起身来："好吧，我现在醒了。"

杰戈微笑着说："我很高兴你醒了。"

"听着，在伦敦的时候。我……我不应该逃走的。"

"我告诉过你，我并不生你的气。我很理解你。你被吓坏了。"

"没错。但是，我不应该丢下你。"

"你当时以为我死了。没关系，莎拉。"

"不，不是的。你肯定不会那样抛下我，独自离开。"

"你说得没错。"

莎拉感觉心脏被重捶了一下。她的胃里似乎被什么东西堵住了。"我不应该抛下你不管的，费奥。"

"没关系，阿洛佩。真的没关系。希望你以后别这样就行。"

我配不上他，莎拉心想。她努力不去想克里斯托弗。她努力了，却又失败了。我谁都配不上。

"不要想他，莎拉。"

"我表现得很明显，是吗？"

"没错。不要想他。你必须这样做，你拿到了大地之匙。该做的都已经做了。"杰戈伸出自己的手。莎拉握住了他的手，紧紧握住。"我忍不住不去想。仅仅是这样坐着，跟你一起，我还是会想他。想到我们经历的事。"

杰戈不知道怎么安慰她，因而什么都没说。

"我做了一件可怕的事，杰戈。"

"你必须要原谅你自己。你必须找到解脱的方法。你一定会。我会帮你。"

莎拉再次握紧了杰戈的手，目光透过他的肩膀上方，看向窗外，突然，她注意到外面的飞机库。她的家人住在内布拉斯加西北部奈厄布拉勒河上的卡霍基亚聚居地，他们不可能拥有一座飞机库。

她的眉头皱了起来。"等等——我们不是在内布拉斯加吗？我给过你坐标。我看见伦佐在导航仪上输入了坐标。我不是在做梦，没错吧？"

"你不是在做梦。"

"那我们现在该死的是在哪里？"

"我们的计划有变，莎拉。"

莎拉放开了杰戈的手，起身站了起来。她忘记头顶的行李架，砰地一声撞到脑袋，跌坐回自己的座位上。她揉着自己的脑袋，发觉自己的头发简直一团糟。杰戈倒是觉得这发型不错，挺性感的，他知道现在自己不应该想这些。

但是，他只是一个十九岁的少年，接受再多训练也无法控制这种念头。

莎拉闷声说："什么叫做'计划有变'？"

"我们正在奥尔梅克族位于墨西哥的私人停机坪上。我们需要加油。"

"为了去内布拉斯加？"

"为了去秘鲁。"

莎拉的五官皱在一起，"你说什么？"

"我们需要将大地之匙呈给族中的一位智者。她会知道我们需要去向何方。她会帮助我们找到天空之匙。"

"杰戈，我不想要别人帮我找到天空之匙。我想要见我的家人，我必须见到他们！"

"然而，你不会见到他们。现在还不行。亚巴顿正在——"

莎拉跃过狭窄的过道，跳到杰戈面前，泄恨似的用拳头捶打着他的胸口。杰戈任由她去发泄。莎拉并不想要弄伤他，使的力道确实也不疼。

"莎拉——"

"你不懂。如果我不见到我的家人，我肯定活不下去了！"莎拉说。

"莎拉——"

"我很不对劲，杰戈。不知道是什么原因。我的身体里面好像有什么东西碎了。"

"我明白，莎拉。"杰戈低声安抚她，以防伦佐在门外偷听到。"这就是你不能见家人的原因。"

她捶打着杰戈的胸膛。这一次，杰戈抓住了莎拉的手腕，不让它们乱动。她很强壮，可是他更加强壮。她瘫倒在地，跪坐在自己的脚上，双手打开，撑在了杰戈的胸前。杰戈松开了她的双手，把他的一只手放在莎拉的头顶。

"我很抱歉，莎拉。但是，你现在无法做出理智的决定。我必须替你做决定。如果我们易地而处，你一定会认同我的看法。"

"但是，你说过你想要帮助我。如果那是真的，请你让我见到家人吧。他们能够帮助我。"她的声音平静而哀伤。

"也许是的，也许不是。"

"他们能够帮助我，我就是知道。"但是，她的语气听起来不那么确定。

"你想听听我的想法吗，莎拉？我认为，只要你继续比赛，你就会没事的。只要你不想着大地之匙或是克里斯托弗或是大事件，只要你对任何事物适时做出反应，你就会没事的。这就是我要带你去的地方。我要带你回去比赛。回到终极游戏。回到比赛。你可能已经准备放弃，但是我还不准备放弃你。这就是——这就是我选择的帮助你的方式。"

"我想要回家。"莎拉低声呢喃。

"我也有想要的东西，但是我并非总能如愿。"他抚摸着莎拉的头发，用手指绕着她的乱发。莎拉将脸颊贴在杰戈的大腿上。现在，他想要拥抱她，亲吻她，扯掉她的衣服。这种念头比什么都强烈。

现在，他希望终极游戏不是真实的。

然而，终极游戏是真实的。

"其他选手对于眼前发生的事情没有感觉，他们不走弯路。他们继续比赛。据我们所知，全世界最危险、也是最致命的七个人——不算你和我——正在千方百计地寻找我们，寻找大地之匙。据我们所知，他们距离此地只有五十英里，而且正在迅速缩短距离。据我们所知，有人正在使用狙击步枪或是火箭推进榴弹或是军事望远镜瞄准机舱内的情况，甚至正在窃听我们的谈话。我们不能让他们得逞。我们不能束手就擒！我们不能让大地之匙落入他人之手，或是牺牲掉我们中的任何一人。我们必须团结，彼此守护，确保大地之匙的安全，并且寻找天空之匙。这是我们的下一步计划。他们在比赛。我们必须继续比赛。"

莎拉将一只手放在他的膝盖上。

"我可以去，"她说。"我自己去。"

他的心脏漏跳了一拍，这种可能性简直叫他心惊肉跳。然而，他知道这不可能发生。

他知道原因。"大地之匙在我手里。"

莎拉向后退了一些。"你这是什么意思？"

"别担心。大地之匙现在很安全。"

莎拉左右环顾，迫切地问："它在哪里？到底在哪里？"她将指甲深深嵌进他的大腿。

"就在飞机上。"他突然感到困惑，是否应该告诉她大地之匙的去处。"这就是我们去秘鲁的原因。那里住着一位奥尔梅克族的长辈，她会帮助我们。是我们，莎拉，你听到了吗？"

她没有听到。"我需要大地之匙，杰戈。你说对了一件事——我不能失去它。我不能成为引发大事件的罪魁祸首，然后弄丢了大地之匙。以某种方式……以某种方式……以某种方式……大地之匙是我的救赎。"她的声音减弱，目光带着恐惧，四处环顾着。

杰戈的心脏被重击了一下。她已经被毒害了。难道是大地之匙对她做了什么？或是终极游戏？她的族群是否有所缺陷？抑或是她的坚强面具之下原本就很脆弱？

不对。

他不这么认为。

她的指甲不断嵌进他的皮肉。他抓住莎拉的双手，迫使她看着自己的眼睛，身体前倾。

他依然能够感觉到。

感觉到莎拉眼中的力量。

"没关系，莎拉。一切都会好的。"

伦佐发动了飞机引擎。他的声音从广播里传了出来。

"五分钟后起飞，杰戈。"

杰戈按下了舱壁上的解除警报键。

"我要见我的家人。"莎拉继续重复。

"不行，我不允许。"

"我必须见他们。"

"你不能见他们。我不会让你见。"

"难道我是你的囚犯吗？"

飞机向后倾斜，朝着阳光明媚的墨西哥飞去。

"没错，我不让你走。我不能让你走。"杰戈回答说。

引擎开始加速运转。

"准备降落。"伦佐在广播里说。

"我们要一起赢得比赛？"她说。

"是的，我发誓。"莎拉抬起头，杰戈将她的脸颊拉近。他们亲吻着，亲吻了很长时间。"我发誓。"杰戈不断重复说。接下来，他们谁都没有说话。

①

---

① http://goo.gl/i8zNDA.

艾斯林·考普，格雷格·乔登，布里奇特·马克罗斯基，波普·考普

美国纽约，杰维斯港，中情局安全藏身处

再次看到波普的时候，艾斯林给了他一个漫长而温暖的拥抱，两人抱着摇来晃去。波普亲吻了艾斯林的双颊。两人继续拥抱在一起。这时，艾斯林其实是在用古凯尔特语在波普耳边低语："他们有没有伤害你？"

"没有。"

"你信任他们吗？"

"一点点而已。"

"你觉得他们能帮助我们吗？"

"是的。"

"那就看看事情如何发展吧。"

"赞成。"

他们用极快的语速很隐秘地进行交流，甚至没有动用嘴唇，中情局官员没有注意到他们的小动作。

第二天早晨，艾斯林和波普并肩坐在战情室一张桌子的首席位置，准备聆听乔登的演说。他站在艾斯林身边，手中拿着一个遥控器。马克罗斯基坐在桌子另一侧的笔记本电脑旁边。马尔斯不在这里。

"也许我们该抽根大麻烟。"马克罗斯基说。

乔登哼着说："没错，尤其是在听完总统演讲后。"

艾斯林忽略了其中忸怩作态的幽默感。"我还以为你们这群锅盖头（"锅盖头"是对美国海军陆战队士兵的谐称）早就知道这颗巨大的流星了。"

乔登按下遥控器。远处的一块屏幕亮了起来。

"没错。但是，从总司令那张神圣的嘴巴里听到真相，总是令人更加清醒，不是吗？"

"另外，我们不是锅盖头，我们是间谍。"

"玩笑少说，"乔登说："马克罗斯基，加载个人资料。"

艾斯林观察着马克罗斯基的肢体语言，她的手指在键盘上动得飞快，显得从容淡定，充满自信，就像商人一样。简直毫无道理。她的身上没有一丝口是心非，更是没有散发出阴谋的气息。乔登也是如此。他们就像受过训练的专业人士，做着已经重复数百次的工作：时刻准备着向他人描述坏人，以及应付他们的方法。

艾斯林也知道，根据肢体语言判断对方的内心意图，这种联系并不绝对。她知道，这两个人至今什么都没有告诉她。

他们在隐藏着什么。究竟是什么呢？

艾斯林思考着，屏幕上出现了模糊的图片。那是一张黑色的卡片，背景是一个红色的靶子。标题写着"致终极游戏选手"。

"你们自己做的图片吗？"艾斯林语带讽刺地说。

"我们不是平面设计师，考普小姐。"乔登表情冷漠地说。他再次按下遥控器，图片变成了两行矩形，上面一行有六个矩形，下面一行有七个矩形。

艾斯林看到了自己的护照照片。还有：刘安，看起来像是睡着了或是死了；武田千代子，绝对是死了；杰戈·特拉洛克在街角被拍到的模糊照片；一张更清晰的莎拉·阿洛佩在机场出现的照片；马卡比·阿德莱的清晰大头照；一张看似美国孩子的护照照片，金发碧眼，浅色的胡须。其他的六个矩形都空着，上面标记着问号。

"那个美国人是谁？"艾斯林问。"他不是选手。"

"那是克里斯托弗·范德康普，来自内布拉斯基州的奥马哈市。他的父亲是牛肉业大亨，在小行星撞击事件以前，他曾是莎拉·阿洛佩的男朋友。"

"曾是？"

"没错，他已经死了。"马克罗斯基说。"腰部以下被撞得稀巴烂，就在巨石阵。我们不清楚他出现的原因，但是他确实在那里。"

"我们推测，他跟着阿洛佩离开奥马哈。"乔登解释说。"他是全美国著名的四分卫，前往内布拉斯加开始职业生涯。他的速度很快，身体强壮，勤奋好学。他也许认为自己能够帮到她。"

"还有谁在巨石阵？"艾斯林问。

"特拉洛克和阿洛佩。武田和刘。"

艾斯林听说过，莎拉和杰戈已经达成某种联盟。但是，她不理解为什么乔登将另外两人凑作一对的理由。"幕族人和商族人也结盟了？"

"绝对是。"乔登回答。

艾斯林摇了摇头。"我真是不明白。千代子是哑巴，刘安是浑身抽搐不停的反社会人格的妄想狂。他们俩都不是寻找真爱的类型——就连友谊都谈不上。"

"反正他们确实在一起了。英国人得到了确凿的情报。"

"武田怎么了？"波普问。

"在巨石阵被一块巨石压死了。"乔登回答。

"刘安呢？"艾斯林问。

"中了一枪，头部受到近距离直射。不过他很幸运，一块金属板替他挡了子弹，最后没有死。"马克罗斯基回答。

"你说的不假，"乔登插嘴说，"我的意思是，他很擅于参加终极游戏。英国特种部队把他关押在英吉利海峡的一艘皇家海军驱逐舰上。尽管他被下了药，还被绑在轮船上，他还是单枪匹马地逃了出去。甚至还驾驶一架黑鹰直升机，炸毁了船桥，夺走了武田千代子的遗体。总计杀死27人，受伤15人，其中4人重伤。燃料用尽后，直升机遭到遗弃，沉没在大西洋里。远处的潜水艇侦察到武田千代子的遗体，但是没有发现刘安的踪迹。"

"真是令人刮目相看，真可惜他没死。"艾斯林说。

"你还知道其他死去的选手吗？"乔登问。

"我只知道米诺斯人，第五区的马库斯·罗西亚斯·梅加罗斯。"艾斯林回答。"一个不可一世的臭小子。刘安在誓师大会上杀死了他。"

"真叫人欣慰。"乔登说。马克罗斯基正在将信息输入电脑里。

"卡霍基亚人和奥尔梅克人呢？"艾斯林继续发问："他们还活着吗？"艾斯林忍不住想到意大利的那时候，当时她有机会将他们两人一网打尽，却可惜地错失了良机。她忍不住想：要是她当时杀死了他们俩，也许大地之匙就不会再次现世，那么游戏的下一个阶段就不会开始。

"他们还活着，"乔登说："他们躲过了英国空军特别部队的追捕，后者在黎明前伏击了目标人物所在的酒店。尽管动用了狙击手和非武装无人机，仍未能阻止两位选手逃脱，最终造成两人死亡和其他所有人受伤。他们成功逃脱了，甚至躲过了伦敦地铁隧道内的支援部队，逃出了伦敦这座称得上是全世界监控最严密的城市。"

"看来英国人真的不擅长这个领域，你说呢？"艾斯林问。

"确实如此。"

"我怀疑，以色列人、或是德国人、或是中国人——或是你和你的团队，乔登先生——可能会做得更好。"波普说。

"他们是选手。"

"也许是的。"乔登扭捏地说。

波普无视了他的回答。

对于世界各国秘密部队的实力对比，艾斯林丝毫不感兴趣。她说："我想，阿洛佩和特拉洛克拿到了大地之匙？"

"我们也是这样推测的，"乔登说："但是，我们不是百分之百地确定这意味着什么。我听说终极游戏已经有一段时间了，但是——"

"你是说，你已经对终极游戏感兴趣很长时间了，"马克罗斯基打断他。

"我想我们都是如此。"

马克罗斯基耸了耸肩。"是的，我想也是。"

艾斯林说："我晚点跟你们解释大地之匙。我现在迫切需要知道——你们如何得知一切？我的意思是，谁是你们的线人？"

波普在桌子下面用手肘轻推了她一下。"我也一直在困惑这件事。"

"我告诉过你们，"马克罗斯基。"我们从你的父亲那里得到了一些早期的——或者坦白说——非常令人困惑的信息，此后我们一直从纳巴泰人那里获取消息。"

艾斯林摇头说："我无意冒犯。但是你的话不能使我信服。纳巴泰人不可能会说'嘿，你是拉坦诺人。去找德克兰·考普的女儿，跟她合作。那是你活下去的唯一机会。'这绝对不可能。如果他们认为你有利用价值——他们肯定这样认为，否则他们不会费尽心力跟你说话——定会榨干你身上的最后一点价值。他们会利用你，将你招致麾下。"

马克罗斯基在椅子上稍微变换姿势。乔登仍然保持静止。

看来有戏。艾斯林心想。挖得更深一点。现在就要。

"所以说，究竟谁才是你的线人？"

"那个纳巴泰人确实想要招募我们，考普小姐，"乔登说，"说了一堆好话。全都一样，我跟他们说'不用了，谢谢'。"

"不要转变话题，乔登。他是谁？"艾斯林继续追问。

乔登不说话了。他看着马克罗斯基。她点了点头。他叹了口气说："你听说过蛇语者兄弟会吗？"

艾斯林皱起眉头。"好蠢的名字。"

"可是，你听说过他们吗？"

"没有。我应该听说过吗？"

"可能吧，"马克罗斯基说，她的声音比以往更低一些。

"毕竟你是一位选手。"

"去你的，马克罗斯基。"

乔登举起手说："冷静点，伙计们。你没听说过他们，这也没关系。真正重要的是，他们对于终极游戏知之甚多。"

"但是，他们到底是什么人？"波普继续问。

"真相就是，我们从未跟他们任何一个人碰面。"马克罗斯基坦白说。"他们总是神神秘秘的。我们之间的通信记录全都经过超级加密，行踪极其隐蔽。有时候，他们只通过谜题跟我们联系，而且这些谜题很难解开。其他时候，他们发来完全无法理解的视频，其中蕴含着隐秘信息。并且，他们效忠于一个称作'古老真理'的类宗教，疯狂沉迷于对抗所谓的堕落者。

"他们听起来像是一帮彻头彻尾的疯子。"艾斯林评价说。"作为一名选手，我明白这样说有点五十步笑百步。不管怎么说，我就是觉得他们是疯子。"

"他们第一次主动联系我们的时候，我们也是这么想的。"乔登说。"我们多年来致力于中东地区的反恐事务。最初听说终极游戏的时候，我们判断这肯定是'911'事件的继续发酵。后来，我们发现情况完全相反。我们感到非常困惑。这时候蛇语者兄弟会主动联系我们，帮助我们理清了一些思路。"

马克罗斯基窃笑着说："接着，杀人小游戏就这么开始了，然后——"

波普用手重重拍在桌上，所有人都噤声了。"这可不是什么'杀人小游戏'，小姐。也许很疯狂，但是事实。这是留给我们的重大难题，选手们肩负着解开难题的艰巨任务。如果没有解开，所有人都要遭殃。如果艾斯林没有解开，那么这个房间里的所有人都要死光。这一点确切无疑。所以，我们还是不要再谈论艾斯林发了疯的父亲以及那些不是选手的无关人物，回到我们最初的主题吧。我们还是谈谈终极游戏本身吧，现在不该谈论什么该死的组织，对于过去，他们根本一无所知。"

艾斯林差点就要反驳波普的观点，不过还是忍住了。她倒是想要继续听听乔登所谓的线人，对于蛇语者兄弟会很是好奇，但是波普悄悄推了她一下，她立刻明白了他的用意。

这些中情局特工应该明白这个道理：如果逼迫得太紧，只能得到无用的信息。假如一方想要更多，一方正好相反，就能得到有用的信息。

空气中弥漫着一种尴尬的气氛。"说得不错，考普先生。"乔登打破僵局。

"叫我波普吧，跟其他人一样。"

乔登点头说："我们回到正题吧。"

"我同意。"艾斯林说。

接着，乔登询问了其他选手的姓名和外形。艾斯林一一做出了回答。她最先说出的是已经被淘汰的卡拉，然后列举了其他几个人，像是萨里、希拉尔、巴依萨克罕、马卡比和爱丽丝，他们是尚未被淘汰的选手。此外，艾斯林还详细描述了他们的外貌特征。她的描述全部基于对方仍然活着的前提。她最后提到爱丽丝。

"她块头很大，深色皮肤，一头乱发，左眼上方有一块白色曲线型胎记。"

马克罗斯基做好记录，在网上搜索艾斯林所说的信息。几秒后，她指着电脑屏幕上的一张照片问到："是她吗？"照片中，爱丽丝·乌拉帕拉倒在血泊中，脑袋跟身体分了家。

"没错。"艾斯林不带感情地说。

"我们知道，你们中间有一个原住民，因而一直通过边境通道或是执法部门，在大范围内寻找线索，逐个盘查澳洲的原住民。昨天深夜时分，我们刚从柏林警方那里得到这条线索。"

艾斯林缓慢地摇了摇头。"我以前觉得，她不会这么早被淘汰的。我在誓师大会上见过她，看起来算是一个正直的选手。而且，她非常强壮。"

"她死得并不安详。"乔登说："简直就像大屠杀的现场。床上的女性尸体，脊椎 C-3 和 C-4 之间完全折断。爱丽丝的双手沾满了第三个人的血液，地上也到处流淌着此人的血液。她的双手到处都是擦伤和红肿，其中一只手的第三节掌骨甚至有轻微骨折。她死前肯定狠揍了一顿那个家伙——根据地面的血迹判断，对方的体型巨大——直到第四个人出现，很可能是一个脚掌很小的男性，他光着脚，偷偷走到爱丽丝背后，双手掐住她的脖子将其折断。这两个男人似乎很快离开了案发现场。"

"什么？"就连艾斯林都忍不住震惊了。"爱丽丝身上有指纹吗？"

"没有。"马克罗斯基说："但是，根据你的描述判断，大块头可能是我们的纳巴泰，马卡比·阿德莱。"

"监控录像呢？"

"没有拍到。很显然，爱丽丝在追捕某个对象，对方将两个街区半径内所有建筑内部的所有摄像头动了手脚。这个公寓里面安装了特殊的设备。"马克罗斯基回答说。

艾斯林提出，光脚的男性可能是巴依萨克罕。"我认为，那个纳巴泰人和那个东胡人已经结成联盟。我的意思是说，如果幕族和商族能够结盟，他们也可能合作。"

"很有可能。"乔登说。

"那就是说，四人已死，可能组成两支团队。所有人都在拼命想要取得胜利。"

艾斯林用缓慢而思考的语气说出最后一句话。

"据我们所知，确实如此。"乔登说。

"难道他们不应该拼命想要取胜吗，艾斯林？"波普问，他显然不太理解艾斯林的想法。

"坦白地说，我刚才在想，是否有其他的选手——也许是一个人，也许不止一个——跟我有相同的想法。"

"该死的，你到底什么意思？"波普继续追问。他的声音里透着一丝恐惧。"是不是因为你看到的那幅岩画？就是你打电话给我的那次。也是你父亲多年之前去过的地方。"

艾斯林点头表示同意。"就是那幅岩画。我完全理解了，波普。我甚至理解父亲的想法，即便他当时疯了。"

波普的眼睛眯了起来。

马克罗斯基举手示意。"等一下——你们俩到底在说些什么？"

艾斯林转身面对马克罗斯基说："你在肯尼迪机场说过，决定跟我结盟以前，你原本打算阻止这一切是吗？"

"我是这样说过。"马克罗斯基回答。

"艾斯林，你到底要说什么？"波普打断她。

"我想说，我也是这么想的。终极游戏必须被终止，波普。我相信，通过某种方式，凭借某种手段，终极游戏是可以被终止的。"

波普再次重重地拍在桌面上，用了相当大的力气，整间房间似乎都在摇晃，艾斯林甚至有些担心他有没有弄断自己的骨头。

波普没有说话。

艾斯林继续说。

"我明白，波普。我明白你杀死我的父亲、你的儿子的真正原因——因为你的儿子也怀抱着相同的念头。你认为这是渎神。"

"这本来就是渎神。"波普咬牙切齿地说。

"但是，这就是我想要达成的目的。不对——这就是正确的选择。如果我们有一万分之一的机会能够终结这场游戏，我们就应该努力去争取。我们能够拯救无数人的性命，无数人的性命啊！"

波普还是没有说话。过了好一会儿，他说："所以呢？你打算抛弃你接受过的训练？抛弃你的先辈？抛弃你的族人？"他停顿了一下。"抛弃我吗？"

"不是的。我要利用这些资源，帮助我达到目的，波普。我特别要争取你的帮助。尤其是你……"

波普转过头去不看她。

"我不是要放弃比赛，"艾斯林解释说，"我们不能放弃。我也不能。参加比赛就是唯一能够弄清楚如何终结游戏的真正途径。否则的话，我根本毫无头绪。因此，我们要逐个找到那些选手。如果他们不跟我们为伍，就把他们淘汰。如果他们跟我们达成共识，那就结成联盟。我们继续比赛，因为我们别无选择……但是，如果我们找到了其他的选择，我们就要接受它。我们要竭尽全力结束这场终极游戏。我们必须确保那些该死的开普勒星人永不再骚扰地球。"

一片沉寂。

一片沉寂。

一片沉寂。

"说的在理。"乔登附和着说。马克罗斯基也在频频点头。艾斯林很清楚，乔登仍然有所保留，但是她能够分辨地出来，他是真心地表示赞成。

"很好。"

"所以，我们首先要对付谁？"乔登提问。

"刘安，"艾斯林很决绝地说；"他是那种无法预料反应的对手，况且他肯定不会跟我们站在一边。"

　　乔登拍手表示赞同，脸上露出了微笑。"我们原本希望你首先选择刘安。"

　　"为什么？"

　　乔登用手指在半空中画了个圈。"马克罗斯基，把那个东西找出来。"屏幕上的图片切换成了世界地图，上面有一个红色的小光标，上面标着"533"，正在沿着日本本州岛蜿蜒曲折的海岸线向北移动。"虽然英国人最近是一团糟，但是他们至少做成了一件事。他们在刘安的右腿内安装了芯片，能够追踪他的位置。马尔斯成功地破解了他们的防御系统，追踪到了刘安的位置。"

　　"所以说，我们直接去找他？"艾斯林问。

　　"我们确实可以这样做，"乔登回答。"当然，更保险的策略就是，派一支突击小分队去那里跟我们汇合。"

　　"突击小分队，真的？"波普问。

　　"KFE 小分队①。"马克罗斯基说。

　　艾斯林摇头说："你们有你们的一套说法。"

　　乔登耸肩说："怎么说不重要，关键是派上用场。"

---

① 　译者注：美国军方通常用"Kilo Foxtrot Echo"指称字母 K、F、E。

你还在等什么？①

---

① http://goo.gl/dbBbAF.

希拉尔 · 伊本 · 伊萨 · 阿尔索特

美国内华达州，拉斯维加斯，凯撒皇宫酒店，2405 套房

拉斯维加斯不像希拉尔想象的那样。他原本以为，这里会是一派熙熙攘攘的景象，充满着末日狂欢的气氛、蓄意破坏的狂徒、纵情声色犬马的各色人等。

然而，诡异的静谧感笼罩了这座城市。

街道上、赌场内，根本看不到一个人影。路边停靠的车辆只有警察巡逻车和招揽生意的出租车。餐馆空无一人，俱乐部空无一人，酒吧空无一人。凯撒皇宫的酒店大堂内，除了职员以外，总共只有十个人。希拉尔听见赌场内有人在喊"红色十八"，接着扫掉了桌面全部的筹码。桌边唯一的赌徒根本没有把视线从饮料上面移开。希拉尔走进位于奥古斯都大厦24层的酒店套房，将行李搬到房间，躺在巨大的床上，很快就入睡了，一觉睡到第二天早晨。

当时，希拉尔正好听到直升飞机飞过的声音。他从口袋里取出那件物品，将它调至开启状态，来回摆弄，几分钟内，屏幕上不断地分别显示两根手杖。

为什么是两根？难道一个代表埃亚，一个代表他的代理人吗？难道埃亚利用某种方式将自我分裂到两个人的身体内？为什么是两根？为什么？

他不知道原因。

他检查了这件物品展示的其他信息：庞大的宇宙星系图、东喜马拉雅地区的神秘橙色光、一长串的坐标信息。他花了一段时间，仔细研究这些数字。总数是1493个。整体来说，这些数字基本保持静止，从未发生改变。

然而，其中的九个数字确实发生了改变。

从套房移动到卫生间时，他发现其中一个是他的坐标：阿克苏姆人的坐标。这些坐标精确到第 1000000 位小数点，即便只移动几英寸，数字依旧会发生改变。

其他的八个动态坐标肯定是指向其他的选手，他心想。这是一个追踪装置！

他恍然大悟。

他使用完卫生间，跛脚回到卧室，从背包里取出纸笔、平板和常用的手提电脑，盘腿坐在宽敞的床铺上，进入工作状态。

他确认了所有的坐标位置：除了他自身以外，还有三对组合以及两个单独行动者。

一对组合从北向南快速移动，穿越美国中部和南部。他们肯定在飞机上。

另外一对位于德国柏林北部郊区，几乎没怎么移动。

最后一对选手，他们几乎保持静止，位于遥远的印度锡金，确切地说，就是东喜马拉雅地区。

希拉尔深信，橙色光肯定表示着一位选手。

那就是手握大地之匙的那名选手。不过，他的猜测是错误的。

两位单独行动的选手位于纽约杰维斯港以及日本，后者正在向北移动，根据速度判断，很可能是在乘坐火车前往东京的途中。

希拉尔不知道他们的确切身份，更不知道他们如何在誓师大会以后组成了同盟关系。对于这些选手，他唯一的印象就是：只有四位选手，也许是五位，可能开放合作关系，其中就包括他自己。

这真是一个谜，他心想。

这项工作耗费了他将近五小时的时间，即便经过一夜休整，希拉尔仍然感觉筋疲力尽。他躺回到床上，思考着各种可能性——关于选手、埃亚、奇怪的坐标、两个手杖——再次陷入沉睡……

半夜里，他突然惊醒，睁大眼睛呆呆地望着天花板。他坐了起来，头疼欲裂。他将双脚放在地面上，钟表显示：此刻是凌晨 3 点 13 分。希拉尔再次拿出那件物品——上面依然显示两根手杖，一根静止，一根正在街道上移动着——于是，他走到床边。拉斯维加斯，不夜之城，烟花秀似乎永不熄灭。绚丽多彩的霓虹灯，LCD 屏幕高耸如同楼房，播放着无休无止的派对狂欢、广告女郎、美味食物，各色灯光时隐时现，时时刺激着感官。希拉尔看向条状步行街。里面仍然空无一人。

我要去伸展一下腿脚，逐渐适应不借助手杖的步行，希拉尔心想。窗外的灯火映照在他的脸上。

出于习惯，同样出于谨慎，希拉尔将两根手杖揣进松垮的棉裤中，一根标着"LOVE"，另一根标着"HATE"。他走下楼梯，走在人行道上。不用手杖走路带来了巨大的疼痛感，但是他感到无比自由。他能够无视疼痛。

他走过了警察身边，他们已经全副武装，看起来一副无聊至极又紧张兮兮的表情。百乐宫门前的喷泉没有开放，显然没有重要人物前来。希拉尔在百乐宫附近转弯，向着东南方向蜿蜒前行，走到了哈蒙和科瓦尔的交叉路口。拉斯维加斯南部遍布各种酒店和购物中心，北部则荒无人烟，如同废弃之地。此时，希拉尔距离灯火通明的繁华地区只隔了几个街区。然而，这里的情形凄凉至极，简直就是某个破产的内陆城市的翻版。

全都是作秀，希拉尔对拉斯维加斯做出评价。全都是海市蜃楼。即便这里挤满了游客……即便这里这里挤满了游客。

他在这里站了几分钟，闭上眼睛，感受着空无一人的街道，干爽荒凉的空气。突然想到了达纳吉尔部落和东部沙漠的空气，想到了群星璀璨的深夜里他独自度过的时光。拉斯维加斯很安静，甚至静谧得有些诡异，闭上眼睛，他似乎回到了自己的故土，回到了群星和沙漠的陪伴中。

孑然一身。

身体健全。

回归故土。

身心安宁。

这时候，他突然觉得口袋里温度渐渐升高，最后变得很烫。

希拉尔睁开了眼睛。他把手伸进口袋，拿出了那件物品。在手指触碰的瞬间，温度恢复了正常。希拉尔把它拿了出来。他伸长手臂，对准不同的方向，等到指向南方的科瓦尔大道时，他看到屏幕上出现了一根手杖，不仅很明亮，而且越变越大。

希拉尔仔细盯着屏幕看。距离二百五十米左右，他看到了一辆汽车。汽车头灯没开，但是希拉尔仍能分辨出这辆汽车正在飞速行驶着，穿过一盏又一盏街灯。

那是埃亚！

希拉尔环顾四周，试图寻找一辆可用的汽车。在那里——在东哈蒙大街对面，空置的停车场里停靠着一辆破旧的白色面包车。他将那件物品放回口袋，飞速冲向目标车辆。身体的疼痛感攀升到了最高值，但是他并不在乎。

距离仅剩 75 米。埃亚乘坐的那辆车正在接近。距离仅剩 50 米。他能够听到那辆车的引擎轰鸣声。距离仅剩 25 米。希拉尔向前方看。埃亚乘坐的是一辆最新款的大功率高速中型车，可能是眼镜蛇或野马或挑战者。希拉尔以更快的速度移动着。距离仅剩五米，那辆车在交叉路口迅速转弯。希拉尔走向那辆面包车，车门锁着。他后退几步，用手肘猛击车窗，玻璃碎成了蜘蛛网状。他再次撞击玻璃窗，玻璃碎渣如同钻石一般纷纷碎落在地上。他打开车门，扫掉座位上的碎玻璃，跳进了车内，将弯刀放置在副驾驶座位上。他迅速操纵驾驶杆，用 19 秒钟的时间发动了汽车。他打开车内灯，瞥了一眼汽油缸。也许是他的祈祷起了作用，他发现汽油缸里还剩半缸油。他取出那件物品，放置在仪表盘上。这时候，埃亚乘坐的那辆车已经消失在转弯处，开往科瓦尔大道的方向。希拉尔发动了面包车，轮胎摩擦地面，发出尖锐的声音，车辆向前冲去。

希拉尔感到异常兴奋。他距离埃亚越来越近了。如此的近。

希拉尔跟着埃亚的那辆车，有时能跟上，有时又失去了踪影。那辆车先是开向东边，后来开向北边，随后又是东边，后来又是北边，最后又是向东开去。随着车辆不断前行，希拉尔发现周围区域变得愈发荒凉颓败，到处都是垃圾场、破旧仓库、被废弃后仅剩空壳的各式房屋和车辆、如同巨型银色虫子的移动房屋，破败景象如同沙漠一般蔓延。三十分钟以后，埃亚乘坐的车辆向右转到阿尔托大街，向着南边的布莱索驶去。

等到这辆车消失在一堵煤砖墙的背后，希拉尔放慢了自己的速度，关上了车灯，同样转向布莱索的方向。附近的仓库在车子刹车灯的照射下幽幽闪着红光，随后再次陷于黑暗。

那辆车停了下来。

希拉尔将面包车调到空挡，熄灭了引擎，将车停靠在煤砖墙的左侧，右侧街道对面是一个空置的停车场。他拿出了那件物品，手杖显示出明亮的光线，希拉尔担心这点光线会暴露了他的存在。因此，他将这件物品放回到衣服内袋。他取出弯刀，将它们扎在自己皮带上。他没有必要再隐藏自己的武器。希拉尔走到车辆后侧，偷偷窥探转角的情况。

没有人。

他沿着墙继续往前走，双手放在刀柄上。

他的距离越来越近。

如此之近。

希拉尔走到了拐角处，俯身趴在地上，脑袋略微前伸，偷偷观察另一面的情况。有一个穿着深色衣服的男人，戴着外套上的帽子，肩上背着一只背包，轻轻地关上车门。他回头观察身后的街道。希拉尔没有动。他的头部靠近地面，别人基本发现不了他的存在。埃亚的脸部完全处在阴影之中，只能隐约看到他的鼻尖。他环顾四周，走向了那座货仓。他的步伐很矫健，充满自信感，略微带有女性化的特征。

希拉尔站起身来，拐了个弯，走向汽车的位置。他完全没有发出任何的声音，既没有脚步声，也没有呼吸声。他走过了卡车，透过车底往外看。埃亚走进货仓里面。

我必须出其不意。

他全速冲刺跑进货仓，拿起一根排水管，双脚借助墙壁的力量，登上了高处的护墙。尽管希拉尔此前受了重伤，他的身体仍然健康，仍然强壮。

我的身体必须强壮。

他在上方的护墙上跳跃着，无声地从皮带里抽出了一把弯刀。屋顶是平面，铺着一层碎石，还有两扇三角形的天窗，以及一处带门的扩建区域，希拉尔推测这扇门必定通着楼梯。他没有发现任何的摄像头或是麦克风。天窗里透着微弱的光芒。希拉尔以极其缓慢的速度匍匐着爬到最近的一扇天窗，偷偷朝里面看。

他发现，那是一个面积很大的房间，整体涂成白色。装备了现代化的家具。一面墙上装有数台计算机，还有装着不锈钢台面板的宽敞厨房，一扇门通往另一个房间。那是一个小型的训练区域，里面放着诸如壶铃、沙袋、速度球在内的训练器械，墙上还挂着各式各样的手持武器：剑、棍、刀、锤、各种棒球棍等。

他没有看到埃亚的踪影。

希拉尔正要爬去另一扇天窗，结果猛然发现颈部皮肤出现了刺痛感。受到直觉的驱使，他迅速地向前倾斜，将疤痕累累的脸颊贴在天窗玻璃上。有什么东西从他的背后拂过，擦到了他的皮肤。

希拉尔翻身抽出背后的那把弯刀，直接砍向刺杀者的脚腕位置，然而对方并不在那里。正当他抽出标有"LOVE"字样的那把弯刀时，希拉尔恰好瞥见了埃亚的身影——那个人肯定是埃亚，全世界只有埃亚能够如此轻易地偷袭他。希拉尔已经准备好向前冲刺，然而此时，埃亚的武器直冲他的面门而来，希拉尔被迫采取防御，翻身倒在地上。

那是一根棒球棍。木质的大家伙。在昏暗的光线下，希拉尔在几分之一秒的时间里面分辨出上面标着"强击手"字样。但是，他没有弄懂这三个字的含义。

埃亚仍然戴着帽子，希拉尔勉强躲开攻击，还是看不清楚对方的面部特征。他感觉到什么东西钩住了自己的裤子。这时，球棒正好向着他的头部袭来，不过希拉尔适时将左手撑在了地上，双腿弯曲置于身下，均匀分配了体重，整个人弹跳到一米高的地方。他在半空中舒展身体，随后双脚着地，拿起了弯刀，正准备用空着的那只手抽出皮带上的另一把弯刀。他要将那个令人憎恶的家伙撕成碎片。

然而，他什么都没有摸到。

埃亚挺直身板，站在三米开外的地方。球棒对准希拉尔的胸口。埃亚抬起另一只手臂，手里握着一把幽幽闪光的刀刃。那是希拉尔的另一把弯刀。希拉尔仍然看不到埃亚在帽子阴影下的那张脸。如果他能看到的话，他知道那张脸上肯定挂着邪恶的笑。

希拉尔处在预备好的状态。他多么希望亚伦的手杖和摩西的手杖正好在他的身边。他多么懊悔自己居然愚蠢到将它们遗留在酒店里，他怎么能够在准备不充分的情况下来到拉斯维加斯，来到埃亚的老巢。

埃亚如闪电般快速前进，手中挥舞着球棒和弯刀。希拉尔倒退着，用剩下的那把弯刀抵挡住对方的猛烈攻势。埃亚的双手和手腕动作迅速而灵活，快于希拉尔遭遇过的任何对手。金属碰撞发出当啷声，木头在猛烈撞击金属，希拉尔左右移动着，埃亚也在左右移动。希拉尔快速转身用腿猛击，但是埃亚躲过了攻击。希拉尔躲过对方的猛攻，后退一步，与此同时，埃亚也后退了一步。希拉尔举起弯刀砍向斜上方，而埃亚似乎早就预料到了而迅速躲闪。

希拉尔发现，埃亚的速度太快，太狡猾，太敏捷，很难找到破绽。趁着两个人错身的时机，希拉尔的刀柄打到了埃亚的膝盖。尽管打得不严重，埃亚的身体仍然摇晃了一下，扑向地面。希拉尔知道，这是他反击的最佳时机，他用尽全身的力气，将刀刃砍向埃亚的头部。他的帽子掉了下来，露出了扎成一束的褐色长发。

然而，希拉尔的弯刀并没有砍到任何的头发、或是皮肤、或是骨头，而是打在球棒的椭圆形标识上；埃亚将球棒挡在中间。弯刀嵌进白色硬木中，足有五厘米深。

希拉尔正准备拔出自己的武器，埃亚突然阻止了他的动作。他只是简单说了一句："换做是我，我就不会那样做。"

希拉尔顿住了，那是一个……女人的声音。

希拉尔第一次观察到对方的模样。她是一个皮肤白皙的女性，大约二十七八岁，长得很标致。褐色眼眸，刷着黑色眼线，浓密的睫毛忽闪忽闪，鼻梁高挺，脸颊有些男孩子气，颈部和下颚线条却很强硬，红艳的唇边挂着微笑。

她确实很是标致。

他们俩都有些喘不上气，运动衫下的锁骨随着她的呼吸上下起伏。她用眼睛从上至下打量着希拉尔。希拉尔也盯着她看。另一把弯刀位于他的两腿之间，呈现些许的角度。他立即领悟到，对方的本意不是威胁要阉割他，而是切断他的股动脉。希拉尔已经见识过对方的速度，加上位置不利，对方很容易攻击，希拉尔不敢轻举妄动。况且，他很清楚自己的弯刀有多锋利。

希拉尔盯着对方，展现出自己残缺不全伤痕累累的脸庞，并且有两只不同颜色的眼睛；一只是红色的，一只是蓝色的。丑陋对抗着美丽。

她并没有畏缩，反而有些气喘吁吁地反问道："是埃亚派你来的吗？"

这真是一个荒唐的问题。"你说什么？"希拉尔问。

"是埃亚派你来的吗？为了杀我？"她澄清说。

"你是谁？"

"回答我的问题，然后我可能会回答你的问题。"她将刀刃逼近了希拉尔的皮肤。

"不是，我不是他派来的。"

"为了找到埃亚。"

"为什么要找到他？"

希拉尔停顿了一下。"找到堕落者，然后杀死他。"他真诚地说。

对方脸上闪过一丝怀疑的表情。不过，她仍然没有放松威胁的动作。"我的老天，你是他们中的一员，是吗？"

"他们中的一员？"

"我是说，终极游戏的选手。十二支古老部族的成员。"

"你怎么知道的？"尽管处境堪忧，希拉尔仍然感觉到，对方跟自己存在着某种更深层的血脉关联。

"你不是埃亚。"他坦率地说。

对方忍住了笑，说："不是，多亏了我不是。让我来猜猜看，"她突然颇有兴趣地说。"你是纳巴泰人？还是苏美尔人？不对，你是阿克苏姆人。"

希拉尔完全没有了头绪。

"你是不朽者他们一伙儿的，对不对？"她脱口而出。

完全没有头绪。这个女人，跟埃亚存在着某种关系，但显然不是他的同伙。然而，她说着一些她根本不可能知道的事情。

"你把我弄糊涂了。"希拉尔坦白地说。

她将刀刃移开了一厘米。"咱俩休战？"

希拉尔快速点头。

"很高兴遇见你，糊涂先生。"这个女人居然在开玩笑。她将弯刀抵在地面上。"我是史黛拉·维多利亚。我是埃亚的女儿，谢天谢地，还好我只是养女。如果你真想杀了那混蛋，我想我能助你一臂之力。我们的目标是一致的，我的朋友。"

马卡比·阿德莱，巴依萨克罕
德国柏林，夏洛腾堡区，Eichenallee 大街 34 号

马卡比和巴依萨克罕转移到了柏林市内的又一处纳巴泰族安排的安全藏身处。

就在四天前，爱丽丝找到了他们的踪迹。结果，马卡比的脸到现在还肿着，左眼睁不开，下唇裂开，鼻梁折断，整张脸被打得鼻青脸肿。

巴依萨克罕新安装的那只机械手臂效果很好，但是手腕跟金属及塑料连接处的皮肤拉紧，感觉有些酸疼。

经历过上次的复仇行动，他们俩几乎没有说过话。他们现在躲藏在一个很不错的居民区，房子装修得不错，街道不错，邻居也不错。自从亚巴顿新闻事件后，许多城市都陷于慌乱之中，柏林幸而没有沦为其中的一员。德国政府宣布，所有的文化机构一律免费，所有公民都将获得价值五千欧元的抵扣券，可以用于任何餐厅、酒吧、商店或其他渠道。汽油和用电全部免费。任何欧洲境内的火车票售价仅一欧元，人们可以自由来往，探访至亲好友，或是前往郊区、海边、山区，也许这将是他们人生最后一次的体验。柏林市内举办了户外音乐会、面向儿童的巡回马戏团表演，甚至还有市政府批准的彻夜进行的爱情聚会活动。

马卡比和巴依萨克罕根本不关心这些变化。相反，他们大量服用止痛剂，试图使伤口尽快痊愈，同时还在清理枪支，磨快刀刃，研究那个球体。

自从那个球体在土耳其烫伤了他，巴依萨克罕至今仍未触碰过它。他感到很厌恶。非常厌恶。

他们已经决定在两天后启程。马卡比已经租到了一架直升飞机。

这座安全屋里面藏着一百万美元现金、重达 757 盎司的黄金，以及充足的武器装备。所有的这些物资都要装上飞机。

他们要携带这些物资，尽快撤离此处。

他们不能再被动地等待其他选手找到他们，而是要借助这个球体去主动搜寻其他的选手。

根据球体显示，刘安正在东京，艾斯林正在加拿大北部迅速移动——她肯定在飞机上——也许目的地是亚洲，希拉尔在拉斯维加斯，萨里在喜马拉雅东部，杰戈和莎拉在秘鲁的胡利亚卡。

"特拉洛克和阿洛佩，"马卡比盯着那个球体说。"他们是剩余选手当中唯一组团的两位选手。"

"而且他们是大地之匙的持有者。"巴依萨克罕用一颗石子摩擦着自己所有的蒙古匕首的波状刀刃。

马卡比摇了摇头。

"时间不多了，伙计。"

"时间不多了。"

是时候动身去秘鲁了。

杰戈·特拉洛克，莎拉·阿洛佩

秘鲁胡利亚卡，印加·曼科·卡帕克国际机场

塞斯纳飞机在机场的僻静角落停止滑行。杰戈一边说"到了"，一边示意莎拉向窗外看。老爹来了。或者说，古塔莱洛·特拉洛克来了。

莎拉趴在杰戈的大腿上，眼睛朝向窗外看。古塔莱洛比杰戈更高更壮实，穿的像个农场主；戴着棕色牛仔帽，脚蹬蛇皮靴，系着波洛领带，裤子后袋里装着一把卡拉什尼科夫手枪。他的身边停着一辆白色雪佛兰 Suburban 越野车，引擎盖上印着一个红色的爪型图案。

"看起来挺吓人的。"莎拉说。

"其实并没有。"

莎拉抬起脸，面对着杰戈，给了他一个长长的深吻。"我还是很生气你把我带来这里，不过我很高兴你跟我在一起。"

杰戈微笑着说："行啦，我们快去见亲爱的老爹吧。"

伦佐放下来阶梯，他们走出了机舱。外面的空气很凉，很稀薄，莎拉感到有些不适应。胡利亚卡位于卡亚俄高原，高于海平面 3925 米，赭石色的小山丘和光秃秃的安第斯山脉就在不远处环绕着这座城市。

古塔莱洛拥抱了杰戈，亲吻了他的左脸颊、他的右脸颊，再是他的左脸颊、他的右脸颊。他画了一个十字，将手高举过头顶，用力拍打着杰戈的肩膀。他同样拥抱了伦佐。用一种莎拉无法理解的语言说了几句话。这两个年纪稍长的男人似乎在开什么玩笑，一副谈笑风生的样子。最后，他转身看向莎拉。

"我应该说些什么？"他用英语问。

"或许你可以说'很高兴认识你，'老爹。"杰戈说。古塔莱洛握住莎拉的手，对她露出了微笑，这种微笑似乎具有传染性，于是莎拉也对着他微笑。她并不信任这个男人，也不信任伦佐。但是，她信任杰戈。现在，这种信任产生了裂痕。她很想要去相信杰戈，相信他做的一切都是考虑到她的感受，相信他的决定是正确的，因为她的思绪过于混乱，无法自己做出判断。

杰戈似乎要安慰她似的，用力捏住了她的手。

她一直保持着微笑。

她必须这样做。

他们卸下了飞机上的物品——杰戈拿出了大地之匙，将它放在带拉链的口袋里——接着坐进了越野车。他们省略了入境检查环节，直接抄近路来到一处铁丝网围栏。一个便衣警察按下了某个按钮。大门打开，越野车开了过去。守卫向他们挥手示意，古塔莱洛善意地向他竖了个中指。

"我得向他支付一千美元的报酬。"古塔莱洛用西班牙语说。莎拉听懂了这句话。她的西班牙语并不熟练，但是足够听懂简单对话。

"跟我要钱！古塔莱洛·特拉洛克，这个城市的统领者。你能相信吗？"

"不能，老爹，完全无法理解。"坐在前排副驾驶座的杰戈附和着说，那把卡拉什尼科夫手枪放在他的腿上。

古塔莱洛继续用陌生的西班牙语说了将近一分钟。他的语气中带着一股恼火的味道，穿插着不可置信的大笑声。莎拉唯一听懂的单词是奥卡波玛·瓦伊纳，她曾经听过的名字。

杰戈完全没有理解障碍，但没有做出任何回应。伦佐倒是不断地搭腔，做出一些简短地回答。

"是的，是的，是的。"古塔莱洛说。

杰戈仍然保持沉默。

"你们在说什么呢？"莎拉用相当凑合的西班牙语提问。她察觉他们在故意隐瞒什么事情，感觉很不舒服。

杰戈转过头来，若有所思地转了转眼睛。"老爹说，他收取的保护费下降了百分之八十五，就是因为那颗流星，我们称之为'恶魔之角'。整座城市都毁于一旦。留下来的都是一些罪犯、投机取巧者、牧师、绝境中的穷苦人民、极少数的军队——我们早在几十年前就买通了他们，所以他们跟我们是一伙的。"

"那挺好的。"莎拉说。

"没错，但是罪犯是不会向其他罪犯缴纳保护费的。"

古塔莱洛说："幸好我们懂得未雨绸缪。"

莎拉内心有一种强烈的直觉，古塔莱洛刚才那番话肯定跟收保护费无关。如果他们的话题跟终极游戏无关，为什么要用密语呢？最近十年都待在伊莱克的伦佐怎么会莫名其妙来到这里呢？奥卡波玛·瓦伊纳，备受尊崇的奥尔梅克族的长老，是否跟这件事有关？

他们肯定在对我说谎。

越野车开到了机场边缘，此时又出现了两辆车：前面是一辆最新款的丰田皮卡，驾着一支 0.50 口径的可旋转式机枪，有人专门负责操作机枪，另外还有两个人手持 M4 卡宾枪保护着他。这些人的三面围着防爆挡板，机枪枪管外侧也有成角度的防护钢壳。所有人都穿着防弹衣。

后面是一辆黑色雪佛兰 Tahoe 混合动力车。前后两辆汽车的引擎盖上都印有巨大的红色爪型图案。

208

"坐稳了。"古塔莱洛用西班牙语说，同时踩下了油门。

三辆车以固定的队形行驶在胡利亚卡的郊区，飞速朝着这座城市的西郊驶去。稀稀落落的低矮的砖房和水泥建筑上，升起了来源不明的烟雾。杰戈指着陨石坑所在的位置，那里仍有火焰在燃烧着。

"两天前，有些狗娘养的家伙一把火烧了污水处理厂。"古塔莱洛边说边转动方向盘，试图躲开地上的坑坑洼洼和随处游荡的野狗。皮卡上的机枪鸣枪警告，帮他们开路。他们开过了一个废弃足球场、一片废弃居民区，来到一片荒凉的商业区，建筑物上布满子弹痕迹以及撞碎的窗玻璃。那里有一家酒铺，周围都是拳击沙袋，一个上了年纪的男人坐在店门口，抽着长长的雪茄，裤袋里装着一支手枪。他们经过了一座装饰华丽的西班牙风格教堂，附近不少人在乱转，有的人跪在地上，有的人在交谈或吃饭，甚至有人在大笑着。穿着白色长袍的牧师们正在进行忏悔仪式，他们把装满水的瓶子和仁爱的箴言传给信徒。这里没有任何冲突的迹象，仿佛是纷争乱世中的桃花源。随后，他们来到一片乱糟糟的地区，低矮的房屋如同砖块，搭着锡做的屋顶，野狗在废弃的庭院里四处溜达。到处都是携带武器的男女老少，朝着车子的方向大喊大叫，挥舞着拳头，甚至向他们投掷石块。

"自从你启程去誓师大会，西埃洛人就来了。"古塔莱洛说。

杰戈跟莎拉解释说，西埃洛人是特拉洛克人的死敌，来自的的喀喀湖的对岸，玻利维亚 Nuestra Señora de la Paz 地区。古塔莱洛在引擎轰鸣声中叫喊着："他们根本不知道终极游戏，多年来一直侵扰我们族群，不过他们的力量根本无法跟我们相匹敌。自从政府宣布亚巴顿的新闻，他们开始逐渐侵占各个街区。就目前来说，我们任由他们占得先机。跟终极游戏相比，这种街头巷战完全无足轻重。我们必须要为大事件的到来做充足准备。"

皮卡发出了越来越多的枪响。三辆车同时加速。杰戈兴奋地发出呼喊声，古塔莱洛继续踩油门，紧跟着前面的那辆皮卡，车上的机枪向着周围的建筑扫射着，子弹到处乱飞。他们没有减速，反而继续加速。埋伏在周边的轻型武器展开回击，射出的子弹如同烟花般在他们周围激起亮橙色的火花。其中一颗子弹擦过了莎拉的脸部。

车窗用的是防弹玻璃。

她并没有丝毫退缩。

路上可真够刺激的。

接着，他们来到一片西埃洛人控制的贫民窟边缘，莎拉突然看见一个穿着深色牛仔裤和黄色耐克 T 恤的女人，怀中抱着一个婴儿。母亲用手臂护住孩子的头部，背对着街道，拼命寻找着庇护所。

他们俩都在哭泣着。

这种疯狂的景象是亚巴顿带来的后果。

终极游戏的后果。

莎拉突然感到一阵恶心。

外面继续传来交火的声音。他们继续行驶了 6.68 公里。车辆开始减速，停在一个检查站前，那里有几个面带倦容的男人。他们身边停着的悍马车同样印着红色爪型图案。对于特拉洛克人的秩序感和控制力，莎拉感到无比嫉妒。她的族群更低调谨慎，更满足于在阴影中生活，他们依然愿意战斗，但是力量有限。

但是，还有其他的族群。

奥尔梅克人已经准备好战斗了。

一位棒球帽上标着队长警衔的警官走向他们所在的 Suburban 越野车。古塔莱洛摇下车窗，用西语跟他交流。那是警察队长胡安·帕潘。他向车内探进身子，握住了杰戈的手，跟伦佐点头示意，并且偷偷看了一眼莎拉。这位警官完全面无表情。

警官帕潘回到了自己的岗位，他们继续沿着蜿蜒曲折的道路行驶到城市西南部的山麓地带。每隔几百米，就会出现守卫的身影。莎拉总共数到五辆装甲悍马以及两门野战炮。在这片荒凉之地，莎拉看到了唯一存在的树木，它们围绕着一片面积广阔的大型私人住宅，目前应该作为军事阵地使用。所有的车辆以及所有人的袖口上，都装饰着红色的爪型图案。

最后，这条道路通到了一扇大铁门，就在一座高耸石墙的正中间。上面站立着不少的守卫。莎拉数到了十七个守卫，全副武装。大铁门打开了。Suburban 越野车继续行驶在碎石铺就的私人车道上。

"我家到了。"杰戈颇有些自豪地用英语说。

"我还以为你是生长在那些贫民窟里的。"莎拉说，用手指着远处。

伦佐咯咯地轻笑着。

"确实如此。"古塔莱洛开玩笑说。

"我们可以躲在这里，这里是静谧岛。"杰戈说。

在汽车外，一块手写标志牌上确实写着这个名字，文字的周围绕着棕榈树叶和一汪清泉。古塔莱洛驾驶 Surburban 越野车沿着弯道行驶，弯道两侧都用厚实的水泥砖块砌得很高，一旦遭遇正面袭击，就能作为最后的防线。他们最后停在了一条宽敞的环形车道上。中间有一个不断喷涌着水柱的石头喷泉。附近还停靠着三辆 SUV、一辆武装皮卡、一辆宾利旅行车、一辆黄色的 1970 庞蒂克 GTO 经典敞篷车，引擎盖上涂着黑色的数字"33"。

"看来违法乱纪赚了不少钱。"莎拉玩笑地说。

古塔莱洛停下车，关闭了引擎。他用西班牙语说："没错，小姐。"

他们走出了越野车。在特拉洛克家的豪华西班牙庄园中，一个女人正从台阶上走下来。她穿着红紫印花长裙，留着黑色的长卷发，光着两只脚。她有跟杰戈一样的头发，一样的下巴，一样的亲切感。她微笑着，似乎那件可怕的事发生在另一个星球。

杰戈伸出手，欢呼雀跃着说："嗨，妈妈！"

她把裙子拉到膝盖位置，半走半跑着迎接自己的儿子。拥抱他。亲吻他。告诉他，看到他平安归来，能够继续参加比赛，继续代表族人战斗，继续延续族群的生命，她有多么兴奋。

"我会继续坚持，妈妈，"杰戈说，他热情地回应着母亲的感情。

"这是我的母亲，莎拉。哈亚·马卡·特拉洛克。"

"这就是那个你总是念叨的姑娘？"哈亚·马卡用纯正的英语说，语气很是真诚，似乎莎拉是杰戈在放春假的时候顺便带回家里来的美国甜心。

"我不知道杰戈跟你提过我。"

"你在飞机上沉睡不醒的时候，我跟妈妈说过你。"

哈亚·马卡用双手握住莎拉的右手，微笑地看着这个卡霍基亚人。"我必须承认，我很担心让另一位选手来到我们中间，但是杰戈跟我再三保证。我能从你的眼睛里看出来，你是一个好姑娘，来自两百三十三区的莎拉·阿洛佩。"

"谢谢你，特拉洛克夫人，"莎拉说，"伦佐可能跟你想的不一样。"

"我很尊敬伦佐，"她放低了声音，"但是杰戈才是我们的选手。在这里你不必有任何的担心。"

哈亚·马卡的性格很好，尽管莎拉宁愿跟家人待在一起，她还是想要相信哈亚·马卡，对于古塔莱洛的疑心也渐渐有些减弱。哈亚·马卡放开了莎拉的手，抬手示意房子的方向。"让男人们去卸货吧，我带你进去逛逛？我想，一路上舟车劳顿的，你肯定是累了。我给你准备了一些水果和奶酪。"

莎拉看着杰戈，她的眼睛在询问杰戈的意见。

"我觉得你确实需要休息一下，"杰戈说，"我会再来找你的，莎拉。我得先跟老爹谈谈关于奥卡波玛·瓦伊纳的事情。"

"我们准备带她搭乘直升飞机，这样比较省时省力。她很快就会回来的。"古塔莱洛说。

"那就好。"杰戈说。

哈亚·马卡握住莎拉的手说："来吧，选手。"

莎拉背起了双肩包。手枪和匕首都在包里当啷作响，抵在她的脊椎位置。"好的。"

"我会把其他装备带过来。"杰戈说。

莎拉看着哈亚·马卡说："请带路吧。"

他们走进一间楼房，走过了精致装饰过的通道，路过了一个摆放着华丽挂毯和古老家具，甚至装有壁炉的奢华客厅，最后来到一个内部花园，花园四周通往地势更高的房间。这个花园堪称完美，可惜的是花朵在冬天早已凋零。不断有守卫在各处巡逻。

"这里简直像是城堡。"莎拉说。

"你应该看看这里夏天的样子。简直美得难以形容。"

"我可以想象。"

他们来到花园的另一端，走进一个铺着地毯的大厅，两侧都有不同的房间。哈亚·马卡领着莎拉走进大厅，谈论着花朵、杰戈、的的喀喀湖的春景。她走到一扇打开的门前，停下了脚步。莎拉朝里面望去，那里有一张四柱床，窗户俯瞰着整座花园景色，桌上放着水果和奶酪，一瓶打开的气泡水，床单上放着几块干净的毛巾。

哈亚·马卡把一只手放在莎拉手臂上。"莎拉，我知道你救过杰戈的命，杰戈也救过你的命。要不是你，他可能已经不在人世。我真的很感谢你。"

莎拉突然想到，自己曾经在伦敦地铁头也不回地抛下了他，她以为杰戈已经死了，因而独自离开。她头也不回地抛下了他。

她摇头说："特拉塔克夫人，我想要不是因为杰戈，我已经死了。他一直待我很好。我们对彼此都很好。我希望我们能在另外一种情况下相遇……"莎拉说不下去了。

哈亚·马卡低头看着她的脚。"没错，终极游戏确实很艰难。"

"很艰难。比我想得还要糟糕。"

哈亚·马卡抬起下巴说："莎拉，它会越来越艰难。"

"我知道，"莎拉突然感到很疲倦，"我很清楚这一点。"

哈亚·马卡后退一步，打量着莎拉说："我想你已经好几天没洗澡了吧。亲爱的，快去冲个澡，再睡个好觉。衣柜里有干净的内衣和外套。我们稍后再来找你。"

莎拉微笑着说："谢谢你，特拉洛克夫人。"

哈亚·马卡摇着头，举起一只手说："别客气。"

莎拉走进房间，关上房门。她来到桌边，倒了一杯水。杯子里，气泡在升腾着，发出嘶嘶声。她喝了一小口水。水的味道不错。有些甜甜的。她继续把水喝完。

这时候，房门突然被锁上了。

从外面被锁上了。

莎拉转身跑向房门，试图开门。哈亚·马卡把她关了起来。

她敲打着房门，随即意识到，尽管这扇门看起来是木质的，实际上它并不是。

这是一扇钢门。厚且无法克服。

她将背包放在地上，向着窗外看去，随后开火。

结果，子弹被反弹回来，在房间里到处乱窜，最终嵌进衣柜里。

她跑向窗户，用尽了全身的力气，猛烈地撞击着玻璃，用拳头敲打玻璃。她高喊着"骗子！"她跪倒在地，不断敲击着玻璃。"该死的骗子！为什么要骗我？"

但是，没有人听见她的呼喊声。

一分钟以后，杰戈、伦佐、古塔莱洛出现在中心花园，走向哈亚·马卡，后者张开双臂迎接他们。杰戈没有注意到莎拉——可能他根本没有看见她。

他们背对着莎拉所在的房间。她唯一能够看到的就是哈亚·马卡的脸孔。她走向自己的儿子，唯一的儿子，奥尔梅克族的守护者。她再次拥抱了他。她用双手捧着他的脸颊，如同捧着举世无双的珍宝。同时，她的目光投向了莎拉所在的房间。

她盯着莎拉的房间，微笑着。

那是一种邪恶的，不怀好意的微笑。

希拉尔·伊本·伊萨·阿尔索特，史黛拉·维克多利
美国内华达州，日出庄园市，布莱德索某处改装仓库

希拉尔坐在塑料椅子上，旁边摆着一张木头桌子。史黛拉在厨房里照看着开水壶。她现在已经脱掉了那件帽衫，只穿着简单的 V 领 T 恤和紧身黑色牛仔裤。她将标有"HATE"的弯刀交还给了希拉尔，甚至还要给他一把枪，她觉得这样可能会使他感觉好过一些，不过希拉尔拒绝了她的好意。

史黛拉将茶包放进两个茶杯，这时候希拉尔开口了。"维克多利小姐，我"——还没说完，他的话就被打断了。

"史黛拉。叫我史黛拉就可以了。"

"好的，史黛拉——我感到很抱歉，但是我必须问你几个问题。"

"我能理解，"史黛拉说，手里端着两杯热茶，向他这边走过来。"我正好也有问题要问你。"她坐在希拉尔对面，将茶杯放在桌上。

"你随便选一杯。我保证我绝对没有毒死你的打算。"

希拉尔随手指了一个杯子。史黛拉拿过杯子，喝了一大口，将滚烫的茶水咕咚咕咚地咽了下去，再将这个杯子递给了希拉尔。希拉尔没有立即接过杯子。

还不到时候。

史黛拉身体向后靠在椅背上，双手放在脑袋后面。希拉尔很欣赏她的镇静沉着的态度。

"如果你不介意的话，我想先提问你。"

希拉尔挺直了身板，感到有些紧张。他说："可以。"

他很确定，史黛拉肯定要问他是如何受伤的，结果她说的是："你是怎么找到我的？"

"我毕竟是一位选手。"他说，似乎这足以构成答案。

史黛拉摇着头说："无意冒犯，但是你找到我绝非偶然。是某件东西引导你来到这里。我猜测，一定是某件相当古老的东西。曾经属于他们的某件东西。"史黛拉边说边用手指向天花板。

希拉尔没有回应。他想要听听对方怎么说。

"由于埃亚的缘故，我看过不少奇奇怪怪的东西。例如：不具备可辨别功能的机器，触碰后漂浮起来的小石块，为七只手指的弹奏者设计的乐器，会发光的古老石头地图。因此，我可以肯定，你一定有类似的东西，我说的对吗？"

"也许是的。"

"我想看一眼，如果你不介意的话。"

"我介意——"

"你从约柜拿到的吗？"

希拉尔被吓蒙了。

史黛拉继续说："我和我的助手们已经研究十二支古老部族很长时间了。我对于阿克苏姆族的了解程度远超过你们的想象。那么——现在我能看看吗？"

希拉尔沉思了一会儿，随后说："好的，我给你看。"他仔细地伸手探进口袋，取出了那件物品，将它放在桌上。"这个手杖的标记显示了你的位置——以及他的位置。你认识这个标记吗？"

"那么，我倒是想问，教皇是不是正在梵蒂冈拉屎呢？"

"呃……"

"开个玩笑。我当然认识，我知道这个手杖。"史黛拉看着那件物品，身体向前倾，仔细打量着说："我能摸一下吗？"

她伸过手，当手指触碰到那件物品的时候，它发出了光亮，正如它在希拉尔的手中。这一场景更加确定了希拉尔的推测。他更确信，自己能够找到史黛拉完全是天上掉下了馅饼。

或者说，完全是命运的安排。

"老天啊，老天。"史黛拉惊呼。

"它不是对所有人都有反应，史黛拉。"

"看来我很幸运。"她拿起那件物品，对准不同的方向。

"你知道这些代表着什么吗？"

"你过来，我尽量跟你解释。"

史黛拉站起身，走到桌子另一边，她的目光完全无法转移。她跪在希拉尔身边。小屏幕上没有出现星阵和手杖，但是出现了坐标列表以及光球。不仅如此，史黛拉握着的时候，屏幕上出现了奇怪的发光字形，跟那件物品本身带有的字形有些相似，由直线和小点组成。

"你知道这些坐标是什么意思？"史黛拉问，似乎是一个测试。

"移动的那些代表选手们。其他的嘛，我不确定。"

"有意思。橙色光球呢？"

"你认为呢？"希拉尔反问，他突然很好奇，史黛拉会不会跟他解释。

"阿尔索特先生，这是你的第一个问题。你的自控能力相当令人钦佩。"

"多谢夸奖，史黛拉。请叫我希拉尔。"

"好的，希拉尔。我确实知道光球是什么：它就是电视上说的天空之匙。"

希拉尔皱着眉头说："但是，你怎么能确定？"

"我刚才提到了一份地图。那是整个地球的全景地图，上面就有这个光球。在大地之匙被发现以前，光球就在巨石阵。现在，它移动到了东喜马拉雅。我很确定，它就是天空之匙。"

"你认为，它会带领我们找到第三把钥匙吗？"

"我们总要留有希望，对吧。"

"是的，我们要留有希望。"

"史黛拉，如果你知道这就是天空之匙，那你为什么不去找它？"

"难道你不想要找到其他选手？"

"我对天空之匙或是其他选手都不感兴趣。至少现在不是。如你所说，我有自己的族群，尽管不是十二支最古老的族群之一，但是我还是集结了一支小型军队。我已经花了不少时间招募成员，教育他们，从他们那里获取信息，挑战他们，训练他们，跟他们一起训练。"

"为了什么？终极游戏吗？"

史黛拉站起来，把一只手放在希拉尔肩上，"不是，为了战争。"

"对抗埃亚?"

史黛拉摇头。

希拉尔突然想到:"对抗创世者们。"

"没错。"

在这一刻,史黛拉·维克多利真正赢得了希拉尔的信任。他相信她。完全相信。她将那件物品交还给希拉尔,然后回到了自己的座位。房间里突然安静下来。她喝了一点茶,希拉尔也拿起杯子喝茶。味道不错。有些苦味,但是略带香甜。

"你为什么要对抗他们?"他问。

"我不想拐弯抹角。但是,请允许我再问一个问题。为什么会有终极游戏?"

希拉尔的颈部突然感到一股钝痛,"如果你在游戏开始前问我这个问题,我肯定会告诉你,因为创世者说终极游戏必须开始。"

"因为那是上帝的预言。"

"是的。"

"所以,你现在会怎么说?"

"因为他们想要它发生。因为他们想要看到我们自相残杀,看到我们承受苦难,看到我们凄惨死去。并且——尽管只是猜测——因为他们想要我们拥有的东西。"

史黛拉用手指顶住鼻尖,"没错。"

"地球。"

"是的。简直就是科幻电影的场景。"

"但是,为什么呢?如果他们的力量强大到能够穿越星际,为什么要霸占地球?为什么要费尽力气搞出什么终极游戏呢?"

"我也没有想明白这一点。目前,我们只知道他们即将到来,而我们必须阻止他们。"此后,出现了一段漫长的停顿。

他们默默喝着茶。史黛拉放下杯子,用手指着希拉尔的伤痕。"另一个选手把你弄成这样的?"

"两个选手,那是他们合作的结果。"

"我感到很遗憾。"

希拉尔耸着肩说："至少我活下来了。这就是游戏的一部分。战争的一部分。"因为这就是真实的世界，希拉尔心想。不是游戏，而是战争。为何我们过去无法看清真实？为何我们会被所谓的预言所蒙蔽？难道我们不是文明进步的化身？为什么？

"实在有太多需要理解的信息，史黛拉。"

"我理解，我也有同样的感受。"

"我能再提一个问题吗？"

"当然，阿克苏姆人。"

"你为什么想要杀死埃亚？"

"呃，这就说来话长了。简单地说，我对他恨之入骨，他简直就是禽兽。我想要杀死他，不单纯是为了报仇。我还有其他的目的。我很清楚，如果人类想要拥有任何可能的未来——无论是否存在外星人入侵——埃亚都必须死。他不能再为所欲为了。"

"理由很充分。但是，请不要轻视仇恨的力量。仇恨是驱动我们实现正义的助推器。"

"我会记住你的话。不论如何，埃亚欺骗了我。多年以来，我一直以为他是我的父亲，结果是他故意安排我母亲车祸去世，然后绑架了后座的我。"

"真是太可怕了。"

"不止如此。我的母亲曾经是八十年代的一位宇航员，由此在轨道上执行任务的过程中，她的DNA被改变了。这种新的DNA并不都是人类的DNA。"

"你的意思是……"

"是的。她的部分基因序列变成了外星人的基因序列——创世者的序列，也就是埃亚血管里流淌的那种基因序列。"她又抿了一口热茶。"既然我是她的女儿，那么我就有幸成为了这种基因的继承者。"

希拉尔睁大眼睛。"所以说，你是——"

史黛拉点头说："混血儿。星际混血的小杂种。"

希拉尔耸肩说："至少这就解释了你的位置为何会被约柜里的那只蛇杖标记。"

"是的，如果真是这样，那么至少它引导我们相遇，唯一值得庆幸的事。不过，稍等一下——我还没讲完。他用接下来的二十二年时间不断地折磨我，试图使我顺从于他。你无法想象他使用的那些手段。幸运的是，时间还不算太长。前不久，我开始接触人类的古老历史。即便我是在终极游戏开始后才知道它的存在，开始接触到十二支部族、堕落者，以及某种成为古老真理的东西。"

"古老真理？"

"是的。你听说过，是吧？很显然，你的眼睛告诉我你知道这件事。"

希拉尔点了点头。他告诉史黛拉，阿克苏姆族的职责不仅是准备一位参加终极游戏的选手，而且还要守护古老真理，并且寻找和摧毁埃亚。"但是，我们从未找到过他，"希拉尔有些惆怅地说。

"他就是一只行踪诡异的老狐狸。"史黛拉说。

"是的。"

"但是，现在你已经找到他了。或者说，你已经找到我了。虽然我无法接近他周围五百米的范围，我想你是可以做到的。"

希拉尔的精神一下子振奋起来。他突然变得异常兴奋。"史黛拉·维克多利，你会帮助我，是吗？"

"当然会，一定会帮你，不过，我必须承认，追踪埃亚无异于自杀行为，而且基本注定着失败。要知道，埃亚——他的名字是卫兰德·维克多利。"

希拉尔知道这个名字，几乎无人不知。"那个开酒店的大亨？"

"就是他。问题是，这个混蛋是永生不朽的。他已经存在了一万多年，而且还将继续存在。"

"但是我可以杀死他。"希拉尔摇头说。

"不可能。"

"我说的是实话。我可以杀死他。"

"你要怎么做？"

他跟她说起了约柜，说起了亚伦的手杖和摩西的手杖。"它们的存在就是为了杀死他，史黛拉。它们出现在摩西面前，就是为了完成这个目的。我所需要做的就是尽可能靠近埃亚，使得手杖有用武之地。"

"这一点我能做到，希拉尔。"史黛拉慢条斯理地喝了一口茶。"我仍然认为，这是一次自杀行动。但是，如果你的武器真的有用，那就值得一试。我的话可能有些直白，抱歉了。"

"完全没有。我同意你的说法。完全同意。"

"很好。我在卫兰德身边安插了一个自己人，她叫里玛·苏伯蒂奇。她已经潜伏了很久，我认为时机已经成熟。你觉得如何——你想要我帮助你吗？"

"当然，史黛拉·维克多利。当然需要。"

"太好了。那就让我们来见识一下难以捉摸的卫兰德·维克多利。"

刘安
日本东京港，江东区，3 丁目 -7-19 新木场，商族仓库

眨眼。颤抖。眨眼。

刘安在一阵微弱的颤抖中醒来，回味着一段他想不起来的梦境。那是一个像洞穴一般的房间，他就躺在房间南面的一张小床上。他翻过身，观察着空荡荡的房间。光线从看起来油腻腻的三扇天窗中间照射进来。桌子上到处都是电脑主机、屏幕和键盘。金属柜里装满了武器弹药和现金。一只船运集装箱里装满了炸药、雷管、开关和电子设备，它们已经被设置成随时可以爆炸的状态，可以将东京港从此处开始的三个街区范围以内的所有建筑夷为平地。另一只船运集装箱里装着一台 IBM Z 系列系统主机，由他自己设计的复杂四重防火墙保护着。三脚架上有一台佳能 5D 照相机。水池上有一个喷头。一个水槽。一间厕所。一面全身镜。一个挂着几件衣服的滚轮衣架。

这是他的临时王国。商族在全世界范围内仅剩的六个总部之一。他要在这座破坏的宫殿里执行自己的下一步计划。他站起来。浑身上下什么都没穿，只有那串项链。他踩着水泥地，走到水槽那里，打开了热水。蒸汽很快就升腾起来。他把双手放在胸前，抚摸着武田千代子的头发做成的项链。他的鼻子发出沉重的呼吸声。他仍然能够闻到她的味道。那种香味正在消退，但是他仍然能够闻到她的味道。

他不确定还能维持多久。

眨眼。颤抖。颤抖。

抽搐着。那是千代子在抗议。尽管他杀了她的叔叔。尽管他侮辱了她的族群。

即便如此。

她仍然爱着他。

即便现在，仍然爱着他。

刘安将双手埋进水中。千代子的指针式电子表还戴在他的手腕上。秒针发出滴答声。

滴答、滴答、滴答。

秒针在飞快地走着。

时间不等人。

滴答、滴答、滴答。

他从衣架上拿了一件黑色连身衣裤。坐在他的计算机终端面前。电脑被启动了，他同时在啃着自己的手指甲，抖动着自己的膝盖。屏幕亮了起来，壁纸是千代子的照片，他从中国机场的监控录像里找到了这张照片。他打开了终端窗口，输入了一串指令，键入数字2148050023574。随后，他抬起手，在半空中挥舞着，连接电脑的体感程序解读出了他的手势。窗口不断地被打开，被关闭，被打开，被关闭。屏幕上出现了各种地图、照片、名单、坐标、古代遗迹、圣地。他打开一个照片文件夹，在里面浏览着。

那里出现了莎拉·阿洛佩的毕业年鉴照片。

其中的一张监控录像截图是杰戈·特拉洛克的样子。

另外一张快照显示的是马卡比·阿德莱，可能是一年前的照片，他在某个欧洲国家的海滩上，穿着黑色 Speedo 泳裤。

还有一张巴侬萨克军的模糊照片，来自于乌兰巴托的监控档案。

在埃塞俄比亚基督慈善组织网站上找到了一张希拉尔·伊本·阿尔索特的清晰图像，他在照片里面微笑着，拥有着蓝色的双眸，整洁的牙齿，完美无瑕的肌肤。

艾斯林·考普身穿比基尼出现在科尼岛，可谓是肤白胜雪。

萨里·乔普拉正在度假，站在一个看起来很奇怪的教堂前面。这座教堂是由红色砖石建成的，到处都是尖塔和尖顶，仿佛是从巨人手中滴落下来的。萨里怀中正抱着一个女婴，她的脸颊粉嘟嘟的，头发很短，双手抓着萨里的彩色衬衫。

他不需要去找已经淘汰的选手照片。千代子、米诺斯人、苏美尔人。当然，他最终还是在网上发现了古利人支离破碎的尸体照片。

目前已有四人淘汰。

他将这些照片放进一个幻灯片文件中。他继续准备他的演说，用谷歌翻译软件将自己的语言组织成比较流畅的英语。准备好以后，他来到照相机面前，开始录制影片。在第四次试录的时候，他顺利完成了录制，而没有出现明显停顿。"大家好，我叫刘安。"影片开头如是说。他的声音很镇静。他的眼睛很空洞。

他没有坐直身体，胸前仍戴着那串由头发、皮肤、扯下的耳朵制成的项链。

"我想要告诉你们周围发生的一切。关于那些流星。关于亚巴顿。关于西安发生的脏弹爆炸。关于生与死。关于多数人从未听闻的真相。那是一件叫做终极游戏的事情。我希望你们能够相信我所说的话，因为它们都是真相。终极游戏是真实存在的。正是由于当下发生的这些事情，引发了这场比赛。这场游戏已经秘密进行了数千年的时间。十二支被选中的部族始终保守着这个秘密。他们的祖先可以追溯到创世之初。万物之初。众神诞生之初。我的族群叫做商族。终极游戏真实存在，并且在我们身边发生着。我们彼此残杀，争取着最后的胜利，胜者就能生存下来，胜者代表的族群就能得以延续。其他人都要死去。"

他清了清嗓子。他会把这段视频删掉。

"终极游戏将要创造新的世界。不过，那将是一个可怕的世界。终极游戏将要杀死你们中的多数人。孩童、母亲、儿子、父亲、女儿、婴儿。如果我们都失败了，那么终极游戏就要招致人类灭绝，使得生灵涂炭。不过，大家要坚信，终极游戏必须被阻止。我知道如何阻止它。"

刘安在说谎。他根本不想阻止终极游戏。即便知道如何阻止，他也不想告诉任何人。

"亚巴顿即将到来。我和其他选手都将称之为大事件。我们的族群得知此事已有数千年之久。我们不知道大事件究竟是什么，不知道它在何时发生，唯一知道的就是这件事情将要招致相当可怕的后果。直到数周之前，我们得知真相。亚巴顿将要招致相当可怕的后果，各位。

比我所说的、比你们能想象的可怕得多。但是，你们能够阻止它……你们能够帮助我阻止它。办法很简单。我和其他选手只是人类。"

等到视频制作好的时候，屏幕上将会出现那些选手们的模样。

"他们的名字叫做莎拉·阿洛佩、杰戈·特拉洛克、马卡比·阿德莱、一个名叫巴依萨克罕的男孩、希拉尔·伊本·伊萨·阿尔索特、艾斯林·考普、萨里·乔普拉。其他四人已经淘汰。其中一个死在我的手中。"

他再次清了嗓子。

"他们只是人类。并不是全知全能的超自然存在。但是，他们确实非常危险。我们所有人都经过严格训练，包括：杀戮、入侵、电脑、伪装。我们是专业的飞行员、搏斗家、驾驶员。如果合作，我们将组成地球上最危险的团队。这并不是夸夸其谈。你们可以向任何一支特种部队打听我的名字。他们会确认我所说的话。"

他像祈祷似的双手合十。

"我想要提出一个要求。请你们帮助我杀死其他选手。等到他们全部确认死亡，我就会实施自杀。如果我没有做到，你们可以杀死我。如果我们选手在亚巴顿来临前全体死去，如果我们的族群全部灭绝，那么游戏系统就会发生短路。神们就会取消这场游戏，也是他们促成了亚巴顿的出现。它在太阳系的出现是一个谜题。一个深奥的谜题。它的消失同样会成为　个谜题，但是我们知道它为什么消失，尽管我们不知道它如何消失。"

他身体前倾，更加地靠近镜头。

"它会消失，因为你们不允许它继续存在，因为你们团结一致，拯救地球和地球上的各种生灵。地球不会灭亡，地球将继续存在。"

他伸出了自己的手。

"请求你们，加入我的行列。杀死其他的选手。拯救这个世界。杀死其他的选手。拯救这个世界。"

他停顿下来，仍然伸着手。

随后，眨眼颤抖颤抖颤抖眨眼眨眼眨眼眨眼。

颤抖颤抖颤抖眨眼。

眨眼颤抖。

颤抖。

眨眼眨眼眨眼眨眼眨眼。

一阵颤抖。他关上摄像机。这段视频将会经过剪辑，通过一个匿名账户传送到 YouTube 网站，利用电子邮件发送到每一家新闻媒体、所有的政府机构、数以千计的独立记者和全世界的网络"舆论导向者"。他将会删改 YouTube 后台的点阅率计数器，使得这段视频以数百万次的点阅率登上首页。在评论栏，他会写下每一位选手的最新行踪，网页机器人、新闻聚合器、过滤器同时处于工作状态。一旦实现这些条件，视频就会进行网络直播，全世界的人们都能立即看到它。无论他们相信与否，这都没有关系。他需要的只是一些人的信以为真。他需要的只是让特种部队、秘密警察、各国政府间谍知道选手的真实身份，了解他们的所在位置，并且认为自己能够阻止亚巴顿的降临。他需要的只是一点小小的帮助。

来自不知情的且终将毁灭的愚蠢人类的帮助。

男人、女人、孩子。

所有人。

他从摄影机里下载这段视频，同时注意到千代子的手表秒针不动了。他敲打表面。按下十点钟方向的那个按钮。再次敲打表面。秒针开始继续移动。

滴答、滴答、滴答。

他解开带扣，试图重新上发条。这时候，他突然发现了什么东西。他不确定，看起来像是小型的数字标记。

你给我留下了什么惊喜，千代子？

他拿出一台不同的 DSLR 摄像机。拍下一张照片。将文件传送到电脑里。打开了 Photoshop 修图工具。

就在那里。

一个模糊的不甚完美的网格图案，格子不大，却很规整，布满了整块石英玻璃盖片的表面。

也许是照相机的偏振滤镜隐藏了格子？他卸下了滤镜，再次拍摄了照片。

还是没有格子。

接下来，他用 2.3 小时给 Photoshop 软件写了一条宏指令，每秒产生数以千计的偏振图案，并且将其与手表照片相匹配，检查测试结果。

结果不出所料。宏指令运作了 17 分钟 31 秒，结果显示了 3114867 条命中。

他将图案印在一张醋酸纤维纸上，用其覆盖在摄像机镜头之上。他将摄像机放在三脚架上，将镜头对准桌面的手表，拍到的图片直接传送到电脑。

哔哔。

哔哔——哔哔。

三秒后。

哔哔——哔哔。

一切都静止了。

底部出现了极小字体的标度：D cm=300 m。

顶部出现了一对的坐标：–15.51995，–70.14783。

刘安出拳重击谷歌地图上的这些数字。网站突然中断了。此前屏幕上显示的是秘鲁胡略卡的南部和西部。

杰戈·特拉洛克？

他按下了 10 点钟方向的按钮。

小屏幕上的内容被擦除。又是一声哔。

哔哔——哔哔。

三秒后。

哔哔——哔哔。

这一次坐标开始了快速移动。

刘安将这些坐标输进自己的电脑。显然，另外一位选手正在从欧洲向西南方向的南美洲移动。难道有人跟杰戈·特拉洛克在一起？他们中间是否有一个人拿到了大地之匙？或者是天空之匙？难道游戏已经进展到这种地步，以至于刘安的计划想要奏效已经太晚了吗？

不会。如果真有选手拿到天空之匙，那么开普勒星人就会发表公开声明。

　　他再次按压这个按钮。千代子只跟踪到其中的两个人。

　　在剩余的七位选手中，她找到了两位选手的位置。

　　真是一份好礼物，一份珍贵的绝无仅有的礼物。

　　"你在我心中永生，我的爱人，"刘安抚摸着千代子的项链。视频很快就会制作好。他要将这些选手的真实身份以及具体位置告诉全世界。

　　"你在我心中永生。"

格雷格·乔登
湾流飞机 G650，白令海峡上方的 37800 英尺高空

格雷格揉着眼睛。疲惫地环顾机舱四周。他看到同行的其他人——马克罗斯基、波普、艾斯林——都睡得不省人事。

看样子不错。在迎接挑战之前，我们都要尽可能多地养精蓄锐。

他长长地叹了一口气。已经过去了好几天时间。关于亚巴顿的新闻报道，跟艾斯林的结成同盟，选择追捕刘安，决定派遣 KFE 小分队，最关键的是，他得知数十亿人即将死去，这一切使得他度日如年。

这些天真是该死的漫长。

格雷格站起来，思考着。真是该死，我想我可以在暗室咒骂上一整个礼拜。鉴于我所知道的真相，我觉得这样做并没有什么奇怪的。

他又想到，与其束手就擒，倒不如奋起一搏。

尽管这个世界即将彻底颠覆。

格雷格很清楚，想要活下来就要帮助艾斯林，而不是史黛拉。不是 DOAT。史黛拉和她的族群能够继续执行任务，阻止外星人重返地球，上帝保佑他们。然而现在，格雷格必须有所取舍。他必须活下来。他必须帮助艾斯林。如果艾斯林能够找到迅速终极游戏的方法，那就再好不过了。如果她的计划失败了，那么她就必须要赢得比赛。这就是他们制定的计划。他必须遵从这项计划。他必须遵从。

这就意味着，格雷格必须派遣手下前往日本，帮助艾斯林找到杀死刘安的最佳方法。

格雷格打开驾驶舱门，偷偷看向副驾驶座。就连马尔斯都睡着了，将飞机调到了自动驾驶模式。

格雷格戴上耳机，打开加密无线电。调到特定的频道，键入了一串编码。那是 KFE 分队成员都已经耳熟能详的编码。

上帝保佑 *KFE*，格雷格祈祷着。上天堂，下地狱，回到人间。

大约一分钟后，线路被接通了。按照协议，对方什么都没说。

"这里是黄金领袖。接下来允许进行自由通话。代码是'辣椒酱五十九松鸡和兔子'，重复一次，'辣椒酱五十九松鸡和兔子'，请回复。"

"你好，黄金领袖，"对面的女声说。

"你好，Wi-Fi。你在哪里？"

"还在埃姆斯伯里。"

"你连线 DOAT 来处理巨石阵事件了吗？"

"是的。他们已经准备好。只需要再等几天。正在等待史黛拉的指示。"

"啊，史黛拉。最近跟她通话过吗？"

"没有。自从亚巴顿新闻以后，就没有联系过。真是该死的混乱，你说呢？"

"是的，真是该死的混乱，Wi-Fi。现在，请你认真听我讲。我有一项新的任务，昨天开始生效。"

"请讲。"

"你必须停下手头的事情，重新定位东京的安全藏身处。我们将在五小时后降落东京。你最快何时能够安排好？"

Wi-Fi 停顿了一会儿。"十四个小时，最多十六个小时。"

"很好。这是一项最高级别的刺杀任务。准备好迎接一场硬仗吧。"

"拭目以待。"Wi-Fi 回答，格雷格明白，她绝不敷衍。Wi-Fi 最喜欢刺杀任务。

"马尔斯将会上传我们已经获得的目标信息。你可以在途中进行审查。我再重复一遍，Wi-Fi，此次任务会很棘手，让大家做好充分的准备。"

Wi-Fi 只是发出了咯咯的笑声。他们永远都处于备战状态，这一点格雷格再清楚不过。挂断前的最后一刻，她说，"黄金领袖，我们日本见。Wi-Fi 下线。"

希拉尔·伊本·伊萨·阿尔索特
美国内华达州，拉斯维加斯，凯撒宫殿酒店，2405 套房

在 37 个小时以前，希拉尔在库房总部跟史黛拉告了别。她告诉希拉尔，当天他会收到一条消息——这条消息有助于他找到卫兰德·维克多利。

希拉尔很早就醒了。他向摩西叔叔祈祷，向天父基督祈祷，向先知穆罕默德祈祷，向佛祖祈祷。他开始冥想，感受人类内心被遗忘的神性的火焰。他寻求的是指引和力量，不是拯救，亦不是救赎。无论发生什么，他都已经得到拯救，得到救赎。

此处即是天堂，在人类的内心深处，而不是在虚无缥缈的天上，超越了创世者们的居所。做好准备后，希拉尔打开了手提箱中的隐藏隔间，里面装着亚伦的护胸甲。十二个木块，十二色的宝石；它们分别是：碧玉、蓝宝石、绿宝石、绿玛瑙、红玛瑙、红宝石、黄碧玺、水苍玉、红碧玺、翡翠、紫玛瑙、紫晶。正是这件古老的胸甲保护艾本先生躲过了至圣所的致命劫难。

希拉尔将胸甲穿在身上，用力勒紧带子，以至于木片嵌进了皮肉之中。

他希望胸甲这次也能保护他。

他将两把弯刀挂在腰带上，盖上一条旧棉裤，用来掩人耳目。他穿上旧皮靴，松垮的白衬衫，掩盖住亚伦的胸甲。他还戴上了誓师大会时所戴的那条项链。即便发生了这么多事情，他仍然相信这条项链会给他带来好运。

他今天尤其需要它的护佑。

他将那件物品放在床上，还有他的智能手机、五卷崭新百元大钞卷成的万元钞票。他将这些东西全部装进黑色的皮质肩挎包。

最后，希拉尔拿起两根手杖，亚伦的手杖以及摩西的手杖，抚摸着蛇形标志的后侧，解除了两根手杖的封印。褐色的木头随即变成了披着鳞甲的蛇皮，两条蛇扭曲着，蠕动着，盘绕在希拉尔的手臂上。他深深地盯着两条眼镜蛇带有金色斑点的黑色眼睛。

两条蛇吐着信子，露出尖牙，互相啃噬着。希拉尔对着它们发出咕咕声，对着它们吹气，亲吻它们的蛇冠，跟它们对话。

"今天，你们要兑现自己的诺言，"他跟两条蛇说。"今天，你们要吞噬多年前曾经背叛你们的败类。今天，你们要将埃亚从人类手中夺走的全数归还。"

颜色更深的那条蛇，亚伦之蛇，突然向前猛冲，伏在希拉尔的肩膀上。

"今天，你们将要恢复人类的纯真。"

艾斯林·考普，波普·考普，格雷格·乔登，布里奇特·马克罗斯基，格里芬·马尔斯

日本千叶县，舞滨站 1—9 号，东京湾喜来登大酒店，相邻的 1009 套房和 1011 套房

两天前，艾斯林与新组建的中情局特工小组抵达日本，他们入住了一家俯瞰东京湾景色的日式酒店套房。刘安的藏身地就在西边不远处。

马尔斯正在电脑前面，嘴里吮吸着一根造型夸张、酷似电锯的日本产的棒棒糖。乔登坐在他的身边。他们俩在低声细语。马克罗斯基坐在地板上的坐垫上，仔细观察东京港北部岛屿的详细地图，地图一角压着一个木制托盘，里面装着吃了一半的寿司和日式腌菜。艾斯林站在落地窗前，旁边站着波普。相模湾吹来的风，经过了浦贺海峡，猛烈敲击着窗玻璃，发出呜呜的呼啸声。海湾视野开阔，停靠着各式各样的船只，周边的岛屿上，楼房、高尔夫球场、酒店、码头、船坞林立。远处东南方向，有一栋属于太空时代的白色建筑，看起来像是邦德电影中某个超级反派的指挥部。往西边看，可以清晰地看到东京的城市天际线，无边无际，灯火闪烁，那是艾斯林迄今为止见过的最大的城市。

"真是壮观。"艾斯林用凯尔特语跟波普说。

"是的，我曾经来过两次。我都震惊得几乎说不出话来。"

艾斯林和波普一直没有恰当的机会，好好谈论他们是否应该接受乔登及其团队的帮助，主要原因就是他们从来没有独处的时间。因此，他们赶紧抓住了这个机会，在这个宽敞的房间里，伴随着外面呼啸着的寒风，他们可以低声讨论。

"你觉得他们还有什么隐瞒我们的？"艾斯林使用了他们部族的那种满是喉音且语调单一的语言。

"他们原本想要杀死你——以及其他的选手——后来才决定要跟你结盟，"波普坦白地说。

艾斯林点头。"我也这么想。"

"不过，我觉得他们现在是真的想要帮助你。当他们说自己很害怕的时候，我就决定要相信他们。"

"我也这么认为。"

他们看着海湾里的船只来来往往。

"艾斯林。"波普缓慢地说。艾斯林早就知道他要说些什么。

"我已经跟你讲过。我在杰维斯港所讲的并不是谎话。"

"我知道你说的不是谎话。但是，我就是不能接受。"

"你必须接受，波普。我是选手，这是我的使命。你知道的，游戏一旦开始，我是无法被替换的。你只能跟我站在同一阵线，这就是我的游戏方式。如果可能，阻止游戏；如果不能，赢得游戏。"

波普什么都没有说。

"我很抱歉把你拖进了这种泥潭，波普。我会速战速决的。"她深吸了一口气说，"我们必须这样做，为了我的父亲，为了您的儿子，为了他的死亡不至于白费。"她等待着这些话慢慢沉淀，"我知道，你是接受指令才杀死他的，而我现在也要命令你接受指令。不是因为我固执己见，而是因为游戏必须这样进行。我们的部族需要遵从指令。那是我们的存在方式。然而现在，一切都已经开始，一切都是真实的，不是我们多年以来想象出来的，地球濒临绝境，我们必须这样做。我们不得不这样做。如果你想让德克兰死得其所，波普，我们就必须这样做。"

说话的同时，她认真地看着波普的侧脸。他的下巴在抽搐，眼睛流露着说不出的情感。

艾斯林将一只手搭在他的手臂上。"我爱你，所以我原谅你，波普。但是现在，你必须原谅你自己。这就是你对我的最大助力。"

波普仍然凝视着窗外的景色。他侧过身，抓住了艾斯林的手，并且用力握住，用了很大力气。

"你愿意帮助我吗？"艾斯林继续问，几乎是呢喃的程度。

"我还有别的选择吗？"

他们都知道答案。她不必再多说什么。

"我永远支持你，我的选手。"

"太好了。"艾斯林把搭在波普手臂的那只手拿开，他们肩并肩地站在窗前，俯瞰着整个东京。水面微波荡漾，令人迷醉。艾斯林甚至有些期待哥斯拉会从水中冒出来，朝着直升飞机怒吼。

然而，现在还不是大决战的时候。时机尚未成熟。

"好消息，"乔登高声说，打破了艾斯林和波普的私密谈话氛围。"KFE 小分队已经盯上了刘安。考普，现在只要你一声令下，他们立刻发动攻击。"

艾斯林再次握紧波普的手，转身面对乔登。

"很好。让我们看看他们都发现了些什么。"

乔登致电 KFE 小分队，随后跟艾斯林做了简要汇报。这支队伍由六名男性以及一位女性组成。四个是前海豹突击队成员，一个是前三角洲部队成员，还有两个是中情局杀手。他们的代号名称是鸭子、Wi-Fi、狂徒、墓地、四叶草、火腿、天际。

艾斯林和波普加入到乔登和马尔斯的谈话当中，而马克罗斯基则在继续研究那张地图。

马尔斯用操纵杆控制小分队设置的监视摄像头。他控制镜头向左向下移动。随后，按下一个红色按钮。电脑屏幕上出现了一张放大后的图像。"刘安就躲在那里。"马尔斯回答说，嘴里仍然含着那根棒棒糖。

刘安正躺在靠墙的简易床上。身上盖着一块毯子，露出了瘦骨嶙峋的脊背。

"那就是刘安？"波普问到。"他看起来就像是集中营的囚犯。"

刘安翻了个身，他们看见了他的脸。眼泪形状的刺青。"就是他。"艾斯林回答。

"根据 Wi-Fi 的观察，他一直在忙着什么事情，"马尔斯继续说，

"非法匿名闯入了谷歌、推特、脸书、网络随身碟、照片分享软件、国家安全局、国防情报局、中央情报局、全国印刷协会、美国宇航局、俄国联邦安全局、军情六处、以色列 8200 单位、中国国家安全局，还有该死的其他地方。"

"她已经侵入了他的电脑系统？"艾斯林继续问。

"不是，那是她进行观察的结果。我们必须进去里面，使用那台电脑，才能知道真正的情况。"

"所以说，我们只能等待他离开。"乔登说。

"根据我的推测，如果他选择离开，应该再也不会回来。"艾斯林表示否定，"不行，我们必须先发制人。"

"我同意。"马克罗斯基坐在地板上说。

"亲爱的马克罗斯基，你总是那么一往无前。"乔登说。

马克罗斯基站起来，舒展了一下身体，"砰！先开一枪，然后就得了。"

"我倒是乐于见到这种结果。"艾斯林回答说。

"我不确定。也许我们应该先侵入他的电脑。"马尔斯插嘴说，"Wi-Fi 认为，他获得了某些可靠情报。"

"我们能跟她通话吗？"波普问。

乔登摇头说："不行。KFE 小分队的规矩之一就是执行任务期间禁止说话。不过，我可以叫她移动到通讯距离内。"

艾斯林仔细思考着，随后她说："你确定他们能在刘安不知情的情况下走到屋内？"

马克罗斯基回答："KFE 小分队能够神不知鬼不觉地钻进猫窝。"

"你的比喻很形象，多谢了，马克罗斯基。"艾斯林回答。

波普无视了这个笑话。"我们给他来一针镇定剂，然后检查他的情报。如果情报已经完整，我们就杀死他。如果情报有所缺失，那么我们就等他醒来，然后继续审讯。"

马克罗斯基使劲地摇头说："我们已经在这种血清上跌了好几次跟头。不管设计多么精妙，目标对象总能察觉到自己身体发生的变化。还记得巴林的那个孩子吗？"

乔登转了转眼珠子："法鲁克·阿尔-纳尼？"

"没错，拥有两条左腿的法鲁克，"马尔斯继续说，"我们在他身上使用了血清，结果他足足有六个月的时间都走不了直线。"

艾斯林啧啧称奇："我也觉得使用镇静剂过于冒险。此外，我想要亲眼看看 KFE 执行任务的情况。我的意思是，他们是我在这次死亡行动中的超级敢死队成员，对吧，乔登？"

"你说的没错。"

"他们能否在今晚进去？"艾斯林问。

"他们两分钟后就能行动，如果你是这样希望的话。"乔登充满自信地说。

艾斯林摇头说："我认为，应该全体前去支援。我会在西边的直升机停机坪上，找一个隐蔽的狙击位置，你们分组行动，封锁北岛和南岛的所有道路，以防时态进一步扩散。另一个方案，我们跟 KFE 小分队保持通话，看看你手下的——我是说，我们手下的——这群身手不凡的敢死队员是如何执行任务的。

用我的血，用我的骨，

造出人类的样子，

他们将要居住在地球上，

他们将要敬奉神，建造他们的神庙。

但是，我要改变神的方式，我要改变他们的道路；

他们将要共同受到压迫，他们将要堕入罪恶之门……

埃亚回答他，说出这样的话：

我已经改变了神的……

以及一个……

将要遭到毁灭，我将成为人类……

成为神，

成为他们……

希拉尔·伊本·伊萨·阿尔索特
美国内华达州，维克多利酒店及赌场

史黛拉的消息在约定时刻到来。一个年轻的服务员送来一封信，随即消失在走廊里。希拉尔打开信封，里面只有一行字：告诉手持黄色花束的职员"我们的共同朋友是里玛·苏伯蒂奇"。

这是一条经过加密却很简单直白的信息。希拉尔很喜欢史黛拉的这种做事风格。他拿过手杖，将信件焚毁，离开了凯撒酒店。他现在要去的是维克多利酒店。

跟第一晚相比，现在街道上明显热闹得多。在步行的过程中，希拉尔经过了一些叫卖摊贩、广告商和企业家搭建的临时摊位。他们的标语包括了"你准备好了吗"、"如何确保你有水"，以及"你的狗和枪将是你最好的朋友"，甚至还有一个广告牌直接写着"如何杀人"。

正好有一个男人拦住了希拉尔，试图贩卖他所相信的救赎的方法："相信耶稣基督吧，等到审判日降临，天空变成一片漆黑，河流淌着鲜血，想象接下来会发生什么！"希拉尔很欣赏对方的勇气，但是他告诉那个男人他对此不感兴趣，转身就离开了。十五分钟后，希拉尔抵达了目的地。他在街上稍作停顿。维克多利酒店共有三十层高，全部安装着橙棕色的镜面玻璃，上面映射出了城市天际线、山峦起伏、太阳和云朵的形态。在酒店顶层的左侧，标示着签名式的维克多利酒店字样。

希拉尔穿过排成一行的装甲车队列，它们显然属于一支私人警卫队。他走进装饰华丽的酒店大堂，踩在红色毛绒地毯上，感受到温暖的灯光以及水晶吊灯的绚丽色彩。这个地方比凯撒王宫热闹，但是不至于显得忙乱。

希拉尔从背包里取出那件物品，置于自己的头顶。就在他的头顶，正上方的位置，标志着卫兰德·维克多利的手杖出现了。

就是今天，他心里想着。就是今天。

希拉尔看了一眼酒店职员。没有人手里拿着黄色花束。事实上，整个大堂被鲜花簇拥着。如果这个里玛·苏伯蒂奇真是寻找埃亚的关键人物，他必须向其他职员寻求帮助。他走到服务台前，选择了一个年近五十的亚裔女性，她的长发在头顶盘了起来，红色的嘴唇，深色的眼眸。她的胸牌上写着名字，辛迪。

"辛迪，你好。"希拉尔打招呼说。对方似乎忙于其他的事情，把头埋在桌子下面——桌上放着一台电脑和她的手机——她根本没有注意到希拉尔。"天哪！"她在看见希拉尔的瞬间用手捂住自己的嘴，呼吸变得剧烈。

"我很抱歉，我的模样吓到你了。"

"不是的，我的意思是……我没想到……"

希拉尔摆了摆手。"不用介意。"

"请问你是要入住吗？"

"不是。我想要找一个人。"

辛迪在键盘上敲击了几下。"好的。请问是几号房间？"

"我不知道。她叫里玛·苏伯蒂奇。她是我的朋友。"

辛迪开始左右环顾，随后低声说道："你想要见苏伯蒂奇小姐？"

"没错。"希拉尔没有绕弯子。显然，其他人不会要求见到里玛·苏伯蒂奇——或者说，根据他的猜测，那就是卫兰德·维克多利本人。

辛迪直截了当地说："对不起。那是不可能的。"

"不是的，辛迪，我就是要见这个人。如果听说我在这里，我想她一定会来见我。"

辛迪又摇了摇头。她继续敲击着键盘。希拉尔注意到周围有人走过来。

酒店保安。

"不管怎样，苏伯蒂奇小姐现在不在酒店。"

辛迪真是撒了一个蹩脚的谎言。

希拉尔的声音很低、很严肃、充满来者不善的腔调。"我知道你是在说谎。我向你保证，她一定会想要见我。我敢打赌她的老板——也就是你的老板——如果听说你阻拦我，一定会很不高兴。"

辛迪抬头看着希拉尔。她完全被吓坏了。

保安离得更近了。

"我的名字叫做希拉尔·伊本·伊萨·阿尔索特。我是阿克苏姆人。一个共同的朋友叫我来见苏伯蒂奇小姐。请你转告她，懂了吗？"

辛迪用耳机拨打了一通电话。她挂断电话后说："请稍等。阿尔索特先生。"

"谢谢你，辛迪。"

三分钟后，两名体格健壮的保安出现在他面前。一言不发地将希拉尔带到服务台旁边的电梯间。他们护送希拉尔来到走廊尽头的一台私人电梯，使用的是一把老式的黄铜钥匙。银色的面板上，只有两个按钮，向上和向下。更魁梧的那名保安——希拉尔估计，此人约有202厘米高，127公斤重——按下了向上的按钮。另一名保安暗示希拉尔举起双手，试图进行搜身。

希拉尔照做了。

电梯开始迅速上升。

保安检查了希拉尔的背包，根本不看那些成卷的现金钞票，反而从盒子里面拿出了至圣所找到的那件物品。

"你们能说话吗？"

其中一名保安摇了摇头，张开了嘴巴。

他的舌头被割掉了。

希拉尔点头示意，"你们是维克多利先生的献身者，没错吧？"

毫无意外，两人都点头表示同意。他晃动着那件物品。

"我来到这里是要将此物献给维克多利先生。这件东西完全没有攻击性。如果愿意的话，你也可以拿着它，不过你必须按照我所说的将它呈给维克多利先生。"

那名保安面无表情地将东西放在一个口袋里。

电梯突然停住了。门被打开。希拉尔走进了一间明亮的白色门厅，远处摆放着一张桌子，上面有一只花瓶，里面装着大把的黄色百合花。后面的墙壁上挂满了浩瀚宇宙的照片。希拉尔注意到，其中的一幅照片是由哈勃望远镜拍摄的。保安再次对希拉尔进行搜身，从他的脚部开始。他解下了希拉尔腰间的弯刀，将它们递给同伴，继续检查希拉尔的胸部，感觉到衬衫下面似乎有东西。他的眼睛猛地瞪大，变得充满恐惧。他一把抓过希拉尔的领口，扯开衬衫，亚伦的胸甲完全展露了出来。

希拉尔说："这不是——"

"这不是你所想的那样。"突然出现了一个雌雄难辨的声音，打断了希拉尔的话。

"这件东西完全没有攻击性，只不过是过去时代的见证而已。"

一位身材高大的女性从走廊左侧缓步走来。她的皮肤苍白得几近透明，仿佛从未暴露在白天的阳光之下，如丝缎般的黑色直发衬托下加倍衬托出苍白的肌肤。她的眼睛大于常人，仿佛是在黑暗中蛰伏了无尽的岁月，眼睛变得更大是要吸取更多的光线。她体型苗条，姿态优雅，既像二十五岁的年轻女子，又像五十岁的中年妇人。穿着贴合曲线的浅绿色商务装，腰间戴着窄窄的红色皮带，脚上穿着银色的平底鞋。没有佩戴任何的珠宝首饰。如果希拉尔不知情的话，他可能会认为这个人是半个外星人。

他屈身问候说："我想你应该是里玛·苏伯蒂奇小姐？"

"没错，阿克苏姆人。"对方回答说。"请说正事吧。"

希拉尔明白，作为史黛拉的眼线，里玛肯定要继续装样子。他说："苏伯蒂奇小姐，我谦卑地向你介绍我自己。我是终极游戏选手，来自阿克苏姆族、我带来一件礼物，准备呈给伟大的先知、旧秩序的子孙、我们的太阳。我今天给他带来了最意想不到的礼物。"

苏伯蒂奇没有表现出一丝情绪。她将双手放在腰间。"我为什么要相信你，阿克苏姆人？"

希拉尔仍然低着头，盯着对方穿着银色平底鞋的双脚，"我的姐妹，你可以选择相信我，也可以选择不相信我。但是，我来到这里完全是因为埃亚，伟大的先知，他想要参与到那个谜题中去。"

"那你准备怎么做？"

"献身者，请把我带来的东西交给苏伯蒂奇小姐。"

女人伸出手，保安把东西递给了她。她接过来仔细研究，用她的手指触碰这件物品。不过，没有出现任何反应。

"这是什么？"

"这件东西来自于我们部族长老遗失多年的表亲。我们的族人打开了创世者的约柜，这件东西就在里面。"女人瞪大了眼睛，不过她没有说话。希拉尔心想，很好，她信以为真了。"有了这件东西，埃亚就能跟他的同胞们通话，帮助他看清楚一件事，游戏是否结束取决于他的意愿。让我来演示一下。"

希拉尔伸出手。女人将东西交还给他。在一瞬间，那件物品发出了光芒，展现出无边无尽的星际宇宙图像。他将物品对准其中的一扇门，手杖标志突然映入眼帘。"埃亚在那里。"希拉尔说。他调整位置，读数变成了 236°34′56。跳动的橙色光球充满了整个屏幕，"那就是天空之匙。"女人向希拉尔投来恶作剧般的微笑，"所以说，你打算用这个找到维克多利主人？"

"没错。"希拉尔不敢提到史黛拉或标志她的位置的另一个手杖标志。苏伯蒂奇也没有再问。

"很好，阿克苏姆人。你说服了我。不过，你的一举一动都将接受严密的监控。"

"那是自然。"

她敷衍地略微弯腰，随即说："你可以穿着那件巫师服"——她用长得异乎寻常的食指指着亚伦的胸甲——"不过手杖必须留在这里。"

也许她过于信以为真了。难道她不知道我必须依靠手杖才能取得胜利吗？

"苏伯蒂奇小姐，请看着我。不久以前，我差点被另外两个选手弄死。我需要我的手杖。"

里玛·苏伯蒂奇摇头说："我很抱歉，但是它们可能被用做武器。你我都心知肚明，你们族群最为擅长棍法，没错吧？"

"是的，但是我更倾向于使用弯刀。它们已经落入了你们手中。你可以随意检查手杖。"希拉尔没有露出丝毫的怯意，"它们完全没有攻击性。"

里玛·苏伯蒂奇向那个没有名字的献身者略微点头。他拿走了手杖，消失了将近四分钟。希拉尔僵硬地依靠在电梯过道里，不断调整身体重心。

那个男人再次出现。他将手杖交还给里玛·苏伯蒂奇。

他们点头示意。

她看着他们。"它们没有问题，阿克苏姆人。"

"我知道。"

她用手指抚摸着手掌上的雕刻，拂过空洞的眼睛。"蛇头，哈？"

希拉尔微笑着说："难道蛇不是要勾引男人吗？"

她把手杖递给希拉尔，"是的，确实如此。阿尔索特。"

苏伯蒂奇在墙上连续按压了几个无标记的位置，之后出现了一个隐藏面板，下方闪现出红色、绿色、紫色、蓝色、白色光芒。门被轻轻地打开了。出现了一个白色房间。

"请吧，阿克苏姆人。跟我来。维克多利主人正在等着你。"

242

①

---

① http://goo.gl/Y9mz4S.

艾斯林 · 考普，刘安，KFE 小分队

日本东京港，江东区三丁目 -7-19 号，商族货仓

现在是早晨 4 点 17 分。

艾斯林一动不动地趴在两层楼房的屋顶，距离刘安所在的仓库仅有一个街区的距离，手中握着艾斯林最偏好的手动枪击狙击步枪，B&T APR308 冲锋枪，枪管般的消音器就固定在枪口。她穿着一件黑色连体衣裤，用来抵御自水面吹来的凛冽寒风。在南面、东面，以及北面的三个方向，艾斯林的视野不受任何事物的阻挡。在她的右侧，有一堵高墙，她完全可以越过墙壁作为掩护。她的左侧是直升机停机坪的开阔空间。在她的后侧，也就是 75 英尺以外的地方，就是这栋建筑的边缘，下面是波涛起伏的水面。

她的左眼上方，架着格里芬 · 马尔斯改装好的并且使用转轴的单片谷歌眼镜。

艾斯林在单片眼镜上轻轻划过视频传输。墓地就在她的对面，约 716 英尺远，标示位置是 85°42′ 39″ ，他正用狙击步枪对准刘安所在仓库的东侧位置，观察着刘安睡眠中的一举一动，时刻准备利用绳索下降到仓库里面。

鸭子是爆破和联络专家，监视着海湾一侧的仓库门。狂徒盯着后巷的后门。天际负责协助 Wi-Fi，而 Wi-Fi 全身着黑色，已经悬挂在刘安所在仓库上方的绳索上。

艾斯林又划了两下，发现马尔斯就坐在北面几个街区以外的面包车里，旁边摆满了计算机。乔登在他的旁边。她再次划过镜片。这一回，在南面几个街区以外的地方，她看见波普坐在另一辆面包车里的副驾驶座上，双手交叉平静地放在一支 M4 卡宾枪的上面，马克罗斯基就在驾驶座上。

乔登的声音从耳机里传了出来。"所有部门再次确认时间。现在是十九点十七分三十五秒。"

艾斯林检查了自己的手表：十九点十七分三十五秒。时间正在流逝。

"点击镜片，所有单位准备出发。"

艾斯林在单片眼镜上点击了一下——她的调子是升F——同时她也听到了其他的成员点击镜片发出的多频音。

"收到。全体到齐，准备出发。所有人全力攻击商族选手。重复一次，全力追击商族选手。"

刘安还在沉睡中，身体蜷曲着，面朝墙壁的方向。他的手中仍然紧紧抓着那根由千代子的头发和撕裂的耳朵制成的项链。

Wi-Fi从天花板降落到房间内部，采用了一种臀部着地的姿势，没有发出任何声音。她解开了自己的绳扣，整个人趴在地上匍匐前进。她慢慢靠近刘安的桌子，钻进桌子下方，找到了休眠状态的苹果电脑，那是刘安所有电脑的中心电站。

Wi-Fi从裤子口袋里拿出一个烟盒大小的黑色盒子，从另一侧裤子口袋拿出一卷软塑料。她用手肘撑起身体的重量，开始了紧锣密鼓的工作。那个小黑盒其实是一台功能强大的固态电脑。她抽出其中唯一的接线，小心翼翼地将其连接在刘安苹果电脑的高速数据端口。这个小黑盒设定了特殊的程序，因而这台苹果电脑将继续保持休眠状态。

她展开了那卷软塑料。那是一个静音键盘。

她开始打字。黑色的盒子进入工作状态。随后，她看见单片眼镜上显示出一些内容，迅速建立了上行传输。

在通讯车里，马尔斯开始彻底搜索刘安的电脑系统，尽量多且快地传输文档，最终有所发现：刘安录制的那段视频以及现存的终极游戏选手的伴随信息。

一只海鸟从艾斯林的头顶掠过，她正在目不转睛地盯着Wi-Fi传回的资料。建立传输后，Wi-Fi盘腿坐在桌子下面，手中拿着一把HK

MARK23 消声手枪，枪口正好指向刘安的背部，在他的脊椎和肺部映出浅浅的光点。艾斯林看着刘安的肩背在深色薄被下面起起伏伏。

艾斯林和 Wi-Fi 以及 KFE 分队的所有成员都在静静等待着。

等待着马尔斯完成他的任务。

刘安梦到了千代子，梦到她还活着，在如墨般的水中游泳，她的头发被剪得乱糟糟，她的耳朵不见了踪影，嘴唇边泛着笑意，只看得到她的头部、颈部和圆润的肩部。一阵微风吹起了水面的涟漪，千代子的脸上突然浮现出警惕的神色。她抬起一只手，肩膀上起了一堆鸡皮疙瘩，她用手指着某个方向，张开嘴尖叫起来。

然而，什么声音都没有发出来。

她只是张大了嘴，无声地尖叫着，她的嘴张开得越来越大，越来越大。

那是一种警告。

刘安的眼睛猛地睁开。他继续缓慢呼吸着。

吸气，呼气。

胸口起起伏伏。

他眨了眨眼睛。他的鼻尖距离墙壁只有几厘米的距离。他闻到了大海的味道。他感受到上方吹过一阵清新的空气。

有一扇天窗被打开了。

屋里有其他人。

马尔斯说："根据他的情报，阿克苏姆人在拉斯维加斯，哈拉帕人在印度东北部。他认为艾斯林还在纽约，尽管他尚未确定这条消息是否属实。最好的是，他目前正在追踪两名选手。根据已经淘汰的选手，他基本确定这两个人是奥尔梅客人和纳巴泰人。卡霍基亚人和奥尔梅克人在一起，这一点得到了英国情报部门的确认。他不确定东胡人的下落。我正在复制文件。还需要一分钟五十秒。不过，答案是肯定的。刘安已经忙了好一阵子。我们已经得到所需的信息。"

"大约一份四十八秒后，听从我的指示继续行动。"

乔登说："收到消息，所有人划动镜片。"

艾斯林划动了镜片。她听到了其他人滑动镜片的声音。

划动、划动、划动、划动、划动、划动、划动、划动。

刘安将自己的手掌沿着金属床框移动，直到碰触墙壁为止。

他感觉到了。那里有一个按钮，尺寸约小于一颗纽扣。

那里有一个选手。怎么回事？他无从知晓。但是，那里确实有一个选手。

他按下了按钮。

在 0.06 秒的时间里，床框向墙内翻动，他滚到了一个黑暗的窄小空间，床板恰好挡住了空隙，将他与房间彻底隔离。

当啷！当啷！当啷！

三枚子弹，来自三个不同的方向，其中两枚来自于步枪。

眨眼颤抖眨眼。

刘安迅速向前滚去。某种金属物体嵌进了床板边缘折缝中。他根本没有回头看。他知道那肯定是撬杆。他必须抓紧时间。

颤抖颤抖。

他爬到了一个略微宽敞的空间，足够他弯腰坐下来，头顶有一盏灯发出微弱的红光，使他能够看清周围的景象。又有几枚子弹射进了外面的墙壁，就在他所在的位置。

他们能够看到他。即便他有掩护。

他们能够看到他。

也许——他们也能追踪他？

没错。他遗漏了一些东西。当他还在英吉利海峡上的那艘驱逐舰里，他的朋友，来自英国特种部队的查理，已经颇有先见之明地在他体内安置了追踪芯片。

有机会的话，他必定要取出这枚芯片。

床边传来更多的枪声。金属板被人移开的过程中发出了尖锐的声音。同时，暴露出了更多的空间。刘安看到一只手伸进来，朝着他所在的方向扔了什么东西。

他按下了另一个按钮。地下弹出了一块金属挡板。投掷过来的那件东西哐当一声撞在金属挡板的另一侧。

刘安掩住了耳朵。

爆炸声骤起。墙壁在晃动，但是没过多久就平静下来。这里空间虽小，却有装甲防御，因而将他保护得很好。刘安根据声音判断，刚才应该是一颗小型手榴弹，爆炸半径有效，只对正前方的物体产生伤害。

他可能在某些情景之下使用那种手榴弹。

经过特殊改装的那种手榴弹。

对方相当狡猾。可能是那个东胡人，或是凯尔特人。他对其中之一的信息掌握得最不充分。

根据不同方向射来的子弹以及子弹的不同口径判断，这位选手并不是单枪匹马。

相当狡猾。

刘安穿上防弹衣。上面挂满着炸弹、远程起爆器，以及两把半自动手枪。他采取了仰卧的姿势，穿上黑色棉裤，随后坐起身来，抚摸着千代子的头发。

就在他的肩膀上方，响起了锤击电钻发出的轰鸣声。

他必须尽快移动。

不过，无论外面究竟是谁，他都要给他们一个小惊喜。

艾斯林眼看着刘安消失在床板之后，其余队员都展开了行动。

"乔登，我是艾斯林，完毕。"

"收到，艾斯林。"乔登回答，他的声音有些焦虑。

"我要进去。"

"不行，"波普阻止她说。"现在还不行。耐心等待。准备好你的枪。"

"波普说得对，艾斯林，"马克罗斯基补充说，"KFE 分队会自己处理的。他们向来如此。"

这正是我所担心的地方，艾斯林心想。作为专家，他们势必认为自己很清楚自己将要面对什么。

艾斯林听到自动步枪的射击声。

随后又听到一阵激烈的交火，四叶草痛苦地叫喊着。她滑动镜片，试图追踪四叶草的位置，发现他正躺在地上，扭动着身体。右下角的生命体征数据显示，他的心跳次数飙升。如果能够看见他的眼睛，艾斯林肯定会发现眼中的怒火，他对于自己被射中的事情感到极为恼火。

他还感到有些困惑。

他们并不知道自己将要面对什么。

Wi-Fi和火腿跳到一旁，观察地面情况。刘安正在靠近他们脚部的位置撬开一个小孔，对准四叶草射击，击中了对方的脚腕，鲜血四溅。"进入第二阶段，"Wi-Fi在对讲机上紧急通报。

天际仍然停留在屋顶上，她从窗口位置向下方投了一根绳索，将绳索的一端扔给了四叶草。"立即撤退，"Wi-Fi发出指令，四叶草从地面被吊起，经过天窗返回到天际所在的屋顶，暂时逃脱了危险。

与此同时，火腿捡起电钻，继续他的任务。他的眼睛在墙上和地板上寻找另一扇隐藏的门，他想要发现一扇打开的门，可能有一把枪正在对准自己。

Wi Fi后退几步，瞄准墙壁，枪口方向不断转移。此时，火腿脚边伸出一支枪的枪口，Wi-Fi随即对准目标射击。子弹壳散落在地面各处，那支枪退回到地面以下。

火腿继续钻孔。

又一块嵌板弹开，大约在左侧十英寸的位置。从嵌板所在的位置，掉落了七颗黑色球体，它们在地面上向着七个不同的方向滚动。

"向洞里开火！"Wi-Fi高呼。她和火腿同时转身，以最快速度跑向书桌和计算机。屋顶上，天际将受伤的四叶草背在肩上，迅速完成撤离。

爆炸声很快响起——砰砰砰砰啪啪啪啪——只有两枚燃烧弹，其余都是烟幕弹和闪光弹。弹片四处飞溅，擦伤了Wi-Fi的臀部，而火腿幸运地毫发无伤。他们俩都被震倒在地。屋顶上，天际同样完好无损，他看着脚腕汩汩流血的四叶草。"我没事。就是倒霉了点。"四叶草回答说，天际随即点了点头。"收到。"

"所有部门坚守岗位。"乔登在对讲机里发布命令，"艾斯林，轮到你行动了。如果刘安现身的话，你要把他带出来。重复一遍，你要把他带出来。"

在仓库内，火腿站起身来，躲在一根柱子的后面。Wi-Fi 也不顾自己的皮肉伤，同样找到了掩护。火腿向 Wi-Fi 做手势，他伸出了自己的拳头，竖起三根手指，大拇指朝向左侧。

信息再清晰不过了。

刘安不会现身。

他一定要死。

艾斯林努力克制住冲出去的欲望。不过，他们说得对。尽管感到折磨，但是她必须按兵不动。刘安可能出现在任何一个角落，如果不能及时把握机会，一击绝杀，那就会错失良机。

她不想这样，但是她必须等待。

尽管她不愿意这样做。

趁着炸弹爆炸的时候，刘安迅速潜进了主卧室，里面到处都是烟雾和硫磺散发出来的辛辣味。他不需要看得清楚。他知道所有东西的具体位置。

除了那些偷袭者的位置。

他在 4.7 秒内走到书桌旁边，伸出手摸到了笔记本电脑。他合上电脑屏幕，拔掉所有的电线，将电脑放进背心的大口袋里。

他继续摸索着桌面，四处寻找着某样东西。

他终于找到了它。

那是武田信行的武士刀。他将武士刀挂在裤带上面。

这时传来装有干扰消除器的步枪的射击声，一连串的子弹穿破烟雾，造成类似飞机飞过留下的尾迹。子弹没有击中刘安，但是已经相去不远。

刘安抽出两把手枪开枪扫射，每把手枪射出四发子弹，随即进行轮换。他的射击目标是房间另一侧的柱子。如果他跟对方交换身份，他也会选择躲在那里。

八发子弹全部击中了金属板。他根本看不清楚自己跟 Wi-Fi 之间的距离远近，也不知道自己能否在火腿的颈部来个致命一击。

Wi-Fi 和火腿伏在地上。

天际潜伏在屋顶上，调整着镜片平视显示器的设置。这样一来，他就能利用英国情报组织植入的追踪芯片取代自己原本使用热度标示，确定刘安的位置。

他只需要几秒钟，就能将数据发送给 Wi-Fi 和火腿以及其他的成员。KFE 小分队就能确保击毙刘安。

正当天际忙碌的时候，刘安穿过重重烟雾，前往船运集装箱所在的位置。他弹开了防弹背心上面的小盒子里面的扳机护环。随后，他按下了红色按钮，停顿下来。当他放开手指的时候……

艾斯林接收了天际发来的平视显示器上面的修改数据——砰地一下！——她突然看到了刘安的位置信息，来自于植入大腿的那枚芯片，他正在仓库里面来回走动。

选手对抗选手。

这样才对。

她轻轻按压扳机。垂下脑袋。深深地护膝。第一轮是穿甲弹，它们能够轻而易举地穿破建筑物的墙壁，最终穿破刘安的身体。

不费吹灰之力。

不过，正当她准备射击的瞬间，西边的街道突然亮起了灯，她的脸感觉到了热度，建筑物和天空和玻璃都闪耀着橙色和红色的光芒，她的耳朵里面充斥着各色噪音。她反射性地扣下了扳机。这一发子弹穿透了仓库墙壁，但就在距离商族人两英寸的位置与其擦身而过，相继穿透了火腿的防弹背心、他的皮肤、他的骨头、他的肺部、他的骨头、他的防弹背心，最终深深嵌进了水泥地里。

火腿倒地身亡，就在这间烟雾弥漫的房间里。

艾斯林迅速低下身子，用双手抱住脑后。

炸弹在仓库门外爆炸。弹片和残骸射向鸭子，一块一英寸长的金属碎片擦过脸颊和大脑底部，削断了他的脊椎顶端。

又一个阵亡者。

屋顶上，天际被震倒在地，不过没有受伤。四叶草因为失血过多的缘故，处于时而昏迷时而清醒的状态，他甚至不知道曾经发生爆炸。

Wi-Fi向火腿爬去。天际报告说，他准备进入仓库。狂徒放弃了后巷的掩护，同样准备进入仓库。艾斯林抬起头，扫视了一下仓库侧面，在猛烈的火力攻击下，汽车警报声迭起。她听到远处船只的汽笛声，对于这里发生的一切，对于终极游戏，它们完全无动于衷。她定下心神，拿起狙击步枪，扔出枪栓，深呼吸。她决定无视对讲机里的凄厉呼声，无视濒临溃败的处境，无视乔登指示天际和狂徒原地待命以便艾斯林和墓地任意攻击的命令。

她决定无视这一切。

她透过单片眼镜自己观察，试图在追踪器上寻找刘安的位置。一开始，她没有看到刘安的位置。随后，她终于发现了一个紫色的光点。她顺着枪管向下面瞄准。她紧握着枪，不断调整角度，继续紧握着枪，继续调整角度，最后更紧地握住枪。

接着，开枪射击。

一轮猛烈的攻击，穿破了重重烟雾，子弹距离刘安的腿部仅有一厘米。

他跑得更快了。

又是一轮猛烈的攻击，来自于相反的方向，距离刘安大约几英尺。

没错，他们在追踪我。我腿上的疤痕。就在那里。我必须把它挖出来，一有机会就下手。

他继续跑。

又是一轮攻击，来自于准头更好的那个狙击手，距离只有几厘米。

跑步确实阻碍了他们的射击准确度。

准头更好的那位狙击手，应该是一位选手，刘安心想。

又有几轮小规模的攻击在他的周围炸开。他们就是在这间房子里面开枪射击的。在火力掩护的同时，他加快了跑动的速度。

后方射来一枚子弹，距离几英尺远。

前方射来一枚子弹，仅有几厘米的距离。

与此同时，上方发动攻击，来自于装有消音器的中口径卡宾枪。

他及时来到主机所在的那只集装箱，门打开着。他快步走进去，猛地拉上门，并且锁上门闩，能够暂时抵挡对方的袭击。

艾斯林随意开着枪，随后，砰地一声，刘安的追踪器信号消失了。她继续开枪射击了三轮，直到天际在对讲机中命令停火。Wi-Fi 说："我看到了。他躲进了最西边的那只集装箱。他已经走投无路了。我们赶紧进去。"

天际和狂徒同时开始移动。墓地冲向了屋顶，口中念着祷告词。

艾斯林倾身向前，膝盖跪地，随后站起身来。她正准备越过建筑物，沿着水管跟其他同伴们汇合。这时候，马库斯·洛克西阿斯·马加罗斯的头像出现在眼镜屏幕上。他是终极游戏的第一位淘汰者。

刘安，第一个大开杀戒的选手。

刘安，利用选手们全部前往秦岭集合的机会，大开杀戒，意图杀死尽可能多的选手。

刘安使用了一枚极大的脏弹，炸毁了自己在西安的藏身地。

艾斯林停下脚步。

"等一下"——她在对讲机上说。

波普询问说："怎么啦，艾斯林？"

"他为什么要自投罗网呢？"

"你在说些什么呀，孩子？"马克罗斯基不解地问。

"要是他——"

刘安移动到集装箱的最深处。外面迎来了好几轮猛烈攻击，子弹砰砰地敲击着集装箱的外层装甲，仿佛是一首高高音调的愉快乐章。刘安抽出手枪的弹夹，重新装填子弹，然后将它们套上皮套。有人重重地撞击大门，射击停了下来。刘安推动其中的一台大型主机用来挡住大门。电路发出爆裂声，火星飞溅。

　　他转向集装箱的后部，走向一套核生化防护衣。刘安将防护服套在身上，再次确保千代子的项链还在脖颈上，拉上拉链，戴上头盔，将帽子戴在头盔外面，包裹得严严实实。整个人看起来就像是穿着胀大制服的宇航员，这件衣服的颜色和标志都跟东京消防部门制服完全一致。他戴上了手套，打开左前臂的仪表板，按下了一连串的按钮。空气开始了流动。

　　他躺在金属舱内，按下了手臂仪表板上的另一个按钮。他听到集装箱的几扇门被撞开的声音。舱体已经关闭。他将双臂放在身体两侧。舱体内的安全气袋开始膨胀，刘安的身体感受到来自不同方向的挤压感。

　　我渴求死亡，我的爱人。渴求死亡。

　　他按下了最后一个按钮，就在他的右手掌根。在松开按钮前，他闭上了眼睛。

　　救赎终于到来。

　　我渴求死亡。

　　"要是他准备重蹈覆辙，再来一枚脏弹呢？"艾斯林高喊道。

　　"不好，"乔登在对讲机里喊道："所有单位请注意，终止计划。重复，终止计划，终止计划，终止计划！"

　　艾斯林扔下手中的步枪，向着水面冲过去。她跑得飞快，耳边传来呼呼的风声，她的呼吸变得急促，她的双脚摩擦着地面，她的大腿鼓起石头般的肌肉，她的小腿灵活得如同弹簧，浑身的鲜血正在涌动着，涌动着，涌动着。她感到一阵恐惧，但是她又感到周身充满生气。她差点中了刘安的诡计，几乎就要葬身于此。

　　跑步使她感到兴奋，同时笼罩在终极游戏带来的恐惧之中。

　　她跑得那么快。

还剩十五英尺。

这就是终极游戏。即便在此刻，她能够逃脱的机会仍然微乎其微。

那么快。

还剩十英尺。

那么兴奋。

还剩五英尺。

她张开嘴，大口呼吸。

还剩一英尺。

她跳了下去。

她双手并拢，身体向前倾，像跳水运动员一般地跳了下去。

天空变得明亮起来，她的身体撞到水面，沉进了海洋深处。她继续下潜，继续下潜，继续下潜。她用力蹬腿，双手划着水，奋力游向未知、冰冷、昏暗的海底，各种各样的不同大小的物体在她的上方漂过。她转了个身，游向支撑这座人工岛屿的水下建筑结构。她用自己的后背顶住，保持身体的平稳，双手推着打桩。她唯一能够看见的是海底映射出来的墨黑和海面投射下来的柔和橘光，不断有物体掉落下来，随即沉入深海。她听到呼吸产生的气泡，听到自己的心跳。她在水下憋气的最高个人记录是三分零五秒。

今晚，她要尽可能地多待几秒钟。

能多待一秒都好。

莎拉·阿洛佩

秘鲁胡利亚卡，私人房间，静谧岛

他怎么可以这样对待她？

怎么可以？

她一定要杀掉他。她一定要杀掉他。她一定要该死的杀掉他。

已经过去了二十五个小时，自从那个老女人将她反锁在这间房间里。

莎拉只睡了三个小时。此外，她一直盘腿坐在地上，紧盯着门的方向，希望有人会走进来。

希望走进来的是他，那个奥尔梅克人，那个选手，她的朋友，她的爱人，她的知己。

她的背叛者。

她一定要杀掉他，该死的。

然而，他并没有走进来。

在此过程中，她曾经坐在地上，曾经来回踱步，曾经冲着门口尖叫，曾经观察花园中的人们，他们要么选择无视她，要么根本没有看到或者听到她。她试图保持冷静，试图对目前的处境理出一些头绪。她躺在床上，打算小憩十分钟。她不想错过发现有人走进这间房间的机会，她知道肯定有人进来过，因为每次她醒过来的时候，房间里都会出现新鲜的食物。

然而，她一点东西都没有吃。

在感到头昏眼花或是产生宽宏大量的念头或是间歇性地感到冷静的时候，她会在心里想：他肯定是故意这样做的。他就是想要把我留在这里。他并没有背叛我。他还爱我。

随后，她又想起来，大地之匙在他的手里，他夺走了她的大地之

255

匙，就在她沉睡不醒且毫无抵抗能力的时候。

不对。

她生着闷气，来回地踱步。就像一只动物。

她恨他。

恨他。

恨。

如果见到他，她一定要杀死他。

该死的，她要杀死他。

杰戈 · 特拉洛克

秘鲁胡利亚卡，静谧岛

杰戈没有在自己的房间里面踱步——七岁的时候，他曾经在这里跳下床，结果摔断了腿；九岁的时候，他曾经在这里磨刀，因此划破了手掌；十二岁的时候，他第一次用拳头教训了自己十四岁的堂姐胡艾拉。他没有对墙壁恶毒诅咒，没有放弃家中的温馨和舒适，也没有暗中计划下一个暗杀目标或是如何杀死他或是何时杀死他。他没有放弃睡眠。他没有放弃进食。他没有表达任何的担忧或是恐惧。

他不能这样做。如果这样做，他就会威胁到她的生命。

为了莎拉。

为了他的爱人，为了他承诺保护的姑娘。

他必须忍痛暂时背弃她。

自从父母违背他的意愿将莎拉囚禁起来，他就无时无刻不在想念着她。思考着他何时才能将她救出来。他必须将她救出来。即便这样做意味着违背族群制定的契约。莎拉和他是一体的，他们俩是一个团队。

她也是一名选手。

就跟他一样。

她必须继续比赛。

对于自己的父母，他感到愤怒，十分愤怒。但是，他不能表现出来。否则，他们就会杀死莎拉。他也抗争过——如果丝毫不加以抗争，那也会显得很可疑，甚至可能导致莎拉的死亡——但是他还要假装同意族人对于囚禁莎拉的决定。至于他的父母，他们可能真的认为杰戈顺从了族人的意见，也有可能他们是假意接受了杰戈的谎言。不论是哪种情况，结局都是一样的。但在杰戈的内心深处，他已经认定了自己绝不可能在失去莎拉的情况下继续比赛。他对着她承诺过。即便出现了意料之外的情况，不救出莎拉·阿洛佩，他绝不离开静谧岛。

不过，他首先要求见奥尔梅克的族长。

首先，他必须求见奥卡波玛·特拉洛克。

现在就要。

敲门声响起。

"谁呀？"

伦佐把脑袋探了进来，"她准备好了。"

杰戈站起身来，用手轻轻摩擦大腿，走向房间的另一侧，从红木碗里拿起大地之匙——那是一件体积很小，似乎无关紧要的东西——随后将它握在掌心。他和伦佐一起走向内庭。杰戈并没有看向莎拉所在的房间窗户。在喷泉旁边，他们遇见了正在抽雪茄的古塔莱洛·特拉洛克，他问杰戈是否准备好了，杰戈说："当然。"

他们离开了庭院，进入空旷无人的建筑物内部，沿着迎宾走廊走向奥卡波玛·瓦伊纳的房间。

走过第五扇门，位于走廊的尽头，莎拉·阿洛佩就在里面。

杰戈几乎可以感觉到她的满腔怒火。

他们走到奥卡波玛·瓦伊纳的门口。古塔莱洛·特拉洛克从嘴里吐出一口褐色的烟雾，接着说道："她命令你独自前往，杰戈。"

太好了，杰戈心想。"好的。"他回答。

他将一只手放在门上，"老爹，如果我必须将莎拉留在秘鲁，你能……替我照顾她吗？"

"我会的。"

"你发誓？"

"我发誓。"

杰戈，他天生能够分辨出别人是否说谎，能够听得出对方在欺骗他。他自己的父亲，居然欺骗他。

不止一次。

"谢谢你。"杰戈回答。他这次是认真的。他需要知道自己父亲的意图何在。他用力推开门，消失在房间里。

　　房间里的窗帘未开，但在灯光照射下并不显得阴暗和压抑。小型收音机里正在播放着古典音乐。奥卡波玛·瓦伊纳就坐在圆桌的旁边，正在等待着他。这个老妇佝偻着身体，羸弱不堪，皮包骨头的样子。她的皮肤皱得就像葡萄干，身穿一件浅蓝色的丝质长袍，脚上穿着毛茸茸的拖鞋。她的手腕极其纤细，佩戴着不少的银手镯。她直直地盯着杰戈——几乎要把他看穿——然后用一种甜美的嗓音说出了奥尔梅克族的古老语言，"过来，我的孩子。坐下。"

　　杰戈照做了。"谢谢您特意赶往此处，奥卡波玛·瓦伊纳。"

　　她摆了摆手，"不用介意，我的孩子。这是我们一直等待的时刻，不是吗？"

　　"是的。"

　　"我已经很老了——你也看得出来！——我们不妨进入正题吧？"

　　杰戈很欣赏她的坦荡。"我同意。你想要看看吗？"

　　她迅速掌心朝上，接着说："非常想。"

　　"给你。"杰戈将大地之匙放在她满是皱纹的掌心。

　　"啊！"奥卡波玛·瓦伊纳剧烈地呼吸着，"没想到这么轻……又这么重。"

　　杰戈没有回应。

　　"天上的那些人真是无与伦比的匠人——或许我本应这么说！"

　　对于自己的拙劣笑话，她发出了一种细微的类似于鸟鸣的笑声。

　　"他们创造了我们，是吗？"

　　奥卡波玛·瓦伊纳将大地之匙握在掌心，随后用长长的食指指向杰戈，"确实如此。几百年来，他们始终统治着我们——尤其是奥尔梅克人。"

　　"奥卡波玛·瓦伊纳，你拥有帕卡库蒂克国王的智慧。你应该比任何活着的奥尔梅克人知道更多的古老历史和真相。请你告诉我。你对于终极游戏有多少了解？"

　　"我对于古老历史知之甚少，杰戈。我必须承认，创世者曾经在我耳边低语，传递了宝贵的信息。我知道古老金矿和基因实验，我知

259

道金字塔结构参数，我知道创世者出于某种目的在地球各个角落布置了能量场。我知道最后一次冰川时代以及终结它的大洪水的最终秘密。我知道古老飞行器以及史前大陆联系——例如：中国和南美洲的往来、印度和非洲的交流。我知道基于认识论和信仰体系的人类征服活动。我知道各种将人杀死的方式。我知道多种语言，包括遗忘的语言和现存的语言。我就是失落的人类学的关键环节。"说完以后，她停了下来。

她似乎不想坐下来，跟他大谈特谈以往发生的事情。杰戈感到很庆幸。

"现在，我看过大地之匙了，我知道应该如何处置它。"

终于说到正题了，他心想。

她盯着那个小黑球，然后低声说："大地之匙来自于沉在地下的远古炼石场，也就是现在所谓的蒂亚瓦纳科古城，高原湖泊的的喀喀湖的东南边。你会在那里找到太阳之门。对此我并不陌生，甚至可以说是相当了解。将大地之匙带去那里，准确放在拱门最南端距离地面121.2厘米的位置。那时候，也只有那时候，那名选手将会看到天空之匙的所在地。"

杰戈叹了口气，"蒂亚瓦纳科古城。"

"没错，我的选手。"

"那里是谢洛人的地盘，真是该死——我的意思是，对不起，我用了粗话，奥卡波玛·瓦伊纳。"

老妇人咯咯笑着说："没关系，我已经这么老了。没什么冒犯我的地方——我早就耳聋眼瞎了。"

"你知道第三把钥匙，也就是最后一把钥匙——太阳之钥的下落吗？"

"对不起，我不知道。"

奥卡波玛·瓦伊纳发出一声假笑，接着咳嗽了好一会儿。恢复以后，她将大地之匙还给了杰戈。许是因为咳嗽的缘故，她的眼睛显得有些无神。

杰戈站起身，摆出一种礼节性的姿势，"谢谢你，奥卡波玛·瓦伊纳。请继续捍卫我们的古老知识。也许我以后还要请教你。现在，如果没有别的事的话，我想我要回到比赛中去了。"

杰戈转身走了三步，听到奥卡波玛·瓦伊纳开口说："停下！"杰戈猛地停住，她的声音似有不同——似乎在拼命忍住想要咳嗽的欲望。"我必须告诉你，关于那个姑娘的事情。"她几乎是在咆哮了。

杰戈再次转过身，这一次他的动作尤为缓慢。"她怎么了？"

她从贴着金箔的小茶杯里浅浅喝了一口水。"关于她的族群，她跟你说了多少？"

"并不算多。我的印象就是，他们并不像我们这样准备充足——出于某些原因，他们认为自己比其他的族群更加'正常'。不要误会我的意思——莎拉在能力方面不逊色于任何选手，但是她的族群似乎缺少某种……我们以及其他族群所拥有的资源。"

奥卡波玛·瓦伊纳缓缓地点头说："那是有理由的，我的选手。"

杰戈向前一步说："什么理由？"

"你对游戏刚开始时的那些族群一无所知，而我在多年前就已经听说过卡霍基亚族。"

"关于他们的什么？"

"纵观整个历史，他们是十二个族群中唯一敢于对抗和反击创世者的族群。"

杰戈跌坐在椅子上。"很多年以前，兹阿洛·特拉洛克曾经跟我提过类似的事情。好像是关于人类和天空神们的战争。难道这一切都是真的？"

"确实如此。"

"什么时候？"

"公历纪元的 1613 年。那一年，创世者们开采完了地球上仅剩的金矿。然而，遵照一份古老契约，卡霍基亚人还要向创世者们奉上一千个年轻人。创世者们在地球上的最后代表临走前来追讨，结果卡霍基亚人拒绝交出这些年轻人。"

"难道他们不畏惧创世者们的愤怒之火吗？"

"不畏惧。他们当时已经得知创世者们并非不朽的神，他们的能力归因于发达科技而非神力。卡霍基亚人居然狂妄到相信自己能够运用创世者给予他们的强大武器——主要是自动推进武器——用来驱逐创世者。他们没有料想到，创世者还预留了一批其他的武器。在战争打响的三天后，双方都损失惨重。创世者们简单粗暴地将战场从轨道上抹杀，根本不在乎己方士兵的性命。创世者全军覆没。卡霍基亚人方面，仅余两名男性幸存者，还有一些分散的女性和孩童。"

"所以那就是他们付出的代价。几近灭绝。"

"他们付出了更加沉重的代价。作为最后一击，他们被迫遗忘自己族群的真正名字——简单翻译为'人类'。"

"上帝，"杰戈惊叹道。

"还不止这些。创世者们很害怕，我的选手。他们害怕，再过一百五十多年——对他们来说，只是弹指一挥间——我们可能会——"

"赶上他们的程度。"

"是的。"

"这就是终极游戏出现的原因。不仅是为了完成预言，而是要削弱我们的力量，阻挠我们的进步。"

两人陷入沉默。

"你必须杀死她，杰戈。"奥卡波玛·瓦伊纳没有丝毫的掩饰。

"你说什么？"

"跟她结盟是蠢事一桩。创世者们不会允许她的族群取胜。他们绝对不会允许这件事情发生。同样的，他们不会允许她的同伴取胜。他们绝对不会允许她的爱人取胜。"

"可是我……"

"你必须杀死她，亲手杀死她。你必须向创世者们证明你会不择手段地获取胜利。"

"但是，为什么呢？你刚才承认他们并非长生不老，还暗示说他们是微不足道的。"

"他们跟我们很相似。我们是按照创世者的形象被创造出来的。"奥卡波玛抓住杰戈的双手。她的脸颊突然变红了，她的嘴唇不断颤抖，似乎想要迫切地说出什么。"然而，他们是值得畏惧的存在。卡霍基亚人发动的那场叛变就证明了这一点。我们不可能反抗他们，杰戈·特拉洛克。"

"如果说，游戏能够被阻止呢？"

"不可能。"她坚持自己的想法，同时更加靠近了。杰戈能够闻到她的呼吸——那是一种不甚愉悦、令人昏眩的味道，混合了咖啡、维生素以及胃酸。"大事件已经被激发了。没有任何事情能够阻止它。你必须参加比赛。你——是你！——必须杀死那个卡霍基亚人。"

①

①　http://goo.gl/xMnxqF.

希拉尔·伊本·伊萨·阿尔索特

美国内华达州，拉斯维加斯卫兰德·维克多利酒店和赌场，私人套房

希拉尔跟着里玛·苏伯蒂奇，走过一条毫无特色可言的走廊，还有两位体格相当魁梧的献身者跟在他们的身后。

这就是事情的走向，希拉尔心想。不同于我曾经设想的游戏走向。而是这种走向。

杀死堕落者。

他的神经开始颤抖，浑身战栗。他想到了故乡的沙土、风声、甜枣、清泉。那些都是能够带给他内心安宁的事物。

它们能够镇定他的内心。

但是，现在看来它们并没有起到什么效果。

"还有一个问题，阿克苏姆人，"苏伯蒂奇转过头。

"请讲。"

"为什么你要背弃自己的族群，向维克多利主人投诚？"

"亲爱的姐妹，我并没有背弃我的族群。"希拉尔保持一副很平静的样子。

"请你解释一下。"

"誓师大会结束后，我很快得知，选手们一开始就能终止比赛，从而拯救全人类。"

苏伯蒂奇走到了走廊尽头，接着停下了脚步。那里没有门，也没有窗户，更没有任何缝隙。希拉尔感觉到，身后的献身者同样停止了动作。苏伯蒂奇用探寻的目光审视着希拉尔。

"我们只需要停止比赛。"希拉尔继续说，"如果我们当中的某人未曾取得大地之匙，那么大事件就不会被激发，终极游戏就不会继续下去。"

"是的。创世者曾在宣言中说过。"

"没错。我试图把这个消息告知其他的选手，结果尝到了挫败的滋味。位于地球一隅的小小埃塞俄比亚遭受了创世者的微物质喷射。我遭到两名选手的攻击，身受重伤。三十六小时后，大地之匙横空出世，大事件被触发了。跟我们的长老协商多时，我们意识到创世者已经插手到游戏中……他们原本不应该干预游戏进程。"

"我们决定，如果创世者要违背他们对我们的诺言，那么我们至少要以牙还牙，打开约柜，看看里面究竟蕴含着何种能量。两位献身者因此而死。"

"约柜确实能量可观。"

"是的。里面共有两条眼镜蛇，衔着对方的尾巴。"希拉尔握紧手杖上的蛇头，手心开始出汗。他知道，埃亚正在监视着，倾听着这场对话。希拉尔现正站在刀锋之上，真相和谎言只在一线之间。

"衔尾蛇，真正活着的衔尾蛇。"苏伯蒂奇说。

"是的。出于对创世者的强烈怒火，我们的长老拿起这两条蛇，将它们的脑袋撞向摩西留下的约柜边缘。两条蛇都死去了，化成一丛灰烬。除此之外，约柜里面还有一堆灰尘、吗哪机器——他并没有碰触——以及你所持有的这件物品。"

苏伯蒂奇继续打量着手中的物品。

"在长老手中，这件物品似乎毫无反应，正如在你手中那样。然而，当我触摸它的时候，它会有所反应，也许因为我是终极游戏的选手之一。传递的消息很简单，它为我们指明了两条道路：追踪钥匙从而继续比赛，或是寻找埃亚。我早就得知，终极游戏完全是一出荒唐闹剧——创世者能够随意修改谜题的结果，尽管他们曾在很久以前许诺过我们永不插手——我们决定寻求帮助。原因很简单，很纯粹。我们知道，埃亚极其地憎恶其他的创世者。作为地球上能力最强的人，我们认为埃亚就是我们寻求帮助的最佳对象。敌人的敌人，就是我们的伙伴。你懂吗，苏伯蒂奇？我最关注的并非其他选手，甚至不是那些在我身上加诸伤害者。"他用手抚摸自己的脸庞。"真正的敌人是创世者，是终极游戏。"

苏伯蒂奇缓缓点头说："说的倒是很令人信服，阿克苏姆人。我接受你的这种说法。请跟我来吧。"

很好，她很擅长掩饰自己真实的立场，希拉尔心想。

以至于希拉尔在一瞬间产生了这样的念头：苏伯蒂奇也许根本不是安插的间谍，他正在踏进一场精心准备的陷阱。

他赶紧将这种念头从头脑里抹去。

不管是不是陷阱，他都要亲自面对埃亚。

苏伯蒂奇转向墙壁，向前走去。就在希拉尔感到诧异的同时，她仿佛幽灵般地轻松穿过前方墙壁。希拉尔稍作犹豫，身后的献身者用手指戳着他的后背。希拉尔像苏伯蒂奇那样，前脚跟着后脚，同样穿过了墙壁。其实，那只是全息投影的障眼法。

希拉尔走进了一间很大的房间。地上铺着坚硬的大理石，屋顶距离地面足有十三米高，左侧和右侧的墙壁汇合成一个 V 字形，上面嵌有银饰，以及各种来自异国的珍贵绿植和鲜花。

在他的左侧，一只深色的木头笼子里，装满了形色各异的长尾小鹦鹉，有黄色的，有蓝色的，有橙色的，也有粉色的，所有鹦鹉都在愉悦得啁啾。笼子对面，齐腰高的立柜上，放着一本几百页的古卷，深色皮质装订，中央的位置翻开。希拉尔看不清楚书的名称，看起来陌生而遥远。

几米开外，还有一棵多彩玻璃制成的树型装饰，里面装有灯泡，闪耀着彩虹般的光芒。

树的周围是舒适的座椅和沙发，还有矮桌。经过会客区，在 V 字形房间的最宽敞处，落地窗映照出拉斯维加斯的繁华景象。在那些美轮美奂的建筑物内，人们信仰的是名叫金钱的神祇；天空辽阔得无边无际，绵延起伏的红色山丘仿佛画卷的壮丽背景。窗前站着的正是卫兰德·维克多利，他正在看向希拉尔的方向。

他看起来约有七十岁，眼睛很亮，微笑的样子有些僵。看起来一定动了不少整形手术。他穿着手工裁剪的合体西装和衬衫，没系领带。他的左手上戴着一只巨大的金色和钻石镶嵌的尾戒。

"希拉尔·伊本·伊萨·阿尔索特长老，欢迎光临。"他说话的时候，左脸的皮肤几乎没有动。

苏伯蒂奇走到一侧，低下了头。

"我的主人，"希拉尔说，他向自己的敌人走去，"感谢您愿意接纳我。"

献身者无声地跟了上去。

希拉尔和维克多利之间的距离只有 10.72 米，而且越来越近。希拉尔握紧两支手杖。时刻准备启动它们。等到两者的距离只剩一米，古老的衔尾蛇会完成剩下的任务。

还有 8.6 米。

维克多利走到彩色的玻璃树旁，"我能看到你的心跳，阿克苏姆选手，到底是什么东西在困扰着你？"

希拉尔停下了脚步。他压下了自己心脏的横膈膜，试图感受自己的双腿、内脏、心脏的重量，试图使自己冷静下来。"没什么，我的主人。我……我很好……只是有些兴奋。最近发生了太多诡异的事情，简直叫人难以置信。再多的训练都无法抵御。我从未想过终极游戏真的会开始。我更不敢相信我会找到您！"希拉尔恭敬地弯下了腰。

希拉尔看着眼前的地面，同时用余光瞥见维克多利朝着献身者做了一个小手势。希拉尔抬起头。维克多利朝他笑着说："我也很兴奋。我本来还在困惑，究竟什么时候——如果这件事果真会发生的话——才会有选手找到我。我很高兴，这位选手是你。"维克多利的声音如蜜般令人陶醉。希拉尔提醒自己，必须抵制对方的诱惑。他接受的所有训练都是为了这一天。

还剩 7 米。

"我很抱歉，你遭受了那么多苦难，阿尔索特。"维克多利说话就像是在吟诵一般，不断提醒希拉尔的肉体痛楚，"如果今天进行的顺利的话，我能够修复你的容貌。"

"真是太好了，主人。"

6 米。

5 米。

时机马上就要到了。

希拉尔将双手大拇指按在手杖的蛇头上方。

很快。很快。

维克多利微笑着，始终微笑着，他的嘴巴张开，显出诡异的角度，似乎拥有像连环画里的超级英雄那样无限伸展自己脸部的超能力。他的手指也在延伸。随后，他点了点头，胸部膨胀起来。

过来，他用动作告诉希拉尔。来到我的身边，接受阳光的沐浴。

他们之间仅剩 3 米。仅剩 2 米。

不过，正当希拉尔准备启动手杖，让它们自动发起攻击的时候，献身者将手杖踢了出去。希拉尔跪倒在地。两位献身者分别抓住了希拉尔的两侧肩膀，强迫他保持跪姿，又用剩下的那只手抓住两支手杖，使它们脱离希拉尔的控制。

希拉尔手指张开，撑在地上。

手杖仍然是木头的模样，斜倒在大理石地面上。两条蛇没有出现，更没有攻击。

苏伯蒂奇什么都没做。她背叛了希拉尔。或者，为了继续掩饰身份，她此刻只得袖手旁观。

维克多利用力地揪住希拉尔的下巴，将他拖向自己的身边。他的力气相当大，导致希拉尔几乎说不出话。这真是太折磨人了。

"你真的以为你能够愚弄我？"早在黑暗无光的远古时代，是我教会了人类撒谎！"

"呃。"希拉尔试图从牙缝里挤出几个字。

"闭嘴，阿克苏姆人。我听到了你跟里玛的对话。我之所以让你进来，纯粹是想亲眼看看你现在究竟有多么可悲，还有你带给我的'礼物'。"

希拉尔不发一言。

"我不明原因，但是我可怜你。"维克多利恶狠狠地吐出这几个字，"时机成熟，我会迅速了结你的性命。时机很快就会到来。"维克多利放开了希拉尔的下巴，献身者迅速抓住他的手腕，以不自然的角度将它们扭到身后。

希拉尔狼狈地身体前倾，侧脸贴在冰冷的地面。他必须拼命地扭转脖子，同时转动眼珠子，才能看到维克多利的下一步动作。

维克多利说："里玛，给我看看那件物品。"

苏伯蒂奇将那件古老的设备从空中抛过来，落在了维克多利的手中。维克多利的语调中透着激动："天哪，天哪。这真是古老的科技产物。我也有过这样一件东西。你知道这是什么吗，阿尔索特？它的原本用途是什么？"

"难道是插进你的屁眼里？"

"哼。我真是无法欣赏人类惯有的粗俗爱好，尤其不适用于你现在这样任人摆布的状况。"

"事实上，我也不喜欢这样。"

"那么，你嘴巴放干净点儿，赶紧告诉我这件东西的本来用途吧。"

"就是为了这个，为了找到你。就像放在玻璃盒子里的计时器：在紧急情况下，它就会爆炸。"

维克多利不断踱着步，"不对。这是摩西用来跟我的同胞们交流的工具，那是在他们登船的时候，他们所有人——或者说绝大多数的人——都决定抛弃地球，这个银河系的悲惨角落。正如你所知道的，约柜被认为是一种发射器——金盖、基路伯①、金箔盒内的香柏木——不过，那只是为了掩人耳目。这才是真正的发射器。这就是他们赠予摩西的礼物，而摩西在西奈山上度过了四十天，就是用它来跟上帝交流的。"

要不是知晓了这个世界的真相，希拉尔定会对这种大不敬的说法嗤之以鼻。

这就是真相。

"你能用它跟上面的人交流吗？"维克多利问。

希拉尔的肩膀感到烧灼；他的膝盖感到大理石上生出无数根针。他试图调整到更舒服的姿势。结果，献身者更加用力地控制他的动作，并且对此施以惩戒。

---

① 智天使，在旧约中描述有翅膀、服从上帝的天物。

"不能。"希拉尔继续坚持。

"你知道为什么不能这样做吗?"

"不知道。"

"因为你不是摩西,阿克苏姆。你只是一位选手。"

"也许吧。不过,我这位选手差点就要了你的命,埃亚。"

"要了我的命? 你究竟看的是什么古籍? 唯一告知真相的古籍就在这里,就在这个立柜上,里面蕴含着所有古代世界的知识。所有的知识——再加上你们创世者们所制定的终极游戏的规则。你们将永远无法看到或是知道的规则。"

"感谢你让我有幸看到这本古籍,即便只有一瞬间。"

"行了,我真是烦透了你。无论如何,我很感谢你带来的这件东西。等到我的同胞再次造访地球的时候,我会使用这件东西跟他们交流。我想,这一天应该很快就会到来。"他看向献身者,"杀了他。"维克多利转身准备离开。其中的一位献身者将手从希拉尔的肩膀移到他的颈背。

希拉尔突然感到一阵莫名的镇静。不论以何种方式,凡人终有一死。但是,这就是他的最后机会,他还不能放弃,"难道你不想知道,我打算如何杀掉你?"希拉尔问。

维克多利果然停下了脚步。献身者同样停住了手上的动作。

"我会走到足够近的地方,然后挥动其中一根古老的手杖——所有阿克苏姆选手都曾握过的手杖——然后将其中的一根手杖捅过你的咽喉和内脏。再用另一根手杖刺穿你的心脏。我要在你的体内做一个十字标记,彻底磨灭你体内的创世者之魂,诅咒你永世不得翻身。这是我要杀死你的方式,埃亚。"

纯熟谎言。然而,濒临死亡带来了胆量。希拉尔用一种不容质疑的语气说出了这段话。

维克多利从鼻子里发出不屑的笑声。他转过身,走向希拉尔,"十字的标记? 你们族人在数千年来难道一点长进都没有? 标记的意义在于人们赋予其意义。这全是一派胡言,阿克苏姆人!"希拉尔几乎能够听见维克多利在不断摇头,"终极游戏即将结束,所有部族都要遭到毁灭。尤其是你们部族。没什么要比那些早已存在却仍然相信谎言的部族更加可悲的了。"

"也许是的。不过，我至少尝试过杀死你。自从一千两百年来，我已经走得比其他族人都更远了。"

"所以你要遭受跟她同样的结局。你尝试了，你也失败了。去把手杖拿来，里玛！你难道没有听到吗？"

"我不能，主人。我不能这样做。"苏伯蒂奇面无表情地回答。

"我不会允许。雅亿，把它们拿给我。"维克多利命令道，他总算说出了最后一位献身者的名字。

很好，希拉尔心想。

他闭上眼睛，默默发出祈祷。

很好。

他的心脏减缓跳动。他的呼吸甚至停止了。

雅亿放开了希拉尔，拿起了手杖。希拉尔能够稍微缓口气。他看到埃亚伸手拿取亚伦的手杖和摩西的手杖，脸上泛着怒气。

很好。

等到埃亚拿住手杖的时候，它们突然发生了改变，两条蛇突然活过来向前冲去。那件物品掉落在地上，滑到了一边。雅亿迅速伸出手，试图抓住两条蛇。结果，摩西变成的那条蛇动作太快，直接冲进维克多利张开的嘴巴里，钻进他的五脏六腑，瞬间消失了。另一条蛇，也就是亚伦手杖变成的那条蛇，在维克多利的颈部盘绕了三圈，随后用力收紧，冠部红艳如火，毒液不断滴落在维克多利的脸部，腐蚀着他的皮肉。维克多利用双手抓住自己的颈部，试图挣脱蛇身的束缚。雅亿也在帮忙。结果，蛇的力量似乎占据了上风。

卡里姆，另一位献身者，似乎惊呆了，放松了对希拉尔的控制，这正好给了希拉尔挣脱的机会。他迅速调整身体重心，翻身仰卧在地，趁其不备将卡里姆绊倒。卡里姆摔倒在地，卧倒在希拉尔身边，希拉尔顺势采取肘击，直取对方的太阳穴。

不过，卡里姆速度很快，他抓住希拉尔的手臂，阻断了对方试图抓取其颈部的动作。希拉尔用另一只手猛击卡里姆的胸腹，打断了三根肋骨。摩西手杖变成的那条蛇在维克多利的体内不断蜿蜒爬行，希拉尔能够听见维克多利发出痛苦的喘息声和尖叫声。希拉尔不断攻击卡里姆的胸腹部，丝毫没有停下的迹象，打断了更多的肋骨，直到卡里姆松开希拉尔的手肘。随后，希拉尔站起身来，用手肘猛击，折断了对方的脖颈，卡里姆倒地而亡。

希拉尔听见苏伯蒂奇的鞋底在地面摩擦的声音。他听见子弹上膛的清脆响声。一颗子弹穿破空气，擦过大理石地面，打进了一扇玻璃窗，窗户显示出蜘蛛网状的裂痕，但是没有碎掉。

她的枪口对准维克多利和雅亿。

她没有背叛他。

希拉尔冲向雅亿和维克多利，同时苏伯蒂奇射出了三发子弹，其中一颗打中了雅亿的大腿。希拉尔希望苏伯蒂奇能够停手，由得那两条蛇完成自己的使命。他冲过雅亿身边，手里握着那把标有"LOVE"字样的弯刀，还没来得及夺过自己的另外一把弯刀。

希拉尔猛地停住，躲在沙发背后。他要等待两条蛇完成使命，随后应付雅亿。

然而，他聆听着挣扎的声音以及维克多利发出的咕噜声和咳嗽声的，同时听见有人说："杀了他们俩！"

希拉尔从沙发后面偷看出去，发现雅亿已经离开维克多利的身边，迅速冲向坡璃树的方向。苏伯蒂奇再次开枪，不过子弹只打中了彩虹色的玻璃片。

雅亿迅速抽出另一把弯刀，身体敏捷地穿过满是玻璃碎片的空气，刀锋干净利落地击中苏伯蒂奇的臀部和胃部，她甚至没有来得及做出任何反应。手枪掉落在地，弯刀同样掉了下来，苏伯蒂奇倒在血泊中。她的脸部苍白如纸。

希拉尔再次看向维克多利。雅亿原本应该攻击希拉尔，结果，他转身回到维克多利身边，回到他挚爱的主人身边，他几乎只剩下最后一口气了。希拉尔盯着雅亿眼中的那种绝望，无助且无用地试图用手挣脱蛇身的束缚，然而蛇缠绕得实在太紧。

希拉尔站起来，走向两人的位置。维克多利看见了希拉尔走近的身影，眼中投射出仇恨的目光。不过，雅亿没有发觉主人的异样。希拉尔距离雅亿仅有一米的时候，他举起弯刀，迅速砍向雅亿的两侧肩膀，砍下了他的两只手臂。顿时血流如注，雅亿应声倒地。希拉尔把他踢到一旁。

这时候，希拉尔居高临下地俯视着维克多利，看了几秒钟。维克多利双膝跪地，眼中充满了恐惧。希拉尔没有笑，没有幸灾乐祸，也没有以胜利者的姿势舔舐自己的嘴唇。

他只是注视着。

希拉尔将弯曲的刀刃抵住卫兰德·维克多利的胸口。对方用双手抓住了刀锋，脸部因为毒蛇的毒液而肿胀不已，同时因为窒息缺乏空气而泛着紫色，毒液滴在他的脸上，仿佛流着血的斑斑点点。他用力握紧刀刃。深色的血液从指间流淌下来。希拉尔将刀身转动九十度，维克多利只得放松了双手，手指内侧出现了深可见骨的伤口。

希拉尔用刀尖刺进维克多利的胸膛，对方跌坐在软椅上。

希拉尔手中握着弯刀，垂在身体两侧。他突然感到一阵无力感。

五秒钟后，对方停止了挣扎，颤抖几下，挺直了腿。最后，卫兰德·维多利亚死去了。

他的头向后靠在沙发上，张开嘴，一动不动。

亚伦之蛇松开了维克多利的脖子，停在了他的胸口。这时，维克多利的太阳穴开始突起，又凹陷下去，嘴巴张得更大，伸出了蓝色的舌头，深色的蛇头终于探了出来。它从维克多利的喉咙口伸出了四英寸长的身体，四处打量着周围的情况。当它看到另一条蛇的尾部时，它用嘴将其衔住，吞进自己的肚里，接着完全滑出了死者的喉咙，浑身沾染着血迹、胆汁和黏液。

"你得手了吗？"希拉尔迫切地追问。

尽管衔尾蛇的能力无穷，它毕竟仍是一条蛇，无法回答人类提出的问题。

不论如何，希拉尔知道它已经得手。它已经吞噬了埃亚的精魄，作为外星人的埃亚已经不复存在。

摩西之蛇缓缓吞噬另一条蛇的尾部，亚伦之蛇也在四处寻找对方的尾部。当它找到目标的时候，它迅速衔住对方的尾部，两者形成了活着、蠕动着、翻腾着的衔尾蛇图样，停留在维克多利死寂无声的胸口。

两条蛇吞噬着彼此的身体，互相牵制着对方。

"活着的衔尾蛇。"希拉尔低声说。

两条蛇吞噬掉对方的一半身体，随后停了下来，完全陷于静止和僵直的状态，滑下了维克多利的胸口，经过他的胃部和穿着丝绸西装裤的大腿，最后砰地一声掉落在地面上。

它们又变成了木头手杖，形成了一个完美的圆环，直径为20.955厘米。

一个圆环。

就像开普勒22b给予他的线索。

一种终极。

一种开始。

一条轨道。

一个星球。

一个太阳。

一个圆环。

一种结局。

埃亚的死牢。

再不见天日。

希拉尔将弯刀系回到宽松裤子下方的皮带上，接着捡起蛇纹的戒指。

随着握住的动作，戒指发出震动。柔和的、愉悦的震动。

他做到了。

他已经完成了任务，并且活了下来。

他审视着这件物品。简单而美丽。鳞甲的雕刻极其精美，黑色的眼睛闪耀着金色光芒，蛇的体型比例恰到好处。他将戒指套在手上，戒指瞬间开始缩小。他将戒指移到前臂中央，戒指越变越小，最终恰好套进他的手指。

他将永远带着它、保卫它、守护它。

他将戒指套在手臂上，戒指继续调整自身的围长。希拉尔又将戒指套在手肘、肱二头肌、上臂和肩膀中间的肌肉凹陷处，戒指竟然不断地适应自己的围长。

在此过程中，戒指一直在改变着，以适应不同的身体部位。

他将要带着它。

保卫它。

守护它。

希拉尔不再看维克多利失去生命力的尸体。他拿起那件物品，从卡里姆手中夺过电梯间的钥匙，走向出口的位置，随后停在里玛·苏伯蒂奇的旁边。他此前认为，她早就死了，结果发现她仍在微弱地呼吸着。她的眼睛已经变得无神，手臂在身侧伸展着，嘴唇不断颤抖着。希拉尔在她身边跪下来，握住她的手，将汗湿的头发从她的脸上移开。"感谢你，姐妹。"

她的嘴唇在动。但是没有发出声音。

"我很抱歉，没能及时救你。"

她的嘴唇又动了动。还是没有声音。

"你想说什么？"

"背……背……"

她睁大了眼睛，希拉尔转过身去，突然理解了她的意思。

那本书。

希拉尔理解了她的意思。"我会拿走这本书，姐妹。我会将这本书拿给史黛拉。埃亚已经死了。古老的真相长存。你的死亡是高贵的，我的姐妹。你的死亡非常有意义。感谢你。"

她的唇边漾出一丝微笑。她的眼睛慢慢闭上了。希拉尔俯下身子，亲吻了她的前额。她死去了。希拉尔捡起地上另一把标有"HATE"字样的弯刀。他站起身，拿走了立柜上面的古籍，再次亦是最后一次经过里玛苏伯蒂奇的旁边。希拉尔摇了摇头。

安息吧，我的姐妹。

他走出房间。经过走廊。走进电梯。转动钥匙。乘梯下楼。进到大堂。向服务员辛迪点头示意。离开酒店大堂，向着东北方向走去。一个年轻的身受重伤的男子，手中拿着一本古籍，里面蕴含着不计其数的未知之谜。

一个骄傲的身受重伤的年轻人。

他按照自己的方式继续进行比赛。

他向着东北边走去。

走向史黛拉所在的方向。

马卡比·阿德莱，巴依萨克罕
秘鲁胡利亚卡，乌卡亚利大街

马卡比和巴依萨克罕坐在一辆福特雅士出租车里，那是他们在胡利亚卡机场旁用一盎司黄金购来的。自从亚巴顿的新闻播报以来，稀有金属的价格就开始飙升。

他们上一次查询的时候发现，黄金价格已经高达每盎司 4843.83 美元。

对于一辆破旧的雅士来说，这个价钱有些过高了。但是，这是一辆当地出租车，完全不会引人注目，也算是值得这么多黄金。

马卡比正在驾驶，巴依萨克罕坐在副驾驶座。太阳正要落山，但是两人依然戴着墨镜：马卡比戴着设计精美的杜嘉班纳太阳镜，巴依萨克罕戴着的是一副浅蓝色的旅行者牌廉价仿冒品，其实就是在这辆出租车的杂物箱里找到的。

马卡比的脸就像是被汽车碾过，仍然肿胀不堪。几天前，他遭到古利人的突袭，现在他正处在创伤愈合的阶段。这种愈合不仅是肉体伤痛得以痊愈，更是精神回归正常的过程。她真的让他吃了大亏。如果以后还会有人认为他很英俊，那么对方欣赏的对象必定是历经艰辛的硬汉形象。

对于马卡比来说，这倒没什么大不了的。

在仪表板和方向盘中间，球体被卡在里面，那是创世者科技制造出来的追踪装置。它的表面闪着微光，标志着奥尔梅克人和卡霍基亚人的位置。

马卡比和巴依萨克罕已经距离他们很近了。

不过，他们还不能轻举妄动。

那样做实在太过危险。

他们俩凝视着这条漫长的道路，两侧都是砖瓦结构的楼房。

几个街区以后，出现了围成警戒线的黑色军用汽车，引擎盖上涂着红色的爪型图案。那些人都穿着黑色的制服，有些人用巴拉克拉瓦盔式帽蒙住自己的脸。全部人马荷枪实弹，检查每一个过路人。

他们很少放行。

两位选手都知道这条路上发生了什么。

杰戈·特拉洛克。

莎拉·阿洛佩。

大地之匙。

巴依萨克罕摇晃着塑料药瓶，从里面倒出一颗药丸扔进嘴里，再用牙齿将其碾碎，吞下了苦涩的粉末。他又把药瓶递给马卡比。

"想要来一颗吗？"

马卡比同样倒出一颗药丸，囫囵吞了下去。

自从离开东柏林的公寓，他们就开始吃抗生素药物。考虑到巴依萨克罕刚动完手术，而马卡比身受重伤，两人都不敢承受身体感染的巨大风险。巴依萨克罕将双脚架在了仪表板上，还用脚趾头打着节奏，将机械手臂挡在脸上，张开了手指，握成拳状。他突然露出了微笑。他想到了那个古利人，想到了她坚硬的肌肉和骨头竟然如此轻易地屈服于这只手臂之下，想到了她的鲜血喷射在自己的手指上。他真是爱上了这只新手臂，蒙受死亡祝福的手臂。

"还要多久？"巴依萨克罕问到。

"不清楚。"

"他们总不能永远呆在这里。"

"我们已经有两天没有监视过他们了，巴依萨。"由于脸部有伤口，马卡比说话时必须避开嘴巴的左侧。他的鼻腔仍然红肿，声音沙哑，含糊不清。

巴依萨克罕挥拳击向想象中的敌人。"所以怎么办？"

马卡比摇头说："他们会出现的。他们肯定会出现。即便带着一小支军队，他们总要移动。他们肯定要去寻找钥匙，继续参加比赛。"马卡比说完就开始咳嗽。脸部肌肉不断抽搐。伤口可真疼啊。

"他们会移动的。"他重复了一句。

"等到他们移动起来，我们就跟上去。"

"好吧。正如我们所说。贸然行动无异于自杀行为。更不用说，你我现在的身体状况都不适合打斗。"

巴依萨克罕有些不快。他时刻准备着战斗。

马卡比继续说："我们到时候跟上他们，抓住时机，把他们一网打尽。"一阵沉默。

"一小支军队……"巴依萨克罕慢慢地说。

马卡比转过身说："你在思考什么？"

"你会说西班牙语吗？"

"当然会。"

"我在思考，你跟我穿上那些鹰爪制服，应该还挺帅气的。"

马卡比笑了出来。不错的伪装。不错的主意。甚至可以说是一个好主意。"如果打不过他们的话，那就加入他们，你说是不是？"

巴依萨克罕皱着眉头说："你说什么？"

"如果打不过他们，就加入他们。"

"你说的都是些什么傻话？"

"这是一种比喻。"马卡比没有绕弯子，"我的意思是，我们抓住其中的两个家伙，抢走他们的衣服和车辆，然后悄无声息地混进他们中间。等到时机成熟……"这时候，马卡比用一根手指划过自己的脖子。

"我就是这么想的。"巴依萨克罕解释说。

"天哪。无所谓谁说的。"

"那好。不过，我们是准备埋伏他们，拿走钥匙。没错吧？"

马卡比拼命忍住想要翻白眼的冲动。"没错，巴依萨克罕。我们就是这样计划的。"

东胡人笑了。他很喜欢这个计划。"那么接下来，我的纳巴泰兄弟，我们随后要去杀了哈拉帕人和阿克苏姆人。"

马卡比什么都没说。他比以前更了解巴依萨克罕——他一心想要替巴特、波德、扎剌亦尔报仇，复仇的念头完全蒙蔽他的判断——同样的情况发生在马卡比身上，当他看到叶卡捷琳娜被古利人杀害的时候——不过，他已经有些厌倦这个东胡人了。

然而，马卡比看到了两人结盟的效益。

"抓住、杀死、获胜，巴依萨克罕。"马卡比的回答呼应了巴依萨克罕在誓师大会上得出的线索。"抓住、杀死、获胜。"

>> 阿列夫发布新闻，绝对零年七月三十日 <<<<<<<<

<< 英文版 >>

立刻发布

奥姆。

神与隐士的俱乐部，黑暗中看见光明。四十多年前，我们的领袖已经预言过，如今，一切都要得到验证。今天早晨，我们的使者开始行动了。我们不会输给冒充内行、装腔作势的人，那些无名斗士追寻着自由和孤寂，却又懦夫般不愿对今早东京港发生的爆炸和辐射泄漏事件负责。

我们不会输给他们。

奥姆。

亚巴顿将要轰轰烈烈地到来。

死亡早一步到来，死亡就在今天，在这个脆弱不堪的国家，在这个船只往来最繁忙的港口。早一步到来的死亡将会很安静。

向东看，东京的罪人们，看着太阳在这个业已褪色的虚伪王国的上空升起。

看向成田机场。

奥姆。

日本共同通讯社要闻

当地时间早上 8 点 37 分，成田机场 1 号航站楼空调系统发生了爆炸，爆炸物是五台压缩氰化氢装置。三分钟前，恐怖组织阿列夫发出了新闻稿，该组织也被称为奥姆真理教。随后，挖掘排查工作在两大航站楼分别进行。排查工作事后被证明存在不足。数百人在事故中丧生，数百名失踪者被怀疑在事故中丧生。同时有消息指出，期间出现了枪支交火，声音可能来自安全部队。建议所有人士，包括国外以及国内的民众，暂时远离成田机场及其周边地区。

目前尚不清楚该事件是否与今早发生在东京港的爆炸和辐射物质泄露有关。目前，东京市内的全部公共交通系统已经中断。

有关官员称，东京中部、千叶市、以及成田机场目前进入戒严状态。

请关注本社的后续报道。

艾斯林·考普，波普·考普，格雷格·乔登，布里奇特·马克罗斯基，格里芬·马尔斯

县道 55 号线，朝向西-西南

爆炸发生后，艾斯林感受到争取每一秒钟氧气的必要性。

她在水下总共待了四分十五秒，感受着胸腔的炙热和空虚。在恐惧、渴望和决心的共同作用下，她打破了个人的屏气记录。她的肺部就像被火灼烧一样，胃部拼命渴求呼吸氧气，心跳声被无限放大，几乎听不见任何其他的声音。终于，她挣扎上升，浮向水面，大口呼吸着空气。

水面上，到处弥漫着黑色的浓厚的有毒气体。

不过，她只能呼吸这样的空气，尽管夹杂着粉末状的水泥、塑料、玻璃、金属和其他的同位素物质颗粒——也许是铯 -137——里面仍有氧气。她还在呼吸。

大口大口地呼吸着。

她爬上了岸，继续呼吸着。

刘安引爆的脏弹威力巨大。摧毁了附近三个街区的所有建筑物，甚至影响到更大范围内的建筑物。在爆炸发生的地方，留下了一个 104 英尺宽、37 英寸深的坑洞，里面一片焦黑。艾斯林不敢回头去看。没有人能够在这种爆炸中幸免于难。她还要去寻找她的祖父、乔登和他的团队——或者说是残余的部队。

她沿着海岸线，朝着逆风的方向，往南面走，试图寻找浸在水中的无线电设备。结果一无所获。她把无线电设备弄丢了。

她避开刮向东京港的滚滚浓烟，绕了一个弯，发现波普和马克罗斯基坐在路边，手臂被悬挂在膝盖上方，马克罗斯基正在跟乔登说话，而马尔斯正在设置通信线路。他们就在艾斯林身后的不远处，大概只有几米。

他们四人刚好位于爆炸半径以外，因而幸运地活了下来。艾斯林不断地拥抱着波普。接着，他们坐在马路边，显露出疲惫不堪的样子。

"你全身都湿透了。"波普说。

"就当是游泳晨练了。"艾斯林回答。

"感觉如何？"马克罗斯基开玩笑地问。

"还不错。"

接下来，他们都陷入了沉默。

艾斯林打破了僵局。"其实，感觉……很糟糕。"

"不对，你说的不对。"马克罗斯基继续摆弄着手中的无线电设备，试图跟 KFE 小分队建立联络。艾斯林和波普只是坐在那里。静止地、安静地坐着。远处传来警笛声，距离这里不远的样子。

"我们必须撤退了。"艾斯林说。

马克罗斯基手指着说："他们就要来了。"

乔登和马尔斯迅速绕过角落，爬过一辆翻倒在地的车辆。他们俩浑身都是煤灰。艾斯林和她的队员们站起来迎接他们。乔登和马克罗斯基拥抱在一起。马尔斯点了一根烟，摇摇晃晃地衔在嘴里。波普和艾斯林依靠在彼此身上。

他们一行人离开了爆炸现场，走在一条堤道上，朝着外湾的方向前进，寻找可能的移动工具。

"KFE 小分队呢？"艾斯林终于鼓起勇气问。

虽然她已经知道答案。

他们全都知道答案。

乔登回答："都死了。全军覆没。"

"至少刘安也死了。"艾斯林安慰说。

"确实。我看过爆炸现场，简直就是教科书级别的惨烈现场。没有人能够在这种事故当中幸免于难。"乔登回答，证实了艾斯林的设想。

他们继续向南走。在废弃高尔夫球场外的停车场里，他们偷走了两辆小汽车，随后离开了这里。没有人看见他们。他们选择了一条迂回的路线回到宾馆，避开了警车以及其他可能发生的纠缠。

等到他们回到宾馆套间，乔登给所有人分发了碘化钾药丸，随后他们脱掉了衣服，各自冲了个澡，卸掉了少量的武器，避免武器遭到污染。艾斯林心想，幸好自己没有带上那把古老的凯尔特剑。一旦将如此稀有和珍贵的古董弄丢，必定要引发灾祸了。

等他们洗完澡，电视里正在播放着重大新闻，字里行间弥漫着一股恐慌，不仅因为东京港发生的爆炸事故，而且因为日本最大且最重要的机场发生的恐怖事件。

名不见经传的恐怖分子正在行动。

这是世界终极的一种方式，艾斯林心想。

艾斯林向大家宣布，他们必须立刻离开日本，没有人提出抗议。他们讨论着去向问题。马克罗斯基提议去南美洲，寻找他们仍然在追踪的三四名选手。艾斯林打断了她："不行。虽然他们中的一人掌握着大地之匙，我们最好还是采用'螳螂捕蝉黄雀在后'的方法，由他们自相残杀，暗中寻找机会。他们显然并不知道自己遭到跟踪，所以我们能在时机成熟的时候予以突袭。我认为，我们应该寻找天空之匙，寻找终极这一切疯狂局面的一种方法。"

波普问，"他们应该去哪里。"

"巨石阵。"艾斯林很快做出回答。"我猜测，你应该可以进去那里吧，乔登？"

"当然可以。我还认识北约的指挥官本人。虽然他有点混蛋。"

"那好，我们去巨石阵。"

"你确定吗，乔登？"马克罗斯基继续询问。艾斯林怀疑，她已经很接近对方想要隐瞒的真相。

"我当然可以确定，马克罗斯基。你知道的，我们本来就要去那里走一趟的。艾斯林，我们只需要跟他们说，你是新上任的案件负责人。兰利 ① 最新招募的特种人才，可别让她漂亮的小脸蛋糊弄住你。你觉得如何？"

---

① 译者注：Langley 就是美国中央情报局。

"不错。我们赶紧出发吧。我可不想再在东京多呆一秒钟。"

全体一致同意，他们开始收拾行李，当天下午随即动身，日本政府还没来得及宣布进入戒严状态。

现在，他们驾驶另一辆小面包车，向北行驶在东京这座国际大都市的高速公路上。下一站就是横田空军基地，距离东京中心19英里。乔登驾驶的湾流私人飞机正在那里等候着他们，上面装满燃油、武器、军火、新设备，以及食物。

由于社会局势动荡，火车线路关闭，即将宣布戒严，所有的东京市民似乎都在涌向郊区。高速公路几近瘫痪。他们已经堵了两个小时，根据马尔斯的估计，他们还要在车上待一个多小时。艾斯林坐在后座，腿上架着笔记本电脑。波普坐在她的旁边，用凯尔特剑磨着一块尖锐的石头。其他人都在前座。

艾斯林随意翻阅着刘安搜集的文档，那是小分队遭遇爆炸前一刻获得的珍贵资料。她试图在里面寻找关于巨石阵或是其他古迹的信息，像是：卡拉昂基天文台、卡纳克城、或是埃及金字塔——任何能够帮助她定位天空之匙的线索。任何一条线索。

然而，她最终一无所获。很显然，刘安根本不在乎终极游戏——至少根本不关心它的来历、创世者、人类的古怪历史。他唯一在乎的是选手们——尤其是武田千代子——以及炸弹、毁坏、死亡等话题。*他渴求死亡*，艾斯林默念。*他已经如愿以偿。*

面包车在日本的高速公路上以龟速行驶着。乔登、马尔斯、马克罗斯基始终表现得很安静，只是开了几个玩笑。失去KFE小分队，对于他们持有的信心造成了毁灭性的打击。

他们经过了一座日本神道教的庙宇，尚且保留着另一个时代特色的堆叠阶梯和有弧度的屋顶。那是一个黄金时代。

波普将石头放置在刀刃上。他推了推艾斯林的肩膀，手上摸石头的动作并未停止。这把剑已经是全世界最锋利的剑，不需要继续打磨。

"你是不是在想，自己选择结盟究竟是对还是错？"他很低声地说。

艾斯林朝着前座的方向皱了皱眉头。她不想让其他人听见这段对话。于是，她在电脑屏幕上打开了新的gmail邮箱窗口，把她的回答输入了进去。

有一点。在形势逆转以前，我曾经这样问过自己。当然，合作有它的效益。这个世界变得如此难以预料，我们无法忽视这些效益。但是……我不知道……

波普放下了手中的凯尔特剑以及石头。他把手放在键盘上，开始打字：我同意，合作有一定的效益。但是，这次任务并不成功。

他们交换输入文字。

不对。任务并没有不成功。不管怎么说，刘安死了。

波普停顿了几秒钟。我不确定他已经死了。

艾斯林瞪了波普一眼。怎么可能？你明明看见爆炸现场。此外，马尔斯也说刘安的追踪器坏了。

所以呢？刘安是一名选手。也许是其中最危险的人物。在没有确定以前，我宁愿假定他还活着。

两人都沉默了。

该死的，如果他还活着，如果他是为了逃脱故意这样做的，那么我认为我们更加应该跟他们待在一起。

他们至少还有交通工具和武器。

两人再次陷于沉默。

艾斯林继续写道，就是这样。不过，如果我们留下来，我必须采取主动。他们必须听从我的指令。我不在乎他们有多少经验。

我也同意。

艾斯林强调了一些重点，随后将文字全部删除。

马克罗斯基往车后座看。"你们还好吧？感觉好安静。"

"是的，我们很好。就是有些累了。"

"你们应该跟我说的。"

马克罗斯基转过身去。面包车停了下来，开车的变成了马尔斯。波普继续磨着石头，艾斯林继续研究商族人的文档。她再次检查刘安的追踪程序。两个标记都指向秘鲁胡利亚卡，大约相距三英里，两个人都保持静止。

一个人正在看着另一个人。

一个人正要使另一个人大吃一惊。

很快，可能性极高。

正当她准备关上电脑的时候，一个谷歌警报弹了出来。她感觉呼吸停滞，心脏几乎停止了跳动，她迅速点击链接。刘安将一段视频上传到 YouTube 网站；操作者要么是长眠坟墓中的刘安，要么是尚在人世的刘安。

标题简单而直白：

终极游戏正在上演。杀死选手们。拯救这个世界。

刘安

相模湾，"冷たい風"渔船，方向 204° 45′ 24″

答案就是：尚在人间的刘安。

他所在的防弹舱被抛出了爆炸现场，在空气中穿行了一百米，向南行驶了一千两百米，最后着陆在若洲高尔夫球场的第十洞草坪边缘。舱体不断翻滚着，翻滚着，最后陷落在一处沙坑里。

旅途中发生了剧烈颠簸，刘安总共昏迷了 12 分 15 秒。苏醒后，他弹开了爆炸螺栓，门被炸了下来，刘安从药丸型的舱体中走了出来。他向南沿着公路走，身上穿着生化防护服。他走到码头，脱下了防护服，爬进了救生筏。

现在，刘安在三十五英尺长、名叫"冷たい風"的雅马哈游艇的船桥上，初升的太阳从窗口照射进来，不远处就是大岛，岛上的火山口升腾起一缕青烟。行驶方向已经设定好，游艇正以 10 海里每小时匀速行驶在碧波荡漾的海面上。没有风，没有云。天气情况好得出奇。

他必须摆脱英国人在他身上植入的追踪装置。

他首先利用特制的电压计，测出大腿内传送芯片的微弱读数。他将双手洗净，戴上外科手术手套，手里拿着手术刀，切开自己的皮肤和血管，分离腿部的肌肉，将红色和粉色的大块组织放置在电脑键盘边的白色塑料薄膜上。他在大腿内部不断翻找着，翻找着，直至他发现了那枚芯片，并且用杀菌处理过的尖嘴钳移除了跟踪芯片。芯片很纤细，就像一根头发上挂着一颗由金属和塑料制成的黑色泪滴。他将芯片揉成一团，打开窗户，将它抛到汪洋之中。

他不再被人跟踪了。

至少跟踪他的人再也无法轻易找到他。

他在伤口上倒了一些碘酒，用来清理伤口，随后完成了缝合。

等到手术步骤结束后，刘安将注意力转向了那段视频。他运行了特别设定的程序，这个程序负责将视频上传到网上，内置所有的虚假评论，同时自带了备份软件和通向其他网站的链接，并且自动转发视频到记者和新闻社邮箱。他点击了发送键，然后观看软件运行，开始侵袭这个仍然互相连接着的世界——"这个世界很快就无法相连了，千代子。它再也无法相连了。"

他知道，人们很快就会发现这段视频，随后会蔓延到全世界范围。

他知道，他不再受人跟踪。

他知道，他自由了。

安全了。

他知道，其他选手并非如此。

"自从亚巴顿新闻以来，整个世界发生了翻天覆地的变化。在福克斯新闻台，我们同样转移了关注点。全世界都陷入到一片混乱之中——日本发生了恐怖袭击；巴基斯坦和印度爆发全面战争，到处弥漫着民族主义和宗教狂热主义；俄罗斯入侵了格鲁吉亚和哈萨克斯坦；伊朗的战斗机上周从利雅得上空驶过，目的是要展示什叶派的势力；美国蒙塔纳州和加拿大萨斯喀彻温武装军事边界爆发了小规模斗殴事件；洛杉矶、圣路易斯、杰克逊、密西西比河流域发生了致命的种族暴乱——福克斯新闻奉行新闻原则，致力于为观众呈现笼罩在亚巴顿阴影下的世界的真实面貌。

"下面为您报道来自华盛顿的新闻，依然让我们惊讶不已。在亚巴顿的阴云之下，美国受到的首当其冲的影响就是各党派之间的关系。美国国会议员们最近非常忙碌，国会呈现出前所未有的景象，两党之间通力合作，几乎就全部事宜达成了共识。两党已经——正如我们上周五在林肯纪念堂看到的画面那样——决定携手合作，共同祈祷上帝的恩慈，重申美国在残酷世界上起到的积极意义。似乎不存在民主党和共和党的差异——大家都是美国人，只不过凑巧身为领袖。这种改变令人啧啧称奇。"

"我们还有已经退役的堪萨斯城警官的真实故事，在过去二十年间，他不辞辛劳地在街区里巡查。如今，尽管已经退役，他仍然继续在这个不甚安稳的街区里巡查，保证所有家庭的安全，关照所有独自在家的老人孩童，尽可能提供帮助，例如：金钱、食物、时间、开车送去诊所或是亲戚家的要求——上周，他已经救下了三条性命。他告诉我们，这一切都是他的职责所在。"

"我们曾经报道过社交媒体大亨的故事，他愿意支付任何原因造成的家庭重组的全部费用，从不过问他们是否真的无法承担。"

"我们曾经报道过北威斯康星州群居团体的奇怪故事。他们提供所谓的'为需要者提供无偿的爱'的服务。一开始，人们把他们等同于卖淫组织，后来逐渐发展壮大，许多人都奋勇而至，要求陌生人给予拥抱、美味的食物以及私人的联系方式，希望能够共同度过世界终结前的岁月。

"不过，我们的下一个故事并不是感人至深的类型。我们对此不发表评论，请连线米尔斯·鲍尔。"

"谢谢，史蒂芬妮。我们处在困惑的历史阶段。甚至可以说是历史终结的阶段。作为一名记者，我必须承认，这种感觉有时像是上帝的恩赐，但是多数时候，它依然令我惊恐不安。"

"我也是，米尔斯。"

"今天我要说的是一段视频，昨天出现在 YouTube 上面。目前累计观看 1100 万次。在过去的一小时内，共有 89 万 9 千零 34 人观看这段视频。"

"我也看过。一个年轻人说着一些非常……令人不安的事情。"

"是的。不过，我在中情局和联邦调查局的线人透露，刘安拥有合法身份。当世界……发生变化的时候，他就在巨石阵。根据我最信任的线人所说，他被下了药，然后绑在轮床上，最终仍然单枪匹马地成功逃离了英国驱逐舰，甚至杀死了几十名水手，偷走了一架直升机，差点弄沉了整艘驱逐舰。"

"我的老天。"

"因此，我要强调：请大家相信这个称作刘安的商族'选手'所说的，相信他口中所说的貌似疯狂的终极游戏，相信确实存在着八位青少年，包括他在内，必须杀死他们，才能阻止亚巴顿。相信他。跑到屋顶去，高喊他传递的信息。将他所说的话翻译成各种语言，在全世界范围内传播。利用他的信息。如果你是军人、执法部门、甚至是犯罪组织的一员，请你帮助我们追捕这些选手，帮助我们将他们全部杀死。也许他说的不是真话，但是即便这些话只有万分之一的可能性是真的，我们难道不该放手一搏吗？难道我们不应该牺牲八个人的性命，用来拯救数十亿人的性命吗？……难道我们连放手一搏的机会都不敢尝试吗，史蒂芬妮？"

"说的没错，米尔斯！我们应该放手一搏！我们应该将选手全部杀死！杀死他们！请求你们，地球的居民们！把他们全部杀死！"

Visita Rectificando Interiora Lapidem

希拉尔·伊本·伊萨·阿尔索特
美国内华达州，日升庄园，布莱索附近的改装仓库

当希拉尔到达史黛拉·维克多利的指挥部时，他发现那里的门敞开着。他走进去，呼唤着史黛拉的名字。然而，没有人回应。桌上放着一台笔记本电脑，屏幕显示着一个登录页，金属边框上面贴着一张粉色的便利贴，上面用阿姆哈拉语写着"约柜的重量"几个字。希拉尔知道具体的数字——358.13磅——那是他从小就死记硬背的知识点。他进入电脑登录页，不过系统拒绝了他的访问。他再试了一次，将数字拼读出来，这一次电脑屏幕亮了起来，出现了一个PDF文档，上面同样使用了阿姆哈拉语。他坐在椅子上，开始阅读里面的文字：

希拉尔——真是抱歉，我必须紧急撤离。我的队伍正在前往执行任务，需要我的协助，我必须立刻前往拉斯维加斯。

不过，希拉尔——我知道你已经成功了，而且……我无法用言语表达。我无法描述我现在的感受，不过我向你保证，我感受到的是全然的欢欣鼓舞。对于古老真理来说，你真是立了一件大功劳。如果我们能够熬过即将到来的黑暗日子，那就全然地归功于你，阿克苏姆选手，希拉尔·伊本·伊萨·阿尔索特。

你杀死了埃亚。我不胜喜悦。

感谢你。一千一万个感谢你，百万千万个感谢你，无穷多地感谢你。

我真是激动得无以复加。

请你把这里当做是自己的家。休息一会儿，如果条件允许的话。

你可以使用任何东西，拿走任何东西，食用任何东西。准备下一轮的行动，好好武装自己。不久的将来，我会来找你，但是现在，我

必须消失一段时间。我目前的任务很重要。当我们能交谈时，我会告诉你更多。

我希望里玛告诉了你，一定要拿走那本古籍。我忘记提醒你了。我希望我能够跟你交流更多信息，但是真相就是我也知之甚少。我所知的就是这很重要——对你，对终极游戏，对阻止创世者，都很重要。

你永远的无条件的忠实朋友，
史黛拉

对于史黛拉的失踪，希拉尔感到有些哀伤，不过他还是按照她所说的做了。他在史黛拉宽敞且现代化浴室里冲了个澡，脱掉了衣服，解开了绷带，站在浴缸里，盯着镜子里自己的倒影。房间里蒸汽氤氲，模糊了他的样子。

他的皮肤是拼凑起来的，绷得很紧，上面满是伤口和结痂。他的整个脑袋没有毛发，他的右耳完全被火焰烧化了，只剩下一个窟窿，看起来像是蜥蜴似的。更不用说他的眼睛，至今仍然保有两种颜色，洁白无瑕的牙齿更加衬托了面容的恐怖之处。

他就像是一头野兽。

不过，他还在这里。他是阿克苏姆族的选手。终极游戏的英雄，尽管无人知晓，无人喝彩。这个年轻人恢复了人类的天真无邪。

他喜欢人们能够意识到这一点。

他关上了水龙头。身体浸泡在浴缸里。他将烧伤的肩膀浸到水里，用牙齿咬住自己的前臂，尽量避免痛呼出声来。最后，他长舒了一口气，整个脑袋埋到了水里。他在水中痛呼出来，撕心裂肺地呼喊着，在水里吐出好多泡泡。那是为了伤痛，也是为了维克多利。

为了维克多利。

他回到了水面。将浴巾垫在脑后，躺在浴缸里，闭上了眼睛。"愈合都要经历痛苦。洁净必定承担污秽。宽恕总是伴随死亡。"

他在浴缸里待了28分42秒，除了胸膛伴随呼吸起伏以外，他完全没有动过。

最后，他跨出了浴缸，围上浴巾，坐在史黛拉的特大双人床边，准备研究来自埃亚的古籍。他用遥控器打开了电视机，寻找新的频道——结果找到了福克斯新闻台——随后将其静音。他只看图像——有些充满了死亡、毁坏、恐惧，有些充满了希望、美好、关爱——看了几分钟静音后的新闻播放，那本古籍沉甸甸地放在他的腿上。

他想到了艾本，想到了家，想到了族人。他必须给部族的长老打电话，但是在此之前，他必须弄清楚维克多利到底给了他一本什么书籍。

希拉尔将注意力转向那本古籍。

他翻阅着其中的书页，应该是由塑料或是缘膜制成，不会随着时间或是其他因素而遭到损坏。希拉尔试图撕扯一个角落，结果发现这本书不可能被撕坏或是产生折痕。然而，它毋庸置疑是一本古籍。希拉尔完全看不懂里面的奇特文字，尽管埃亚曾经说过，里面蕴含着古老世界的全部智慧。

古籍里有一些图片，描绘得很精致，仿佛是机器制作的产物。里面还有各种各样的图表和方案，内容涉及古代建筑、城市布局、石质纪念碑、宇宙飞船、古怪的大门、着陆带、金矿、加油仓库等。希拉尔对古董颇有研究，因而能够辨认出其中的一些结构。不过，他还是有很多无法辨认的物体，它们都被事件所掩埋，或是被洪水、战争、植物、丛林中的藤蔓、沙漠中的沙石、地震的碎裂地面等吞噬干净了。书中还有一些希拉尔无法理解的机器图样、本质上看似是机械或遗传改造的计划、宇宙苍穹、螺旋上升之物、描述无法辨认的神秘联系的三维图像——也许是地球表面的能量网格，或是物种之间的相互联系，或是连接星球的暗物质通路，或是属于人类演进的杂乱谜题。

毋庸置疑，这本书是人类历史的瑰宝。然而，希拉尔完全无法理解。

毫无灵感。

他的皮肤在战栗：我应该将这本书展现在约柜的那件物品面前！

他立刻展开行动，将古籍放回到自己的腿上，再将约柜中的那件物品置于文字的上方。

结果出现了意料之外的效果。只要对准古籍，屏幕随即变成黑色。仿佛这本古籍正以某种形式对它进行了信号干扰。希拉尔在房间里晃动它，看到了熟悉的标志天空之匙在喜马拉雅的光球，看到了表示剩余选手的坐标点，看到了一根手杖。他现在知道那就代表着史黛拉，无论她在哪里，希拉尔都知道她的踪迹。

希拉尔将古籍放在地面上，将那件物品置于上方，再逐页翻阅这本书，全神贯注地盯着每一页。黑色屏幕不时地闪耀出光芒，然而，屏幕始终如故。就在他尝试了接近二十分钟的时候，屏幕出现了改变。

在一页上，并且仅有一页，屏幕上出现了一段文字。那是古老的埃及文字，希拉尔对此再熟悉不过了。他将那件物品从头到尾逐字逐句移动，象形文字也在发生改变。

它正在翻译文字。

这段文字翻译为：

我们将提到大谜题、终极游戏。尽管有所责难，这就是它们的起源，出于地球上的人类已经知晓与不知晓的原因，它将迎来公平、正义、最终的结局。终极游戏总共分成三个阶段。在每一个阶段里，终极游戏都能继续或终止。

看到这里，希拉尔的心脏禁不住地停跳了几拍。

莫非还有希望？

他继续读下去。

第一阶段，被称为誓师大会，十二位选手都将亮相，完成初次见面。当第一位选手找到大地之匙，引发第二阶段的序幕时，初始阶段将会终止。如果在第一阶段中，所有选手决定不继续比赛，那么游戏即告终止。

希拉尔停了下来。他在思考：在决定命运的那天晚上，在秦岭山上，如果所有人能够听他所说的，如果所有人能够平和地坐下来，彼此探讨他们的历史，分享他们的知识，那么他们是否还会决定走上这样的道路呢？他们是否可能放弃比赛？他们是否可能在肉体和精神上团结起来，在这个地球最需要他们的时刻？他们是否可能抛开历史、暴力、训练等诸多因素，最终选择智慧？

不过，他又想到了商族人和东胡人、紫色舌头的苏美尔人、无礼傲慢的米诺斯人，希拉尔很清楚答案：不可能。我们必须比赛。那里发生了太多的暴力，太多的断壁残垣，太多的杀戮欲望。他继续读着：

第二阶段开始于大地之匙被发现的宣告，并且将在大地之匙和活着的天空之匙合二为一的时候终止。

活着的天空之匙？

这将启动最终阶段，也就是对人类施加灭顶之灾。然而，如果某位选手能在两把钥匙合体之前，率先摧毁活着的天空之匙，那么游戏将会终极。当然，这一点并不容易做到。活着的天空之匙将会属于其中的某一位选手。活着的天空之匙永远保持天真的孩子形象，他或者她的牺牲是很难实现的。随后，大事件将很快降临，最终阶段将会启动。

希拉尔感觉自己的喉咙口似乎堵住了什么。他抬起头来，惊讶地张大嘴巴。这个天真的……可怜又天真的孩子会不会是住在喜马拉雅山的萨里·乔普拉？

他没有再读下去。

他目光呆滞地扫视着墙壁、镜子、电视机、无声的新闻台。

希拉尔必须杀死一个孩子，才能拯救这个世界吗？

似乎是要回答他的提问，电视上突然出现一个动画标题："终极游戏：是真是假？"同时，屏幕上出现了刘安的脸，看起来疯癫至极，双眼凹陷，脖子上挂着一串深色的项链——根据希拉尔的判断，那应该是人类的血肉和头发。

商族人的嘴唇在动。

他在说话。

希拉尔迅速提高了音量。刘安的声音显得很平静，很坚定，很自信。他在誓师大会上并没有表现出任何异象。那是在表演吗？他在愚弄其他人？希拉尔继续听着，正如地球上其他的145785934人一样。

他在聆听着。

他看到其他选手的照片，包括他自己在内。

他感到恐惧。

不是为了他自己——希拉尔已经变得面目全非，不可能被人认出来。这张照片对他继续参加比赛不造成任何影响。

他真正恐惧的是这段视频所代表的真正意义。

终极游戏不再是隐秘的话题。

全世界都知道了。

新闻再次播放了这段视频。

又播放了一次。

希拉尔又看了一次。

又看了一次。

他突然想到一个主意。他不断拨弄着遥控器——能否暂停电视节目？可以。

他等待着，直到出现刘安追踪的其他选手照片，他把镜头停留在萨里·乔普拉的照片上面，那是刘安提到的最后一位选手。她站在教堂前面，希拉尔很快辨认出来：那是西班牙巴塞罗那的圣家堂，那是加泰洛尼亚的伟大建筑师安东尼·高迪的伟大杰作。

哈拉帕人正在微笑着。

在她的怀里，有一个女婴。

女婴也在笑着。

希拉尔拿起约柜的那件物品，将它放在电视屏幕上，希望能够维持原样，希望上面充斥着星星点点，或是索性什么都没有。

然而，屏幕上显示出了跳动着的光球，标志着天空之匙。

希拉尔站起身，走向靠墙的电视屏幕，将那件物品直接指向怀中的女婴。光球继续跳动着。他将其移开几英寸，指向萨里的位置，结果光球消失了。背景中只有教堂，边缘处有一棵树，除此之外，别无他物。

那个女婴。

橙色的光球。

天空之匙。

希拉尔手中的物品滑落，摔在了地上，他盘腿坐了下来。

为了阻止这场游戏，一个年幼的女孩必须要死。

那个哈拉帕人挚爱的女孩，她将倾其所有捍卫自己体内的能量。

他为这个女孩祈祷，为选手们祈祷，为所有人祈祷。

他们必须知道真相。

这是唯一的选择。

他拿出手机，点击YouTube网站，搜索刘安的视频。共有146235587人次观看，目前数量还在不断上升。

人们正在吸收信息。

他建立了一个新账号，完成登陆，输入了自己的信息，点击上传。

他感到恐惧。

恐惧于他所做的。

恐惧于即将发生的。

didyouseekeplertwentytwob 　　　发表于 1 分钟前

上面按照顺序写着以下十二句话。

WO Mzncdvj-Huqf mw bnl Tcwpqvhr. M xxzex BEYLL. Dj lhq knac
xs azvi yvy Vashk huir sose hui viryloie gn Pmimm Qusovr-GUM VW XYS
BWG-Icp：xosniiwr.amisfmlssnnhlzkl uq mflpoiakcx.gmfyvfqkxayviwwki.
Tob eain. M qt vjx. SVLHA. Gwqt ols tmkh goii mov asetq .

刘安

印度加尔各答，贝克蒲甘，卡拉耶大街

"快到了，我的爱人。就快到了"—颤抖颤抖—"就快到了。"

上午十点左右，太阳的金黄色光线四下散开，投射在平凡无奇的灰色云朵之间。这个熙熙攘攘的城市里，到处是低矮的建筑物，太阳悬挂得更高了。刘安不禁有些疑惑，太阳距离地球 92956000 英里，光线需要花费 8 分钟的时间穿越冻结的广阔宇宙空间，最终抵达我们所在的地球，竟然能够释放出如此多的热量。

尤其是在这样的天气里。

天气已经很热了。难道还有可能变得更热吗？

空气中弥漫着浓重的柴油味道。刘安的衬衫——行走在日本冲绳、香港、加尔各答，花费不小，他始终穿着同一件衬衫——已经被汗水湿透了。刘安用白色手帕擦掉汗水，又将千代子头发制成的项链推到一旁，用手指抚摸着。

手帕被浸透了，泛着黑色的煤灰。

"就快到了。就快到了。"

他垂着头继续行走，背着一个几乎跟他本人相同高度的沉重背包。再走过四个街区，穿过这些不知名的狭窄小巷，他就要到达下一个安全屋。根据商族设定的规矩，这里不会储备充足的武器，反倒是有不少高端电脑和通讯设备，甚至还有一台专用的 Ku 波段 Satlink（通信协议核心控制程序）传送终端，可以跟空中的任何通讯或绘图或天气卫星进行连接。当然，这里毕竟是印度，供电是无法百分之百保证的，因此安全屋里配备了自有的地下发电装置以及隐藏的屋顶太阳板矩阵。此外，里面还有充足的水和食物，防弹陆虎卫士，机械增压的铃木 GSX-R1000 机车。

这里是监控终极游戏下一步发展的绝佳场所。

他只需要观察。

观察他在湖中投下的一颗小石子。

观察谁被杀死了。

以及被杀死的时间。

因为，那将很快来临。

"没错，很快，我的爱人。"

他沿着高低不平的人行道行走，不断躲闪着对面走来的人流。这里人山人海，倒是跟中国有些类似，却又不尽相同。这里更加炙热，更加杂乱无章。所有人都互相关联。上流社会、底层人民、富有、贫穷、洁净、肮脏、过去的、现在的、渎神的、神圣的，到处臭气熏天，到处人声鼎沸，满眼都是壮丽景象，满眼都是感官刺激。

毫无疑问，这是一片孕育美感的土地，刘安心想。太多信息需要吸收。

一条狗从路旁走过。仅有一条胳膊的浑身脏兮兮的男孩正在乞讨。他的左边是一头白色的牛，就站在道路的正中央，食品包装袋、空的饮料瓶、废弃报纸、排泄物已经堆积到人们的脚腕那么高。在牛的对面，一位女性盘腿坐在路边，手中拿着一块牌子，上面写着"拯救你的灵魂，仅需要 1000 卢比"。她的旁边，一个仅着遮羞布的男人正在给另一个男人刮胡子。有人在高层呼喊着什么。汽车在鸣笛。引擎在轰鸣。人们或哭或笑，谈论着。他们不断交谈，似乎永无止尽。他们不用英语交谈，而是使用印度语、乌尔都语、孟加拉语、阿萨姆语、奥里亚语等我们已知的方言派系。

刘安一个字都听不懂。他把手放下来，试图隔绝一切噪音，随后转过街角，来到一条更加安静的街道，拿出自己的智能手机，在地图上确认目的地。他走的方向很对。

就快要到了。

就快要到了。

"千代子。"

他用手背磨蹭自己的眼睛。

尽管她跟他在一起，刘安仍然强迫自己不去想到千代子，不去想到千代子的叔叔所说的警告。

不去想到那些关于他的内容。

关于刘安的内容。

商族人点击自己发布的那段视频，在屏幕上滑动手指，滑动手指，滑动手指，不断地滑动手指。他一边走，一边观看手机。

他在注视着一位选手发送的信息。

他知道，只有某一位选手才可能拥有这样的账号名称。

他注视着这条消息，注视着，露出了笑容。

讯息很隐秘，很怪，就像是罕见的珍稀鸟类。

刘安又在屏幕上滑动了几下，按下了一连串的字符，轻易解开了密码。他发现，发布者就是阿克苏姆选手。他提供了丰富的线索。所有选手都能迅速揭开难题，只要他们曾经关注过誓师大会的细节。刘安只在脑子里记住解密方法，记录在手机里或其他做的法都显得很愚蠢。

他盯着屏幕，随后就笑了。

"信行叔叔肯定没有料到这种情况，没错吧，我的爱人？"这个老人的内心充满了怨毒，却又对逝去的挚爱表达出无限的感情。

"他们会被凑在一起，随后迎来一场大屠杀。"

艾斯林·考普，波普·考普，格雷格·乔登，布里奇特·马克罗斯基，格里芬·马尔斯

中蒙边界上空，42000 英尺高，湾流公司 G650 型号私人飞机

"我发现了。就是这个。我终于发现了！"

艾斯林举起了笔记本电脑。其他人凑过来，阅读着希拉尔的解密消息。他们读了一遍又一遍。

"竟然是这样。"乔登惊叹。

"天空之匙是一个小女孩？"波普低语。

艾斯林并不感到惊讶。"为什么不会是一个天真的孩童？我认为，开普勒星意味着灾难。何不就将某位选手的挚爱作为攻击目标，从而使其痛苦呢？如果仔细思考，你们就会发现其中的奥妙。"

波普继续说："我不会这样说，不过我懂你的意思。"

艾斯林眯起眼睛说："所以说，天空之匙是一个小姑娘。她属于萨里·乔普拉。如果我记忆没错的话，那些坐标指向印度。"

乔登在电脑上确认信息。"是的。位于印度中部的锡金。我从未去过那里，但是听说那里很美。"

"我们必须去那里。现在。昨天。上周。"艾斯林将电脑放在腿上，用食指敲击键盘。"我们还是赶紧抛弃去巨石阵的想法。印度要近得多了。我们距离印度多远——约有一千英里，大概最多两千英里？所有人都在很远的地方。我们可以打败所有人！"

"哇，哇，哇。"马克罗斯基惊叹地说。"难道你没想过，那个叫阿尔索特的家伙有可能已经在那里等待我们了吗？也许这只是一个巨大的陷阱，引诱其他的选手自投罗网的陷阱？天哪，他可能效仿第一位出现的选手，在那里装满了炸弹。"

艾斯林有些恼怒："刘安确实是这种人，但是阿克苏姆选手不可能那样做。我告诉你，阿尔索特根本不在印度，我向你保证。他跟我们目标一致，想要阻止这一切。"

"你何以如此肯定?"

"因为他是誓师大会上唯一寻求内心平静和头脑理性的选手。独一无二。他不想让这一切发生……包括恐惧和疯狂在内。如果真在锡金的话，他一定早就找到那个小女孩了。并且已经杀了她。他不需要任何人的帮助。他不需要利用这条消息。不会的，他肯定在别处。在很遥远的地方。"

"很遥远的地方，比银河系更远吗?"马克罗斯基反问。"你还是别说了。我不是莉娅公主，你也不是天行者卢克。"

乔登抬起手说："别吵了，各位。马尔斯，我们需要你!"

马尔斯在驾驶舱门里转过头来。"各位，你们不会相信刚才的新闻里都播放了些什么消息。"

"什么消息?"

"巨石阵刚才发生了大爆炸。彻底的大型爆炸。相当于一枚小型核武器的攻击效力。地面上什么都没有留下。"

全场一片沉默，他们不仅震惊了，而且领悟到了巨石阵是拉塔纳族的纪念碑，是他们古老文明的组成部分，尤其对于艾斯林和波普来说尤为如此。

"谁干的?"波普赶紧问。

"尚未有人宣称对此事负责，但是这件事看起来像是恐怖袭击，就跟成田机场那起类似。"马尔斯回答说。

"该死的，"艾斯林说。"我猜，我们必须赶紧前往印度。"

"我不知道，"马克罗斯基说。"巨石阵完全一团乱，但是这些事件并非无迹可寻——大家都变得恐惧，恐惧下的民众可能会去摧毁那些令他们感到恐惧的事物。坦白地说，即便你告诉我背后操纵者是我们平日里崇敬的某些同事，我也不感到吃惊。"

"那么你觉得我们应该怎么做，马克罗斯基?"艾斯林问。

"我不知道。不过，巨石阵不复存在不代表我们要盲从其他选手的建议。正如我所说的，等待我们的可能是陷阱，或者是他们的调虎离山之计。就是要让我们迷失方向……"

艾斯林并不打算买账。"假如那是真的呢？假如大事件发生了，而我们未能按照阿克苏姆选手所说的那样去做呢？在我看来，乔普拉绝对不会站在邪恶一边，但是，如果必须杀死她、杀死她的女儿、杀死她的全族，才能拯救地球上的数十亿人，那么我也会毫不犹豫地去做。该死的，只要能拯救世界，我也会杀了你、或是乔登、或是波普、甚至我自己。"

马克罗斯基双手交叉在胸前说："令人印象深刻，选手。"

艾斯林坐了下来。"我的老天，马克罗斯基。我不是在威胁你。我需要你。我们需要前往印度。我并不是有意冒犯，但是必须强调一点：我必须担任领袖。我应该跟刘安正面对峙，而不是把任务交给 KFE 小分队。至少，我应该跟他们一起去。如果你想要跟我结盟，马克罗斯基，那么你就要按照我说的做。简单而直白。"

"我不需要做任何……"

但是，乔登打断了马克罗斯基的话："布里奇特，她说得对。我们搞砸了。我们都知道的。艾斯林是我们的资源，我们也是她的资源，不过我们必须在这件事上支持她。这是底线。我们必须承认现实，听她的指示。跟她走。"

马克罗斯基一言不发。

艾斯林说："谢谢你，乔登。"

乔登拍了拍手说："就这么定了。我们去印度。"他将身体探出了驾驶舱，跟马尔斯说了几句，飞机立刻调头向南行驶。

屏幕出现了目的地的新坐标："206°14′16″。"

"好吧，"马克罗斯基回答说。"我希望你是对的，艾斯林。我希望这个阿尔索特——你的对手——不是在耍我们。"她从衬衫口袋里拿出了一颗药丸，然后把它吞了下去。接着，她蹲坐在地上，手臂绕住脚腕，闭上了眼睛。"我要飞去赞安诺的星球待一会儿。如果真的要去刺杀一个小女孩，我想我可能需要休息一会儿。"

她不再说话，不到一分钟，她就开始打呼噜。呼噜声很响。

艾斯林、乔登和波普就靠在桌上，在接下来的几小时，他们不断研究着锡金的卫星图像、道路地图以及全息图像。乔登叫来马尔斯，让他重新定位全国侦查办公室的最高机密卫星图像，以便能够近距离观察阿克苏姆选手给出的地点。"谷歌地图无法展现全景。"

"伙计，我们可以趁机试试八爪鱼的厉害！"马尔斯有些窃喜。

"他总是这样称呼国家侦察局（NRO）的侦查设备。它们的标识正好是一只拥抱地球的八爪鱼。"

"我懂了。"波普说："什么都逃不过我们的法眼。"

在等待马尔斯的期间，他们继续商讨行动计划。希拉尔给他们的地点很有挑战性。从西里古里进到喜马拉雅山脉的唯一路径就是依靠开车。

他们必须设法买到两辆吉普车，将装备运到车上，即便能够即刻出发，他们至少需要十个小时才能开完那段颠簸的路途。到达后，他们必须乘坐驿车，从土路走进山里，随后穿上装备，继续徒步前进。乔登算出了全程时间，从他们目前所在的空中，到地图上的确切地点，他们至少需要花费三十小时。

根据希拉尔的描述，天空之匙就位于人烟罕至的山谷一侧，位于东喜马拉雅山脉 12424 英尺高空。卫星图像显示，那里没有任何的人类居住或是建筑——没有道路、没有太阳电池板、没有清晰可见的无线电塔。仅有一些砖墙。上面草叶丛生。那里不是人类的领地。山谷大致是东西走向，从西边的积雪覆盖，再到东边的汹涌河流——提斯塔河冰冷的河水奔腾不息，最终跟雅鲁藏布江交汇。

波普摇头说："我从未见过如此荒谬的路径。如果没有人在那里，我们无疑花费了过多的时间和精力。"

"如果有人类存在的痕迹，八爪鱼会看到的。"乔登看着手表说。"马尔斯，我们还要多久才能得到卫星图？"

"马上就好。"马尔斯边说边走进驾驶舱。"我觉得，这个叫希拉尔的家伙可能所言不虚。"他挤在艾斯林和乔登中间，操作着电脑屏幕。他重新输入指令，随后他们看到了喜马拉雅山谷的近距离实时高清抓拍图。

毫无疑问，岩石的侧面有窗户，有门，有桥梁，有道路。远距离观察，一切似乎都隐形了。近距离观察，一切都无所遁形。

波普惊叹道："那是一座村庄。"

艾斯林纠正说："不对，那是一座堡垒。"

马尔斯表示赞同。他按下几个按键，摆弄着鼠标，随后图像发生了变化。它变暗了，只有如同蚂蚁般的绿线和绿点在上面移动。

"那些是……人！"艾斯林叫了出来。"我说的对吗？"

马克罗斯基继续打着呼噜。

马尔斯点头示意。"没错。细线是热跟踪路径。他们很可能使用地热能，并且使用发电机和煤气照明。"他指着图上的几处位置，看起来像是绿色的火堆。"这些应该是通风装置，很可能是涡轮机，还有这里的走廊。"他将图像缩小，将卫星图像和红外线图像叠加。堡垒南部出现了微弱却可见的之字形线条，并且向东边延伸，沿着山谷的路径，最终指向提斯塔河。"我的直觉告诉我，那是一条秘密路径。"

艾斯林指着河流交叉的地方。"我们就从这里进去。天空之匙就在那里。乔普拉召集了不少族人，他们都在堡垒里面……她正在守护着天空之匙。她在等待其他的选手。"

波普说："那就是说，她已经知道我们正在前往。我们没办法出其不意攻击，艾斯林。"

艾斯林继续盯着屏幕。"马尔斯，你能把图像传送到眼镜屏幕上，对吧？"

"当然。"

她转向波普说："他们可能知道我们在路上。但是他们的一举一动尽在我们的掌控之中。我向你保证，他们不可能拥有这种科技。"她微笑着拥抱住马尔斯。"这真的太棒了。绝妙的科技。我在想，这颗卫星有没有可能安装了镭射武器之类的？那样我们就能在轨道上瞄准任何目标了？"

乔登大笑着说："那是科幻电影的场景。"

波普补充说："也可能是创世者的科技。"

"不过，我们不会跟他们对抗，是吧，波普？"

马克罗斯基还在打着呼噜，从喉咙深处发出三段式的呼噜声。她转了个身，一只脚落在地上。

"还有一件事。"马尔斯说。"我们还有一架无人机在待命。"

"该死的，我竟然忘了小伯莎。"乔登说。

艾斯林问他们："更多支援？"

"是的，但是还有更好的消息。无人机携带了两枚轻型且威力巨大的空对地导弹。一枚激光制导，一枚热源追踪。"

艾斯林笑得更加开怀。

波普能看得出来，她在思考着什么。

好家伙，幸好我没有抛弃这些人。

她摇晃着马尔斯的肩膀，仿佛他是一位至亲好友。

我真是太高兴了，我没有抛弃这些人。

杰戈·特拉洛克

秘鲁胡利亚卡，寂静岛

两天前，杰戈跟奥卡波玛·瓦伊纳进行了一次交谈。他还在父母的家中。还在等待着继续比赛，将大地之匙带到蒂亚瓦纳。然而，长老所说的卡霍基亚人和莎拉的故事使他感到困惑，使他停滞不前。

他并不习惯于这种困惑的感觉。

他还没有跟自己的父亲交流过，反而把全部的事情都告诉了伦佐。他需要告诉某个人。他们就此进行了一番探讨，并且达成了一致意见。

既然他们看过了商族人的录制视频，他们知道了真相。他们尚未发现希拉尔的消息，但是这并不要紧。杰戈再也等不了了，他已经被标记了，他们都被标记了。

杰戈和伦佐第二遍观看了视频。

又看了第三遍。

他们没有说话。

他们没有再看第四遍。

杰戈打开了笔记本电脑的音乐播放软件。找到了 Behemoth[①] 的音乐，点击了播放。背景中出现了嘈杂的音乐声，精力旺盛的，蛊惑人心的，听起来带着一丝邪恶意味。

杰戈喜欢这种音乐。

"伦佐，你要不要跟我一起走？"杰戈的声音几乎被音乐声吞没。

"我的选手，我从未如此坚定过。你也需要我的帮助。"

"你确定？如果你背叛我的话，我想我会杀了你。"

"我确定。"

---

① 波兰著名的黑金属乐队，原意为旧约《约伯记》所记载巨兽。

"你知道我能杀了你。"

"我知道，我的年纪太大，无法阻止你。"

"而且太胖了。"

"去你的。"

他们有些不自然地嬉笑着，音乐声冲击着他们的耳膜。杰戈皓白如钻石的牙齿在阳光下闪耀着。"准备好装备，不要告诉任何人。不要告诉老爹。""那是自然。"

"老爹明晚要外出参加会议，讨论关于谢洛族的事情。凌晨三点十五分，我们就出发。还要通知莎拉。"

"好的，三点十五分。"

"你发誓不会背叛我？"

"以我们族群和终极游戏的名义起誓。"

"那就好。明晚见。"

①

---

① http://goo.gl/SdYAfQ.

马卡比·阿德莱，巴依萨克罕
秘鲁胡利亚卡，圣胡安地区，无人的碎石路

马卡比和巴依萨克罕没有看到刘安的视频或是希拉尔的信息。即便他们看到了，也根本不会在意。

相反，他们正在等待时机，找几个容易下手的对象。他们花了一整个下午和一整个晚上的时间，追踪两名雇佣军人。一个体型矮小，就像巴依萨克罕；另一个身材魁梧，略微逊色于马卡比的体格。

"你穿上他的制服，肯定要勒得够呛。"巴依萨克罕窃笑着，试图开个玩笑。

"他们过来了。"马卡比聚精会神，完全忽略了同伴的拙劣笑话。

特拉洛克家族的雇佣军出现在一家名叫 *El Mejor* 的便宜小酒馆前，那是一栋木结构建筑，大概有一百多年的历史。他们喝得醉醺醺的，摇摇晃晃，大笑着，嘴里哈着热气。他们的步枪就在他们的手臂下面摇动着。

"奥尔梅克族看到这种情形，肯定笑不出来了。"巴依萨克罕评论说，迄今为止他从未饮过酒。

"他们站在世界边缘，巴依萨。我们都是如此。我们都需要偶尔放松一下。"

"我可不是这么想的。"

"你当然不这么想。"

两名雇用军人从东边走来。他们的卡车是一辆大型的雪弗兰，不知出于何故，并没有红色爪纹，就停在北边街对面。有个女人从隐蔽小道出现，穿着配有衬裙的长裙子，厚毛衣，红蓝黄相间的斗篷，深色的费多拉毡帽。两个醉汉立刻锁定了目标。他们开始拉扯女人的衣服，抓住她的手臂。矮个子试图用步枪掀起女人的多层裙摆，但是对

方硬是躲开了。她试图反抗，看起来一副吓坏了的样子。高个子环顾四周，附近的灯光昏暗，空无一人。

没有人会听见她的呼救。

没有人会来帮助她。

他举起步枪，对准女人的脑袋。

马卡比说："他在警告那个女人，不要叫，否则就要杀了她。"

女人停止了尖叫。

她的肩膀开始颤抖。

高个子将女人逼进了小巷，矮个子舔着嘴唇，将步枪甩到身后，向女人逼近。女人蜷缩着身体，矮个子步步紧逼。他用手摸女人的脸，夺走了她的毡帽。随后，笑着将帽子戴在自己的头顶。高个子则将女人逼近巷子更深处。她完全消失在视线中。矮个子追着女人跑远，高个子再次环顾四周，显得有些紧张，又有些兴奋。还是没有人。

随后，他也消失了。

马卡比打开车门，一只脚踏在寸草不生的土地上。

巴依萨克罕咕哝着说："你要干嘛？"

"我受够了。"

"你不是说过，人总是要放松一下吗？"

马卡比有些发怒地说："搞什么鬼？他们要强奸那个女人。两个人对付一个。你觉得那个女人能有好下场吗？"

巴依萨克罕耸着肩说："我不知道。"

马卡比走出车外。"没错。你不知道。"

马卡比正要关门的时候，巴依萨克罕递过来一把 Kel Tec PLR-22 步枪。"兴许你能用上。"

马卡比从裤兜里抽出那把古老而尖利的匕首，尾戒闪耀着致命诱惑的光芒。"对付这种性饥渴的醉鬼，这个就足够了。"随后，他跑向了那条小巷。巴依萨克罕把座位放平，把枪放在大腿上。几秒钟以后，马卡比经跑到了街角，随即消失了踪迹。球体就在换挡杆上方的烟灰缸里，闪耀着明亮的光芒。巴依萨克罕恨不得能够触碰它。如果能够触碰它，他就会解决掉纳巴泰人。他很享受这种过程。马卡比竟然愚蠢到给了他一只新手臂，他还能轻而易举地杀死他。

　　昏暗的小巷里传来枪声，声音被吞没在冰冷的夜色之中。巴依萨克罕摇下了车窗，手臂发出一阵吱嘎声。他深吸了一口气，空气清甜而干爽。他喜欢寒冷，甚至希望天气更冷一些。他想到了自己挚爱的戈壁和骏马。他想念它们了。

　　那个矮个子出现在巷口，试图逃脱攻击，同时还在拉着裤子。一道亮光划破夜空，击中了他的后颈，矮个子应声倒地，很快咽了气。

　　十七秒后，马卡比回到了街道上，用手臂搀扶着哭哭啼啼的女人。他们的脸颊挨得很近。马卡比似乎在安慰她。她看着那具尸体。

　　然后，她咒骂着。

　　在尸体上吐了口水。

　　马卡比握住她的手，在手心里放了什么东西。

　　女人看着他的脸颊，踮起脚尖，亲吻了马卡比的脸。马卡比跟她说了什么。他在坚持着什么。女人又亲了他一次，将马卡比给她的东西——看来是一盎司黄金——放进了裙子口袋。随后，她穿上了裙子，拼命跑开。几秒后，她就消失在了夜幕之中。

　　马卡比目送她远去的背影，随后再次消失在巷口。等到他再次出现，他拿着步枪和高个子的制服。接着，他在矮个子的尸体旁停了下来，蹲下身，拔下匕首。他将尸体拖向护卫者。巴依萨克罕将身体探出窗外，继续呼吸着空气。他闭上眼睛，想想身骑骏马在戈壁滩上驰骋，马蹄激起阵阵尘土的情形。随后，他听到马卡比的脚步声，他把矮个子的尸体扔在了引擎盖上。马卡比停下了脚步。

　　"赶紧滚下来帮我。"

　　巴依萨克罕连眼睛都没有睁开。"来了。"

　　马卡比走向那辆面包车，将尸体扔进后备箱。巴依萨克罕握着 Kel Tec 步枪，仍然沉浸在自己的幻想中，竟然不知不觉地用自己的机械手指握住球体。

　　没有灼烧感。

　　他的眼睛猛地睁开。

　　没有灼烧感。

他看向启动引擎的那辆雪弗兰。马卡比已经坐在里面，对着手掌哈热气。

没有灼烧感。

他将球体放进布制背包，走出了车外，努力挤出一丝笑容，试图掩饰剧烈的心跳声。

也许，拿到大地之匙以后，巴依萨克罕真的可以解决掉这个纳巴泰人。

没错。

他可以。

萨里·乔普拉，哈拉帕族领袖们
印度锡金，永生谷，सूरज की आखिरी किरण

哈拉帕族的亲密委员会的全体成员们围坐在这间灰色山石开凿出来的房间里。实际上，सूरज की आखिरी किरण 里面的所有房间都是山石开凿而成。他们靠在已经摆成了环形的彩色靠垫上面。地上铺着一块材质厚重的尼泊尔地毯。地毯中央描绘着一只四手象头的类人动物，也就是印度象头神甘奈施，以及干瘪消瘦的毗耶娑画像。这是一位古代圣贤，他将《摩诃婆罗多》口述给甘奈施，后者尽职尽责地记录全部的细节。关于这部史诗的文字呈螺旋形环绕在两个形象周围，如同刻绘的银河系，延伸到饰有流苏的地毯边缘。

甘奈施，知识和文字之神，障碍的设置者与清除者，掌管六道轮回之力者。

障碍，萨里在思考。

障碍。

委员会正在讨论商族人发布的视频以及阿克苏姆人发布信息相关的最新进展。

他们的讨论都是基于一个前提；所有选手已经看过并且破译了这条信息。

"你确定消息泄露了我们的位置吗？"海伦娜的声音中带有兴奋，也有一丝恐惧。

"当然。"皮蒂回答她。"不知什么原因，那个阿克苏姆人发现了我们的行踪。我不知道他用了什么方法。但是，我们面对着难题中的难题。正如我们所知道的，没有什么不可能。其他人找到我们是必然，不过就是时间的问题。"

"我的家人们，"萨里开始发言。"我们知道终有这么一天。我们不应该继续争论事情发生的原因和解释。"

长者纷纷点头。萨里调整了姿势，感觉到蓝绿色宽松纱丽可米兹下面的那支手枪。那支手枪原本属于东胡人的堂弟，她是从他们曾经折磨她的仓库里拿出了这把枪。当时，爱丽丝·乌拉帕拉及时赶到这间仓库，将她解救出来。

那个古利人，已经被创世者带走了。

萨里最初在枪里装了三颗子弹：一颗给贾马尔，一颗给小爱丽丝，一颗给她自己。这种行为似乎有些愚蠢，然而她很快意识到，在子弹上刻名字没有任何意义。杀人不是一件轻松的事，尤其是这种近乎不可能的杀戮，她肯定需要用到更多的子弹。要是她的手颤抖得太厉害，以至于错失目标呢？要是她的第一枪没有杀死自己的丈夫呢？要是她在完成前面两步以后，发现没有子弹留给自己呢？

她不喜欢这种假设。

没有关系，她已经装好最多数量的子弹，并且准备了两个弹盒。

当不可能的任务到来时，她将会做好准备。

这些想法在她的脑海里闪过，她不敢将它们公之于众。"亲爱的，准备得如何？"

贾马尔回答："一切顺利。"

约夫说："请告诉我们真相。"

贾马尔抓紧萨里的膝盖。"据我们所知，只有一条通道连接着 सूरज की आखिरी किरण，并且此处守备森严。我们沿路设置了两处关卡。每一处配备了六个人，全部荷枪实弹。在拐角处，还有第三处关卡"——之字形路的末端是一处大角度的拐弯，这条路是通过此处的唯一路径——"如果有人走到那么远，他们也会被埋伏在堡垒唯一入口附近山上的 M61 导弹伏尔甘撕成碎片。"

"他们不可能走到那么远。"海伦娜坚持这么认为。

约夫看着萨里。"海伦娜自愿前往第二个关卡，监督此次的行动。"约夫在微笑，还露出没有牙齿的口腔，表现得相当愉快。

"我去操纵伏尔甘导弹。"帕拉维特自告奋勇，作为前选手，他曾经承诺永不杀生。

“你说什么？”贾马尔和帕鲁齐声问。

“你的誓言呢？”萨里的声音里透着绝望。

在训练的过程中，萨里始终避免采用暴力，这一点震惊了所有人，尤其是海伦娜。她这样做的很大一部分原因就是帕拉维特和他的誓言。萨里花费了无数时间，跟他一起静坐冥想，聆听他关于怜悯之心的谆谆教诲，感受爱与耐心的力量。她的敏锐思维完全得益于此。

正是因为帕拉维特，萨里学会克服肉体疼痛，在各种情境中寻求美好；那种真实可见的美好，而不是傻瓜般的想象。正是因为帕拉维特，萨里承受住了巴依萨克罕如同野兽般的残忍折磨。正是因为帕拉维特，她获得了内心的力量，完成不敢想象的事情：杀死自己的女儿，阻止其他选手将她夺走，带到创世者的面前，带到游戏的终极。

帕拉维特目光炯炯地看着萨里。“萨里，今天我要违背自己的誓言。当你在甘托克召集我们的时候，你反复使用了‘我们’这个字眼。你说过，强大而古老的哈拉帕人要共同努力赢得胜利。我相信，你是正确的，我们应该努力去赢得胜利。我知道，我愿意为此付出任何代价——愿意跟随你的脚步。我仍然热爱和平和正念。但是，如果这种愚蠢的事件即将发生，那么我们就应该成为幸存者。这是我们被告知的，这是我们所知道的。我愿意违背一切誓言，看到它发生十次、二十次、一百次。大谜题结束，你赢得比赛，地球伤痕累累，我就会回归到平和状态，并且永远维持下去。不过，现在，我要做好余戮的准备。杀死他们所有人。”

房间里一片肃静，直到海伦娜打了一个响嗝。“很高兴你能加入我们，帕拉维拉。”

“这没什么值得高兴的，海伦娜。”

约夫双手合十，似乎在祈祷着什么。“我也表示同意。我很高兴你做出了这个决定。你完全没必要感到羞愧的，帕拉维拉。”

“谢谢你，约夫。”

全场再次陷入沉默。侍者哼唱着宝莱坞的流行歌曲《尖竹钉》，沿着石子铺成的道路走出房间，双脚有节奏地拍击着冰冷的地面。

“我们准备好了。”帕鲁说。

萨里摇了摇头。"我们还有一件事没有提到。"她指着地毯上的甘奈施图像的一只脚趾头。"房间里的大象。"①

她的语调很沉重，尽管如此，其他人都觉得有些好笑。约夫身体前倾，呼吸沉重。"你的意思是，假如阿克苏姆选手说的是真的，我们应该怎么办？"

"没错。假如我们能够阻止这一切，只要……"

贾马尔有些畏缩："别再说了。"

又是一阵漫长的沉默。

"阿克苏姆选手也许是对的。"帕拉维特有些歉意地说。其他人都转头看着他。他的语速很慢，但是很有条理。"我不很清楚这件事，但是他们族群确实守护着深奥而古老的秘密，其他族群对此毫不知情。他们对于古代世界的某些精神层面的特定知识确实是无与伦比，即便是在我们看来，情况也是如此。他说的确实有可能是真相。"

"你曾经提到过他，选手。"约夫回忆起往事。"你能再提醒我们一下吗？"

萨里更用力地抓紧自己的膝盖，仿佛是在拼命抑制内心的冲动。最后，她开口说话了："在我看来，希拉尔·伊本·伊萨·阿尔索特绝对是一个无可挑剔的正人君子。"

"那是按照创世者的所谓标准，"贾马尔带着怒气。"你不会是想杀死我们唯一的女儿吧，萨里？难道你能下得了手？"

"不是，当然不是！"萨里深吸了一口气，用手擦拭着眼眶。

她很害怕，害怕她自己在撒谎。

现在不是撒谎的时候。

"贾马尔……我……我不知道。在人类历史上，曾经有过无数的人——男男女女，老老少少——将自己的生命献给创世者，创世者无数次应允了这种献祭行为，他们甚至有所期望，需要着人类的献祭。也许他们此刻就是这样认为的，你说呢？难道这不就是他们将小爱丽丝变成天空之匙的初衷吗？难道这不是暗指了我们人类与创世者们共

---

① 译者注：形容明明存在的问题却被人刻意回避。

同经历的充满暴力的过去？对于终极游戏，我们人类的存在，我们共同的祖先，难道不是代表一切的尾声？人类诞生于暴力，极端的无穷的暴力。难道这不是一切发生之事的意义？难道他们不希望我完成无法言说的任务？"

帕鲁和海伦娜苍白着脸，皮蒂盯着地毯上的那幅圣贤画像一言不发。贾马尔收回了放在妻子腿上的那只手。"萨里，我不敢相信你竟然会这么说。"

"我只是提出了一种可能性，亲爱的。"

萨里感觉，自己藏在衣服里的那把手枪突然变得更沉了。

似乎是要比太阳还要沉重、还要炙热、还要绝对。

"我绝对没有伤害小爱丽丝的打算，我不会伤害她的一根毫毛，反而会竭尽一切努力去拼命保护她。"萨里解释说。"但是，还有数十亿人即将死去，各位敬爱的族人。这一点毋庸置疑。这就是终极游戏的代价。问题必须得到回答。"全场更加沉默了。

约夫打破了沉默。"你可以提出假设，萨里。但是，诚实和真相并不是一回事。诚实者从未停止过说谎，因为他们坚信自己是在吐露真相。许多的邪恶正是建立在诚实的基础上。"

"因此，你认为希拉尔说的都是错的？"萨里反问约夫。"他是被人误导了？"

"我不知道真相。但是，假如我们听从了他的建议，牺牲了我们挚爱无辜的女儿，而大事件仍然发生了，你将失去获胜的机会。那就会从内而外地摧毁你，你感到内心的空虚，就像被掏空了一样——我们都会如此。这也是一种可能性。至于你所说的创世者，他们在誓师大会上显得那么渺小，甚至有些百无聊赖的样子，我想他们只不过是某种活着的生物。他们并不是神。尽管他们确实能力惊人，但是他们内心脆弱，怀有仇恨，残忍至极。他们在阿克苏姆人的心中埋下了这颗种子，也许就是为了看到我们为此受苦，看到你陷于崩溃和疯狂，亲手杀死自己的女儿，作为旁观者的他们应该会感到莫大的愉悦。我再说一遍：如果我们听从了阿克苏姆人的建议，然而大事件仍然发生，终极游戏继续进行，你要如何获胜？"

又是一阵沉默。答案是否定的。

"我没有获胜的机会。"萨里承认。

贤明的长者皱着眉头说："因此，你不应该牺牲小爱丽丝。现在不行，以后也不行。我们所有人都不会这样做的。我们会围绕在她的身边，竭尽全力地保护她。"

所有人都在点头。对于他们的决定，萨里觉得很是庆幸。这是正确的决定。这也是明智的决策。

"祝福你，约夫……尽管有些奇怪，但还是祝福你，希拉尔·伊本·伊萨·阿尔索特。他把选手们送到我们这里，也就是把他们送往地狱之门。"

"说得没错。"海伦娜回应说。

萨里将指尖合拢，置于自己的身前，跟手臂和胸部形成一个圆圈。"我们会围绕着她，正如我们计划的那样。我们会围绕着她，保护她，并且最终获得胜利。"

萨里站起来，其他人跟着站起来。帕拉维特帮助约夫站直了身体。萨里握住贾马尔的手，充满感情地抚摸着。他没有做出回应。

随后就散会了。

就在他们鱼贯而出的时候，萨里突然感到体内充满了急切、敬畏、希望、恐怖等各种情绪。

她不能告诉贾马尔。

她不能告诉他，她会一直保留着那把枪。尽管她不会牺牲小爱丽丝，以达到阻止大事件发生的目的，但是她很清楚，一旦有其他选手夺走了她唯一的宝贝，她仍然会选择杀死她。

莎拉·阿洛佩

秘鲁胡利亚卡，静谧岛别墅

凌晨，时钟显示是 03：17：57，有人打开了门。尽管莎拉保持着清醒，她还是假装自己睡着了。

莎拉侧身躺着，背朝着大门，手里握着枪。进来的那个人几乎没有发出任何的动静，想必一定是接受过相关的训练。不过，还是没能躲过她的感官。

那个人不是杰戈。

莎拉等待佣人拿走装满空盘和空杯的托盘，这样她就能趁机逃出房间，远离特拉洛克家。她曾经很长时间、很艰难地考虑过，是否应该跟踪杰戈，但是她很清楚这无异于自杀。不是因为她打不过杰戈，而是因为她目前最要紧的就是逃走，活下去。

即便这样意味着暂时失去大地之匙。

即便这样意味着将她自己长久以来不断追寻的东西——甚至牺牲了克里斯托弗的性命——抛在脑后。

偷溜进来的那个人走进了房间。她等着对方在桌边停下来，取走上面的托盘。

莎拉调整身体姿势，假装自己仍在睡眠中。

伺机而动。

那个人走到床边，来到她的身侧，停了下来。那是一个男人。她能听到对方的呼吸。

呼吸来自于比杰戈更加魁梧、更年长的男性。

她迅速翻过身，扯开身上的被褥，脚跟固定住对方的下巴和肩膀，随即听见对方发出的痛苦呼喊声！

她迅速跳起，站在床垫的中央，用手枪指着对方，准备开火。同时，对方猛击她的脚腕。她的双腿没有站稳，重新倒在床垫上，但是手枪没有脱手。

对方伸出手，用力将手枪压在床上，随后用嘘声说："停下，莎拉。别让他们听见了。不然的话，我们俩都完蛋了。"

这个人是伦佐。

"你在这里做什么？"她并没有降低音量。

伦佐靠近莎拉，她几乎闻得到对方身上混杂的美酒、奶酪和雪茄的味道。

"拜托，小声点。"在昏暗的光线下，她依稀看得到伦佐胖乎乎的脸、圆圆的眼睛、稀疏的胡须。

"为什么？我在你身上闻到了古塔莱洛·特拉洛克的味道。"

"别提他了。杰戈想要见你。他需要立刻见到你。"

"为什么他自己不来？"

"他有事在身。如果你想要活过今晚，赶紧闭嘴跟我来。"

"我为什么要相信你？"

"因为我相信游戏的神圣性。我相信我的选手的神圣性。他让我来找你。"

莎拉松开了手枪，速度快到她自己都有些无法置信，她将双手按压在伦佐的太阳穴上，用力挤压。

"不够有说服力。"

伦佐的眼珠凸了出来，眼泪簌簌地流下来，根本说不出话来。莎拉偷瞄了一眼大门的方向。门开着。她完全可以解决掉伦佐，然后逃之夭夭。

她可以逃之夭夭。

她继续挤压。

伦佐发出痛苦的声音，松开了手中的枪，抓住莎拉的肩膀，指甲嵌进了她的皮肉。接着，他伸出一个握紧的拳头，放在莎拉的面前。

他摇晃着拳头。

莎拉没有放松力气。

他打开了手掌。里面掉下一件东西。

大地之匙。

她放松了掐住对方喉咙的力气。

伦佐迅速用手撑在她的胸前，迅速后退几步，用手握住自己的颈部，大口地呼吸着空气。

"他……他……他让我把这个……交给你。"他猛吸一口气说。

莎拉一言不发，从床单上捡起了大地之匙。

"他让我把这个交给你。"伦佐挺直身体，擦拭着眼睛。他很快恢复过来，显示出曾经受过训练的功底。"他在向你示好。他不想让你被关起来，但又没办法救你出来，因为他必须达成他此次回来的目的。"

"为了那个叫奥卡波玛的女人？"

"没错。拜托你，我们必须离开。你在这里不安全"——

"难道之前待在这里就一定安全吗？"她语带讽刺地说。

"现在尤其危险。商族那边有了新的进展。你会有所了解的。但是，我们现在必须离开。杰戈将看管房间的守卫们骗走了。我代替他们坐在监控室里，随后找机会偷溜进来。"他指着墙上的一处小孔，暗示那里有隐藏摄像头。"我们必须立刻离开。我说的是立刻。"

莎拉用力握紧大地之匙。她能感觉到其中的能量流遍了她的全身。她能感觉到自己对于终极游戏的渴望。

"为什么不杀我？"

"我确实有过这种念头。但是，正如我所说的，我相信我的选手，他不允许我伤害你。"

"现在还不能杀我……"莎拉补充。

"他不允许我伤害你。"伦佐重复了一遍，随后不再说话。

他将莎拉拉下了床，将枕头和床单摆设成莎拉仍在床上睡觉的样子。他将手枪交还给莎拉，握住了她的手腕。他看着手表说："我们还剩下九秒钟离开这间屋子。你准备好了吗？"

她的眼神变得坚定。她用力抓住手枪，大地之匙变得愈发温暖。她闻到花园中新鲜空气的味道，闻到这个仍然活着、仍然坚强的世界的味道。

她也是如此。

仍然活着，仍然坚强。

"好的，伦佐。带路吧。"

巴依萨克罕、马卡比·阿德莱

秘鲁，普诺德萨瓜德罗大街，德萨瓜德罗，秘鲁和玻利维亚的边界

"最好就是他们。"巴依萨克罕坐在驾驶座上，座椅被推到最前面，以便身高五英尺两英寸的他能踩到踏板。从胡利亚卡南部村庄阿考拉开始，他就接过了驾驶的重任，马卡比负责用光球导航，在安全距离内跟踪奥尔梅克人的车辆。巴依萨克罕打定主意，不告诉纳巴泰人新手臂能够触碰古老传送装置的事情。

他必须挑选恰当的时机，方能揭开秘密。

恰当的、命悬一线的时刻。

他们停在路边，注视着熙熙攘攘却毫不起眼的边境。正值上午07：17，他们只花了两个小时抵达这里，包括途中短暂停留以处理尸体的时间。他们穿过荒凉无比却处处惊艳的地理地貌，几乎全程不发一语，这对他们两人来说都很舒服。

他们早已厌倦这种游戏。

厌倦了打斗。

厌倦了杀戮。

马卡比决定出手相助是有原因的。他不仅要获取特拉洛克家族雇佣军的制服，而且要维持机敏的身体状态，保持舌头舔舔刀尖的那种兴奋感。

巴依萨克罕并不是唯一热衷于屠杀的人。

不过，他们必须等待。观察着，等待着。

这对他们来说都不好受。争执一触即发。

"'最好是'？你在威胁我吗？"

"我想说的是，我不想跟丢了他们。"巴依萨克罕放下双筒望远镜，看见奥尔梅克人的汽车尾灯，那是一辆普通的马自达汽车，司机似乎

正在跟玻利维亚边境警察交涉。

"巴依萨克罕，我们已经用这个方法满世界地追踪目标，不会跟丢的。"

"我们应该立刻跟奥尔梅克人交手，如果那确实是他们的话。他看起来有些不同。他为什么要把头发弄成那副德行？"

"他厌倦了黑色的发色？鬼晓得咧。我们现在需要冷静。你的语气听起来跟个娘们儿似的。"

"我可不是娘们儿。"

"你也算不上是个男人，巴依萨克罕。"

"你自己也算不上是个男人！你多大了？十九岁？"

又一个猜错他年纪的人，他实际只有 16 岁。马卡比感到有些得意。不过，他没有回答。他不想进一步激怒东胡人。

"我就是开个玩笑，巴依萨克罕。"

"我不喜欢开玩笑。"

"真的？"

"我说真的。"

"那好吧。那就闭嘴，行吗？"

"很好。你也闭嘴。"

"乐意效劳。"

于是，两人都安静下来。

巴依萨克罕从口袋里拿出一部智能手机，滑动着将其打开，插进耳机，开始搜索网络。马卡比继续看着边界线。不断有男男女女从玻利维亚进入秘鲁边境，他们是来这里工作的。旅游业似乎未受影响，反而蒸蒸日上。马卡比认为，这些肯定都是憧憬流浪的有钱人，最后一次开启他们的人生享乐之旅，穿行到的的喀喀湖这样的奇景之地，完成自己的遗愿清单。从某种意义上来说，这些游客跟巴依萨克罕、跟他没什么区别。只不过，作为选手的他们正置身于不同的、更致命的游戏中。

生活总要继续。

该来的总会到来。

"快看。"巴依萨克罕打断了马卡比的思绪，径直将手机扔了过来。马卡比始终保持警惕，生怕巴依萨克罕将那种肿胀人体或是斩首动物之类的恐怖照片给他看。巴依萨克罕拔出了耳机线。"快拿着。"

马卡比照他所说的做了。在小小的屏幕上，刘安正用深色的眼睛盯着他看。

马卡比点击了播放。巴依萨克罕躺在驾驶室中间，几乎把头靠在马卡比肩上，以便两人都能看到视频。

他们共同观看了视频。

只看了一次。

"该死的家伙。"马卡比咒骂说。

巴依萨克罕坐回原位。"他找的那张你穿内衣的照片挺不错的。"

"那是泳衣。"

"我可没见过那种泳衣。"

"所有的欧洲人都穿这种泳衣。话说回来，巴依萨克罕"——

"情况不妙。情况大大的不妙。"

"已经有两亿人次的观看！"

一个看似穷困的男人穿过街道，从他们面前走过，身上挂着一块广告牌。上面写着"DIOS Y LA MUERTA ESTÁN CERCA. ESTOY A LA ESPERA DE HEREDAR LA TIERRA."

一个驯服者。

一个忠诚者。

一个愚蠢者。

他消失在街角。身上的铃铛声渐渐远去。

"你觉得刘安说的都是真的？"巴依萨克罕提问说。

"杀死我们就能阻止亚巴顿？"

"恩。"

"当然是假的。他只是想要实现他的龌龊目的。他想赢，跟你我一样。"马卡比回答，他并不完全理解商族人的真正意图。

"这样看来，他的做法很聪明。"

"的确如此。"

就在他们说话的当下，马卡比随意浏览着网页下面的评论。多数评论都充满了恐惧或是正义或是愚蠢或是批评或是狂热或是怀疑。许多评论的发布者都是胆小如鼠之辈。

然而，有一条评论似乎没有引起太多注意，但却吸引了马卡比的注意。

用户名泄露了秘密。

马卡比迅速截屏。

"马自达正在移动，马卡比。"

纳巴泰人从加密信息出现的屏幕上抬起头来，他必须暂且搁置这件事，等到他们停止追击的时候。"我们走吧。顺便祈祷边境警察不会阻止我们。"

巴依萨克罕启动了汽车，向着玻利维亚方向驶去。"我想，现在我们知道他染头发的原因了。"

"没错。现在我们知道了。"

他们很幸运地穿过了边境。守卫根本连看都没有看他们一眼。如果有任何动作的话，那就是他们所穿的红色爪纹制服，对方的态度显得十分谨慎。

他们进入了玻利维亚的地界。

生活总要继续下去。

该来的总会到来。

希拉尔·伊本·伊萨·阿尔索特
美国加利福尼亚州，星空联盟休息室，汤姆布莱德利国际航站楼，洛杉矶国际机场

希拉尔离开史黛拉的住所，偷了一辆汽车，开往加利福尼亚州。现在，他正坐在私人小隔间，将常用的智能手机放在自己的耳边。一个小时以后，他将搭乘凌晨开往曼谷的航班——鉴于当前的局势，这已经是他能够搭乘的最早的航班。他原本想要更早抵达亚洲，但是航班不断地被取消、被变更、被调整，南加州似乎无法调动任何一架私人飞机——但凡有些资源的人，都已经离开了这里，纷纷躲藏到遥远偏僻的地方。打败埃亚给他带来了莫大的安慰，但是他宁愿更接近哈拉帕族，更接近那个女孩，更接近她的死亡。

愿创世者宽恕。

一个死去的小女孩。

他祈祷着，有一位选手能够鼓足勇气，完成这项任务。

在内心深处，他也不确定自己有没有这种勇气。

到曼谷再说吧。暂时不去设想，19 小时 34 分钟以后的他将遭遇什么情况。他将从这里一路向西。不过，在登机以前，他必须跟艾本·伊本·穆罕默德·艾尔-朱兰通话。已经过了约定时间。他必须告诉他埃亚的情况，以及史黛拉的情况，全部的一切。

电话铃声响了。艾本几乎是瞬间接通了电话。

"希拉尔？是你吗？"

"是的，长老。"

"感谢上天，你在哪里？你还好吗？"

"我在洛杉矶。我很好。"

"你有没有遇见其他的选手？"

"没有。他们继续在比赛。"

"那么……你遇见堕落者了吗?"

希拉尔降低了音量,几乎是呢喃的程度:"我找到他了,长老。借助了外力,不过我找到了他……"

"你说的是真的?"

"是的。我跟埃亚正面对抗,我还跟他对话了。"

"你见到了他?"

"是的。我只有这样才能接近他。"

"然后呢"——

希拉尔打断了对方的话。他迅速向艾本陈述了一系列事件,其中包括了:史黛拉的身份、史黛拉跟埃亚的关系、她对埃亚的仇恨、她在击败埃亚的过程中所作的贡献。希拉尔将一切和盘托出。"人类将在未来免于受到他的邪恶统治。"

"我有一万个问题,希拉尔。无数个问题,尤其关于史黛拉和她的军队。"

"我也是。她会尽快跟我联系。"

"你认为,她在做什么?"

"我一直在思考这个问题,长老。我猜想,她和她的军队就是巨石阵遭到摧毁的幕后推手。她并不效忠于创世者,更不喜欢终极游戏。我想,她在试图以自己的方式阻止终极游戏。阻止这一切的发生。"

"我想见她。"艾本用有些颤抖的声音说。

"你会见到她的。"

"希拉尔——快回来吧。终极游戏显然已经超过了我们的预期。快回来,我们可以重新部署计划,尤其是要确保衔尾蛇的安全,保存埃亚灵魂精髓的衔尾蛇,在约柜中的衔尾蛇。我恳求你。"

"不行,我要保留手杖。我会好好保管的。"

"你只能在活着的时候保管它,希拉尔!我感到很抱歉,但是你必须回来,将衔尾蛇归还到约柜中,这样我们才能守护它。又或者,假设终极游戏将我们一族摧毁,埃亚就能永远被埋葬在我们的王国,被世人所遗忘！"

希拉尔抬头看去。一个身穿西服的男人站在他的身后，四米远的距离，毫不掩饰地看着他。希拉尔决定不再使用绷带，他要向全世界展示自己的残缺一面。希拉尔回看了一眼，对方就避开了眼神。看来只是一个好奇的过客。希拉尔已经领悟到，拥有野兽般的面孔会吸引众多人的注意——同时，当他学会善用外表的丑陋，他就能吓跑许多人。

"我赞成你的说法，长老。我会把它归还的。"

"很好。"

"等到时机成熟。"

"你这是什么意思？"

"我必须坚持下去。我必须继续比赛。要么阻止大事件，借助同伴的力量或是史黛拉的力量或是两者的结合，要么赢得比赛。直到那时，否则我会继续持有衔尾蛇。我必须这样做，长老。请你谅解。"

希拉尔的声音很坚定，很有说服力。

"我能理解，时不我待，但是我还是要求你谨慎思考，尽快地将衔尾蛇归还给阿克苏姆族。它们必须回到约柜中去，希拉尔。没有别的选择。"

"我知道，长老。但是，与此同时，我必须找到天空之匙。"他略微地停顿。"我还要找到某种堕落的、无理性的、卑鄙的力量，去杀死一个小姑娘。"

昏暗中的幼松，源于地心的生长。

我已经奉上了祭品。

白砗磲、绿松石、石决明，美丽无比。

黑玉般美丽，黄铁矿般美丽，蓝色花粉般美丽。

我已经奉上了祭品。

现在，我成为了你的孩子。

照管我。

将你的手置于我的身前，保护我。

守护我，捍卫我。

我为你说话，也为我说话。

你为我说话，所以我为你说话。

艾斯林·考普，波普·考普，格雷格·乔登，布里奇特·马克罗斯基，格里芬·马尔斯

印度锡金，永生谷附近，接近哈拉帕族的一号关卡。

他们终于抵达了喜马拉雅山。马尔斯的判断不错，这里确实有一条通道。最近，还有不少人都走过这条通道。

从 Sakkyong 山间驻地和提斯塔河开始，他们没有任何的交流。不过，他们还是发出了一些声音。他们的靴子发出的脚步声，装备摩擦的沙沙声，沉重的喘息声，毛毛细雨打在他们头盔上的声音，树叶和岩石和树木的声音。艾斯林可以肯定地说，她从未到过像喜马拉雅山这样的区域。与之相比，阿尔卑斯山脉简直就是一座小土丘。周边环境——山脉绵延起伏，斜坡陡峭至极，山峰壮阔无比，山谷气势恢宏——显得那样雄伟壮阔。

她真想留在这里。

她真想迷失。

她会感到很快乐。

如果没有终极游戏的话。

她真想留在这里。

可是，还有那个女孩。

她必须杀死的那个女孩。

她已经感到紧张。她要用步枪还是手枪？或是索性使剑？她还记得自己跟马克罗斯基说过的话——只要能够阻止大事件的发生，她愿意牺牲包括自己在内的所有人——不过艾斯林开始产生疑惑。杀死我自己会更轻松。但是，杀死一个小女孩……我真的能够做到吗？

她很清楚，怀疑是失败的种子。因此，她迫使自己不去想这件事，尽可能地集中注意力。波普就在她身后的几步远，很轻松地跟上了她的节奏，他已不再年轻。乔登和马克罗斯基同样跟了上来，不过显得更费力一些。马尔斯的踪迹出现在平视显示器上，看起来还算轻松。

至于艾斯林，她实际已经放慢了速度。她可以连续数小时不间断地保持行进的状态。

对讲机里冒出"哔"的一声警报。她的镜片上出现了两个明显的红点，那是马尔斯将可能存在的诱杀装置标示出来。她停下了脚步，举起握成拳头的手。其他人都停了下来。

"马尔斯，暂停一下。"她命令说。

"收到，停止。"马尔斯回应说，他就在他们身后几百英尺的位置。

艾斯林继续问："无人机怎么样了？"

"已经准备好了。现在的天气情况不够理想，否则我们能够通过航拍看到对方设置的障碍，那样更有帮助。完毕。"

"没关系。让它继续在半空中监视。完毕。"

乔登向前一步说："我来检查绊网。"

艾斯林伸出手，手掌向下。"不用。让我来。这是我的任务，乔登。除此之外，你上次解除简易爆炸装置是什么时候了？"

"2010 年。在费卢杰。"乔登有些羞怯。

"你看吧。让我来做。如果有两个炸弹，我就解除一个，引爆一个。我们要坚守计划，不等到引爆就不能进来。"

他们都是专业人员，所以艾斯林无需提醒他们计划是什么：乔登和马克罗斯基在右侧，艾斯林和波普在左侧。马尔斯在后方，手中握有狙击枪，无人机在空中支援。前方小分队必须负责各自身边队友的安全。只有在两侧都安全的情况下，他们才能采用瞄准姿势，使用的武器可能是火箭推进榴弹、狙击步枪、或是机枪——或是各持一把。

"准备好了吗？"

他们准备好了。

"出发。"

乔登和马克罗斯基沿着通道的西北部前进，很快就消失在树木的掩映之下。

艾斯林和波普往着相反方向前进。

走了五十步以后，艾斯林说："马尔斯，等我们快速前进，划出第一道安全线之后，你可以开始搜索，但是必须保持低速，注意隐蔽。"

"收到。"

又走了二十步。艾斯林关闭了对讲机。波普就在她的左侧，同样关闭了对讲机。"我这个领袖者做得如何？"她问。

波普没有看她，眼睛仍在敏锐地观察着周围环境。"如果我们十分钟后仍然活着的话，我想我会给你答案的。"

"很好。听起来很公平。"艾斯林打开了对讲机。

镜片上面的绿色光点标志着哈拉帕人——紫色光点标志着艾斯林的队伍——在她的右眼前方出现。艾斯林心想，他们到底是谁——哈拉帕族的训练师、前选手们、士兵、年轻、年老？他们是否也会感到紧张？他们就坐在那里，等待着即将发生的事情？

一定是这样的。他们是人类。再多的训练都无法避免恐惧。

她挥动着自己的手，向波普示意她已经准备好去处理陷阱。她的枪管上形成了一些小水滴。她戴着手套的双手突然感到一阵剧烈的稍纵即逝的寒意。她再次找到那条道路。它径直向西延伸，随后向左拐弯，坡度逐渐消失。绿色光点在山坡的另外一侧，不到150英尺远的距离。她将步枪扛在肩上，缓步向前移动，在地上搜寻着陷阱的迹象。她的心跳如鼓。她什么都没有发现。没有凹陷，没有钓丝，没有电线，没有成堆的树叶，没有堆积起来的泥土。

到底在哪里？

什么都没有。水滴从她的头盔边缘滴落下来。

愚蠢的该死的雨水。到处都是一片雾蒙蒙、脏兮兮的样子。

继续等待。

在那里。

一英尺远。

如此接近。

一颗水滴，大到肉眼足以辨认的程度，被一根几乎不可见的线切成两半。

艾斯林低下身，看到了这一幕。她用眼睛迅速搜索周围区域。

没错。

谢天谢地，幸亏有雨水。艾斯林改变了之前的想法。要是地面是干燥的，她就不可能发现这一处线索。

她走到那根线的左侧，发现连在树上，随后跑到右侧，继续观察发现：树叶背后隐藏着一把 C4 手枪，那根线就连在扳机上。

艾斯林在周围地面上找到一根树枝，来不及思考过多，直接用手捏住那根线，再用树枝插进扳机将其堵住。

随后，艾斯林掐断了那根线，炸弹没有爆炸。

她继续向前走了 12 英尺，放低了身体。通过镜片上的紫色光点，她看到其他成员停止移动，保持静止状态，等待着她的信号。

艾斯林谨慎地向前走，寻找下一根被雨水暴露的引线。这一次，艾斯林很快锁定了目标，因为她知道自己在寻找什么。她跪在引线上方，从外衣口袋里取出一卷线，把线头宽松地绕在绊网上，打了一个防滑单套结，中间穿了一个拉链结，将其系在小指上。她放出了两英尺长的线——涂有铁氟龙且不抽丝的单纤维丝——将它放在地面上。接着，艾斯林将一块拳头大小的岩石放在线头上，动作轻柔地进行测试。一旦用力拉拽，石头发生滑动，猛拉绊网，由此引爆炸弹。她继续向前走了十步，森林边缘有一块布满苔藓的卵石，就在通道旁边。她沿着岩石的周围走着，背靠岩石，身体下蹲。她再次检查镜片，波普还在树林里，距离她 126 英尺。乔登和马克罗斯基就在她身后 230 英尺的位置。

绿色光点还在那里。

他们在等待着。

"倒数五秒，准备开火。点击一下表示确认。"

她听到了四声单独的点击声，来自四位队员。

她垂下头，开始计算人数。"一个、两个、三个、四个、五个。"

她用力拉动绳子，感觉绳子从岩石上滑落下来，随即绊网被拉紧，接下来——

爆炸规模不大，但是无数的弹片在整个森林里呼啸。承座、钉子、螺丝、金属碎片朝着不同方向炸开，发出了一阵丁零当啷的撞击声。

大块的树干、成堆的树叶、断裂的树枝——全都倾泻下来。

爆炸仅维持了一秒钟，周围陷于安静。艾斯林站起来，再次检查平视显示器。两个绿点正在移动，朝着她的方向而来，两边各有一人。

艾斯林将 B&T 战术冲锋枪以及机载次口径火箭放在地上，悄悄拔出剑。"马尔斯，快来我这里。其他人从侧边过来。请速回复。"

四声敲击声。

她看到紫色光点正在移动。

两个绿色光点离得更近了。

只剩下 65 英尺远。

她双手握紧短剑，等待着，面朝他们走来的那条道路。

她听见对方清除了上山路上的阻碍，绿点实际上就在她的上方。她将镜片拨上去，以免阻碍视线，随后蹲下身，将短剑的剑尖抵在地上，继续等待。

一个男人突然出现在卵石的后侧，肩上扛着一把卡拉希步枪，枪口正好对准艾斯林的头部上方。

艾斯林立刻站起来，身体前倾，将短剑置于对方的双腿之间。卡拉希步枪射出一颗子弹，从艾斯林的肩膀上方擦过。对方的脸上浮现出惊讶和恐惧，因为艾斯林将短剑向上扬起，干净利落地砍断了他的左腿。随后，艾斯林用手肘攻击对方的胸部，将他撞到了卵石上面，对方手中的步枪掉落在地，陷入休克中。这时，卵石后方出现了一个三十岁左右手持散弹枪的女人，她迅速扣动了扳机，艾斯林用短剑砍向枪管，子弹射进了她们脚边的泥土里，大号铅弹在路上制造出无数的小坑洞。艾斯林继续采取攻势，对方毫无招架之力，枪管被砍断了。

对方丢下枪，从袖口里悄无声息地取出一把刀，转而刺向艾斯林的咽喉。艾斯林身体向后倾斜，躲过了刀刃的攻击，同时用短剑刺向前方，刺穿对方的胸骨，直接刺进了心脏。

艾斯林用一只脚踩着对方的臀部，拔出了短剑。哈拉帕人向着另一侧倒过去，一动不动地伏在地上。

艾斯林再次带上平视显示器。看见她的伙伴们正在移动，所剩的四个绿点聚在一起。4.6 秒以后，她听见了步枪交火的声音——机载次口径火箭指示器滑动的声音、更多的卡拉希步枪的咔哒声、M60 机枪发出的三轮射击声。她能够辨认出每一种武器的声音、性能和零件。

这一轮交火持续了 17 秒。

她听见乔登的榴弹发射器发动射击，随后出现一轮燃烧弹造成的爆炸。

接着出现了一片寂静。紫色光点继续移动，绿色光点静止，温度逐渐退散。

在此过程中，始终伴随着雨点的低语声、微风吹过的细微动静，以及艾斯林的呼吸声。

她的心跳渐快。

"我是艾斯林，请回复，完毕。"

"我是乔登。"

"我是马克罗斯基。"

"我是波普。"

"我马上就到。"马尔斯回答。

一号关卡已经落入他们手中。

艾斯林用手擦拭脸颊。看见手套上的血迹。

那不是她的血迹。

马尔斯出现在她的后侧。

"天哪，"他看到艾斯林周围的惨状，不禁大呼出声。

她的眼中充满了野兽般的凶残。

她的脸颊泛红，充满了生命力。

她将短剑收回剑鞘，拾起地上的两把武器。

"快走吧，马尔斯。这只是一切的开始。"

莎拉·阿洛佩，杰戈·特拉洛克，伦佐，马卡比·阿德莱，巴依萨克罕

玻利维亚，蒂亚瓦纳科地区以西，Antigua a La Paz 大街

莎拉觉得，这个早晨既漫长又难忍。伦佐带着她走进厨房，沿着一条狭窄的通道，经过从山体中开凿出来的储物间，最后来到住宅外的隐蔽卸货区。平时负责巡视的守卫们都无声无息地倚靠在墙上。

"我用了麻醉枪。"伦佐向她解释。

伦佐带着莎拉走到一辆马自达掀背车旁边，打开了后座的车门。座位被放了下来，出现了一个用于隐藏的隔间。

空间很小。

"这辆车只能用来藏人。"

"什么？没有武器？没有夜视镜？"

"没有。赶紧进去吧。"

莎拉感到一阵犹豫。此时，她可以轻易摆脱掉伦佐，偷了这辆车逃之夭夭。不过，她随后回忆起克拉罗克雇用了一小支雇佣军部队，驻扎在住宅附近。她不可能躲过他们所有人的追击，至少开这辆车不行。

除此之外，莎拉也想听听杰戈的说法。因此，她将背包扔进车里，爬上了后座，随后屈起身体，手中紧握着大地之匙。伦佐用手指向一根水管，示意莎拉可以饮用其中的冷水。他将座位恢复原样，坐上驾驶座，发动了汽车。

他的开车速度很快。

一路颠簸，莎拉深信：伦佐一定是把车故意开到洞穴里，作为对她的惩罚。

为了刺激她。

为了惹恼她。

为了激怒她。

他已经达到了他的目的。

全程花了两个半小时，过程极其难熬。莎拉庆幸自己经历过更加惨烈的训练。她曾经被锁在棺材里长达 62.77 小时；她曾为了躲避一场暴风雪而在一间小冰屋里待了整整三天，既不能站立，又不能卧倒，最后还要掘出五英尺厚的积雪才得以逃生；或是她曾经被绑在一张倒在地上的椅子上，独自一人，距离几英尺的桌子上面放着水和食物，最终她花费 14.56 小时，成功挣脱了束缚。

相较之下，这点颠簸几乎不算什么。正如在其他训练中那样，她开始沉浸在想象中。她幻想着秋天的麦田，幻想着长跑过后双腿酸痛的愉悦感，想象着还是孩童的塔特和她自己在奈厄布拉勒河旁边的树屋里玩耍。

每每这时，车身都会发生碰撞，她的双腿一阵刺痛，莎拉意识到她几乎已经感觉不到自己的脚，而且她的脖颈僵硬得如同一棵歪脖子树。她不由得回想起棺材里的经历，回想起塔特——死去的塔特——以及克里斯托弗——死去的克里斯托弗。当她回想起这些情景时，她的内心充满着恐惧和即将崩溃的意识，她感到获得大地之匙后的那种狂躁感即将再次降临。每当出现这种情绪时，莎拉都会攥住水管，喝几口冰凉的水。她不断地喝水，直到胃部出现绞痛感，膀胱胀满，这种肉体的不适感和疼痛感能够抵制住狂躁感。

他们沿路总共停了三次。第一次，依据莎拉的推测，车子停在了特拉洛克位于山下的关卡。第二次，根据车身的下沉，她推测杰戈坐上了车。第三次停车大约是在四十分钟以前。这次的停留时间最长，尽管莎拉所在的隔间空间狭促，漆黑一片，甚至完全处在隔音中，但是莎拉仍然准确地推测出他们正在穿过玻利维亚的边境线。

现在是他们第四次停车。她感觉到车身上移，共有两位乘客走下了车。她听见隔间的锁被打开了。

门被打开了。

阳光如利刃般刺痛了她的眼睛。她用前臂挡住脸上，随后坐下，

1343

不断地眨眼以适应此时的光线。背部肌肉僵硬酸痛。莎拉转动脖子，颈椎位置发出咔哒声。有人站在她的身前。

"你能帮我抬高腿吗？我完全感觉不到它们了。"莎拉一边说，一边放下手，还在眨眼。

对方低下身说："当然可以。"

那是杰戈·特拉洛克。身体瘦削而健壮，他的脸部处在阴影中。为了抵御早晨的寒冷而戴上了衣服上的帽子。

莎拉擦拭了一下嘴角，将大地之匙放进了口袋里。杰戈将她的腿拽出来，放在地上。她没有看到伦佐的踪影。杰戈跪下来，用手捂住她的左小腿，用力按摩着。"我很抱歉……"

光线不那么刺眼了。她能够看清楚他的脸，他的伤疤，他的眼睛，他如同凿刻般的下巴。莎拉·阿洛佩的拳头用力打在了他的脸上。他的脑袋侧向一边。即便如此，他仍然没有停止按摩她酸痛的肌肉。他转过头来，露出了招牌笑容。"还要再来一次吗？"

"是的。"

这一次，她使出了更大的力气，他的帽子直接被打落在地。

杰戈继续按摩着她的小腿，力道没有减弱，全神贯注地继续着动作，仿佛他的双手感觉不到身体其他部位的痛楚。嘴角现出一滴血。他专注地看着她。

"再来一次？"

莎拉叹了口气。"不用了……以后再说吧。看在老天的份上，杰戈。你到底对你的头发做了什么？"

"你喜欢吗？"

他的头发完全被漂成了金色，几近于银色。

"太糟糕了。"

"我必须这样做。你的腿怎么样？"

"刺痛感还是很强……杰戈……你为什么任由他们囚禁我？"她的声音变得柔和了一些，尽管这有违于她的本意。

"我也不想。如果我早知道我的父母要对你下手，我肯定不会带你回家。不会是……以这种……可怕的方式。"

她没有再说话。她意识到，从某种意义来说，遭到囚禁也许对她更好一些。至少她不再感到愧疚。

杰戈想要询问她是否感觉好一些了，但是他改变了主意。他将注意力集中到莎拉的膝盖、脚踝、足部。接着，他开始按摩另一条小腿。莎拉转动了一下自己的脚趾。杰戈心想，此刻最好还是说正事，私人的事情还是留到以后再说。

"我们被淘汰了，莎拉。所有的选手都被淘汰了。这个世界已经发现了我们的踪迹。"

"什么？怎么可能？"莎拉急切地问。

"刘安做了一段视频，里面出现了我们所有人的照片。数百万人已经看到了。也许是数亿人。他说，如果地球上的人类能够团结起来，杀死剩余的八位选手，包括他自己在内，那么亚巴顿就不会撞击地球了。"

"不可能。"

"确实如此。"

"他们相信了？"

"有些人相信了。"

"因此，你染了头发——作为伪装？"

"不太好的伪装。我没办法隐藏脸上的疤痕。"杰戈继续用帽子盖住脑袋。

莎拉走出了汽车，四处张望着。附近的土地很荒芜，渺无人烟，空荡荡的。"我觉得这里很安全。这里连鬼都没有。"

"到处都是眼线，莎拉。你知道的。"

他继续手中的动作。

他的双手感觉很舒适。

"我会剪掉头发。"莎拉说。"一有时间就剪。"

"好。"

"也许会把它染成黑色。再戴有色的隐形眼镜。"

"好。"

她用双手捧住杰戈的脸颊。"杰戈，我……我原本打算杀了你。如果来的人是你，我就会杀了你。不带一丝犹豫。"

杰戈感觉到她声音里面的恐惧。以及羞辱。对于她能够做到的事情，莎拉感到了恐惧和羞辱。

"我知道，莎拉。这就是我派伦佐来找你的原因。我想你至少会让他说话。"

"我……我很抱歉。"

"什么？不。我才是感到抱歉的那个人，莎拉。我不会再让这种事情发生。我保证。"

杰戈犹豫了一下。他想要说些什么，但是一时找不到准确的语言。他想起他们一起找寻大地之匙，想起莎拉在他和克里斯托弗之间的艰难抉择，想起她在旧生活和作为选手的新生活之间的痛苦折磨，想起她的祖先们，想起卡霍基亚人如何抵抗创世者、为自由和独立而战斗、为自己的性命而战斗、为了正常的生活而战斗。他们很坚强，比其他的任何族群都要坚强，以他们自己的方式。就像莎拉一样。也许，他在莎拉身上看到的双重性，同时也是莎拉最恐惧的本性，根本就不是她的弱点。

也许这就是莎拉最大的优势。

"我会努力变得更好。"杰戈总算憋出一句话。

莎拉露出了微笑。"我可能还会杀了你。"

他同样向她笑着。"我并不怀疑。"

"我的腿感觉好多了。我要去撒尿了。"

杰戈帮助莎拉站起来。她走到汽车后侧，脱下了裤子，蹲在地上，尿在了保险杆周围。杰戈在等待着她，双手插在连帽衫的口袋里，朝着他们的目的地的方向张望着。一辆皮卡朝着他们所在的方向奔驰而来，不过没有引起杰戈的警觉。他正在思考刘安的事情，思考自己的伪装，思考大地之匙，思考比赛。

最多的还是思考着莎拉·阿洛佩的事情。

"不过，你到底为什么任由让他们抓住我，杰戈？"莎拉从车后喊道。

卡车越来越近，杰戈完全沉浸在自己的思考中。等待这辆车从他们的身边驶过，杰戈方才回过神来，转头目送着这辆车渐渐远去，车后激起一阵尘土。

莎拉站起身。卡车已经开远了。

她略微跳了跳，拉上了自己的裤子。然后，她走到了车子旁边。

"我是被迫的，"杰戈回答说："如果我挣扎的话，他们很可能直接杀了你。"

莎拉走到了杰戈面前，双手放在他的臀部，抓住他的骨盆位置，她能感觉到连接胃部的瘦肌肉。她加大了手部的力气。"也就是说，你父亲和他的手下会在今早继续追捕我们，没错吧？"

"毫无疑问。"

"那就让他们去蹦跶吧，费奥。"

她的身体继续前倾，完全倒在他的怀里，在他的唇上印下一吻。那是一个真正的吻。沉迷其中湿润的吻。她用力抓紧他的臀部，他还在口袋里的双手抵住了莎拉的胸部。

他们分开了身体。

杰戈从未感到自己如此渴望一个人。

莎拉从未感到自己如此渴望一个人。

但是，现在不是好时机。

他们的脸只隔了几英寸。他们能够闻到对方的味道。感到对方的温度。

能够重新在一起，他们感到如此快乐。

如此得如此得快乐。

杰戈强压下自己的冲动，回答说："这就是我们在野外的原因。我们要继续比赛。"随后，他示意莎拉观察附近的红土地貌。"我们必须把大地之匙带去那里，并且使用它，这样才能离开该死的南美大陆。"

"那里有什么？"

"答案，莎拉·阿洛佩。那里有答案。"

几分钟以前，就在那辆皮卡里面。一辆马自达停靠在安第斯山脉小型哨站外围的道路旁边。马卡比指着他们说："就在那里。"远处共

347

有两人，一个人站在车旁，一个人蹲在车后，还有一个矮胖的男人不见踪影。

"卡霍基亚人就跟他们在一起！"巴依萨克罕踩着油门。这辆卡车在路上疾驰着，速度从 109 千米每小时加速到 131 千米每小时。"我们去把他们压扁吧。"

"你疯了吗，巴依萨？我们可能会送掉自己的性命。"

"我们有安全带和安全气囊。"速度升到了 141 千米每小时。

奥尔梅克人和卡霍基亚人距离他们只有 865 米，剩余时间是 22 秒。

"快停下，巴依萨！不要这样做！"

"为什么不呢？"巴依萨克罕更用力地握紧方向盘。

"他们来这里是有理由的！他们准备用大地之匙做些什么事情，我们必须观察他们的一举一动！"

"我不在乎。"

时速已经是 478 千米每小时，距离他们 12.14 秒。

"我再说一遍，快停下来！你这该死的家伙。你可能会毁了大地之匙。"

"不可能。大地之匙是不可摧毁的。"

"可是我们并不是金刚不坏之身。"

距离只有 70 米。不到两秒钟。

"我们快走！"

在最后一刻，马卡比俯身过去，用力向左扭转方向盘，车身呈现鱼尾状，险些擦过两人，车轮回到了泥土路的中间。杰戈和莎拉完全沉浸在两人的对话中，根本没有注意到这辆卡车。他们更不会注意到车内的人。

马卡比和巴依萨克罕继续开往村落的方向。巴依萨克罕用力敲着仪表盘以示抗议。

杰戈和莎拉肩并肩坐在马自达的车引擎盖上。伦佐在马路对面，那是看管者的家，伦佐正在试图贿赂对方在今晨关闭这座古代遗迹。

他们在莎拉的手机上观看刘安的视频，凭借着直觉，莎拉很快发现了一条信息，用户名为"didyouseekeplertwentytwob"。

"你看懂了吗？"杰戈问。

"没有，不过我会弄清楚的。无论发布消息的是哪位选手，线索已经足够了。"杰戈感到完全没有头绪，莎拉却指着这条信息说："破译这条消息并不难。"

"那就赶紧破译吧。这方面你比我在行多了。"

杰戈递给她一块板和一张纸，莎拉开始迅速地写着什么——那是一连串的数字。一共有十二个数字，就像十二位选手。杰戈认得这些数字——他只能走到这一步。他不知道接下来该怎么办。

不过，莎拉显然知道该怎么做。

写下这些数字以后，莎拉拿出了自己的手机，转向一个密码保护的网站，找到了她想要寻找的网页。"特殊的破译软件。如果没有这种软件，就不可能破解这种密码"——她输入了这些数字——"关键短语。"她在一个方框里输进这些数字，又在另一个方框里输进希拉尔的那段乱语，结果却显得更加混乱不解。莎拉一次又一次地默念着这段话，把笔的末端咬在嘴里。杰戈只能眼看着莎拉的舌头不时舔舐着塑料笔杆。他宁愿自己成为那根笔杆。

349

毫无头绪。

莎拉猛地咬住手指，回到了之前的浏览器，重新改变数字序列，随后——转瞬之间！——信息发生了改变。他们的脑袋凑到一起，理解着希拉尔发布的关于天空之匙的信息。关于小爱丽丝的信息。

"狗娘养的。你相信他说的话吗？你认为天空之匙真的就是……一个人？一个孩子？"

"如果不是那样，我只能假定阿尔索特肯定跟乔普拉有什么深仇大恨。不过，我们假定这条消息是真实的。假定他对天空之匙的说法是真的，那么他所说的杀死她就能结束终极游戏的说法是否也是真的？"

"只有一种方法能够断定真假。"

"没错，唯一的方法。"

他们陷入了沉默。伦佐出现在五百米以外，走出了一座低矮的砖头房子。他很快就开始向他们跑过来。

莎拉说："杰戈，我们到底来这里干什么？"

杰戈告诉莎拉关于奥卡波玛的事情，关于大地之匙的真相，以及大地之匙如何能比其他选手在 YouTube 网站发布评论更加可信地显示天空之匙的位置。他没有提及卡霍基亚人的事情，也没有提及奥卡波玛勒令他杀死莎拉。他不可能杀死她，不过现在提起她的族群历史并不太合适。

等他说完，莎拉继续说："也就是说，我们要将大地之匙带去那扇门……"

"并且确认阿尔索特对于天空之匙位置的推测是否属实。"

"好的。"莎拉指着马路对面。"伦佐来了。"

"花了不少钱。"伦佐说。"不过，我们能够在接下来的两小时里不受干扰地做自己的事情。"

莎拉和杰戈从引擎盖上滑下来，来不及跟伦佐做任何的解释。印度在地球的另外一边，他们必须赶紧行动。

三个人坐进车里，直接向着东边开去。早晨的阳光照在他们的脸上。莎拉往北边看去，一只秃鹰正在半空中盘旋。

几分钟后，他们在路障附近的停车场里停了下来。更远处，就是繁荣一时的印加王国首都蒂亚瓦纳科。他们在原地稍作停留，俯瞰平原的景色。

"我不是唯一一个突然感到紧张的人吧？"伦佐问。

"不是。"杰戈和莎拉齐声回答。

"那就好。"

刘安

印度，加尔各答，Ballygunge，未命名街区，商族安全房

可能吗？难道真的奏效了？

刘安身体向前倾，用大拇指和食指抚摸着脖子上的项链，抽搐减轻了。他眯着眼睛看。

难道是真的？

他独自坐在低矮的房间里，唯一的光源就是一系列闪光的屏幕。他将键盘放在膝盖上，追踪球放在椅子扶手上，千代子叔父的武士刀就斜靠在桌子旁。一个黑色的数字"13"被潦草地用记号笔写在监视器的背后。

在漆黑一片、到处都是炸药的房间里，虚拟世界都在他的掌控之中。无论身在何处，这就是他最有安全感、最舒适、最欢快的环境设置。在大事件降临的那一天，人类世界彻底回归黑暗时代，刘安会感到无比悲伤。其他选手担忧他们的族人，他们的性命。他们哀悼人类族群的消亡。

刘安哀悼的是网络的消亡。

他用大拇指和食指抚摸着千代子的发束。

没错，办法奏效了。

刘安一来到这座行动基地，就把自己锁在房内，设置了安全装置，用武器将自己武装起来，其中包括：武田家的武士刀、装满手榴弹的肩带、一把SIG226步枪，同时激活了藏身处的自动毁灭装置，检查了自己的车辆，接着又吃了一碗饭，喝了一瓶可乐。

随后，他开始继续寻找其他选手。他输入了个人识别号码：30700。此时，出现了两个光点——奥尔梅克人和卡霍基亚人，还有一个，可能是纳巴泰人——他们还在南美洲。他们都在移动着，似乎

都在赶去最后一决胜负。刘安成功地找到了当时希拉尔用于发表加密信息的 IP 地址——那是拉斯维加斯北部工业地区的一处仓库。在此之后，阿克苏姆人下落不明。

只剩下东胡人、凯尔特人和哈拉帕人。刘安假定这三个人都还活着。

东胡人完全是一个谜。除了一张模糊的照片，这个名叫巴依萨克罕的男孩似乎根本不存在。他放弃了寻找他的尝试。

他猜测，凯尔特人是东京袭击事件的幕后主使，不过他不确定对方的下落。

至于乔普拉，如果阿克苏姆人的消息是真的，那么她无疑就在印度的坐标定位。

她肯定待在原地，等待着危机到来，守护着她的宝贝女儿。

守护着天空之匙。

刘安再次将视线落在那些坐标定位上。他正准备在空中寻找一颗卫星，用来仔细观察锡金的地形地貌，却有了意外的发现。

不知何故，美国此前已将一颗景观级侦察卫星放在了锡金所在位置的上空。

刘安知道自己不可能操纵这颗卫星，不过他知道如何进入卫星的传送系统。这就意味着，刘安能够看到艾斯林和她的队伍所能看到的情景。

他所看到的情景令人惊叹。

刘安无法辨认双方身份，但是他清楚看到有两方人马对峙。一方有五人，一方有六人，他们在一片空旷地进行交战，位置就在喜马拉雅东部山脉的半山腰上。他还看到那里发生了爆炸，两个人向一个人步步紧逼，又看到后者近距离迅速解决了两个对手。西面五十米再次发生枪战，爆炸随即发生。六人团队全军覆没，五人团队进行重组，向着更高的地方进发。

刘安只是坐在那里，观看着一切。

全神贯注地看着。

他不想错过任何一幕。

刘安发现，下一处关卡总共有七人把守，位于陡壁山谷的开阔位置，通往阿克苏姆人在加密信息中标注的那个地点。

刘安在另外两台监控器上看到千代子的追踪光点，就在玻利维亚，距离他们仅有一公里。他们并不知道印度行动的任何细节——刘安能够不时辨认出他们的手臂、腿部和面部特征——但是他们还在那里。等到一个光点——或是两个光点！——消失了，千代子的追踪器就会将其记录下来，告知刘安。

运气真好！

他觉得自己是上帝。

他打开小型冰箱的门，取出了另一罐可乐，拉开易拉罐的时候发出了密封盖的咔嗒声以及气体泄漏的咝咝声。他将易拉罐放在嘴边，嗅着里面不断冒泡的甜味液体。他抿了一口可乐。他的心跳变得很慢，他觉得无比镇定，无比愉悦。

"千代子，我们就这么看着，亲爱的。我们就这么看着他们互相残杀好了。"他的微笑不断加大。他捏住千代子早已干枯的眼皮，把它们向上掀开，以便她能够看到。

"快看，我的爱人，看看这一幕。他们都要死。"

艾斯林·考普、波普·考普、格雷格·乔登、布里奇特·马克罗斯基、格里芬·马尔斯

印度，锡金，永生谷的山谷入口处，靠近哈拉帕族的第二个关卡

"停住。"艾斯林命令。

其他人立刻停了下来。在五十英尺远的地方，道路向左来了一个急转弯，从正西走向变成了西南走向。

"什么事？"波普问。

艾斯林开始调试自己的单片眼镜。这一次，绿色光点更难辨认了。"你们数到了几个光点？马尔斯？"她最信任马尔斯的观察能力以及技术水准。

"七个。"

"我也是。"

"毫无疑问。三个人在中间位置——可能还有一架机枪，就跟刚才一样——两个人在侧翼位置，最北的队伍距离机枪很远。可能在树林里的隐蔽处。"

"你怎么看？"乔登问。

"最后一架机枪的位置最适合前方正面袭击。他们射击的视野并不清晰。"

"你是想直取他们的咽喉？"波普又问。

"没错。"艾斯林拍了拍自己的 B&T 战术冲锋枪。"马克罗斯基，你来做着弹点观察员。"

"就当是两个姑娘在树林里散个步。"马克罗斯基附和着说，起身追随艾斯林。乔登和波普没有起身。

两人消失在树林中，来到一处洼地，周围都是橡树、赤杨和高耸的银杉。这里的土地松软，落叶都是腐败的黑紫色。常年翠绿的松针之间，风在低声诉说着。艾斯林卸下一切不必要的物件，在地上收拾简单装备。马克罗斯基也照做了。她们沿着洼地一侧，爬到了银杉树上最粗壮的那根树枝。爬上后，艾斯林俯卧下来，用手肘支撑身体重量，肩上扛着步枪，拉下枪栓，紧盯着瞄准器。马克罗斯基在她的左侧，使用莱卡激光测距仪以锁定目标，极其缓慢地调整刻度，扫过了整块区域。"我想我找到了……没错。向上 7.3 度，方位是 270 和 30 秒。我做好标记，你的视野应该可以看到。"

艾斯林放下枪口支架，开始定位。最初，目标看起来仿佛覆盖苔藓的石堆，不过，她很快看到了真相。马克罗斯基的目标在她的视野中微微发亮，正好指出了机枪的准确位置。它来回摆动，扫过整条通道，不断搜寻着。在机枪或多或少地正巧对准她们的过程中，艾斯林转瞬之间看到了属于人类的身体和头发。

"将我们的位置告诉马尔斯。我希望他能够来到这里，随后我们继续移动。"

马克罗斯基放下了激光测距仪，在置于前臂的软键盘上打了一串字符。"完成了。"

"你看见了吗，马尔斯？"

对方回答："非常清晰。完毕。"

"马尔斯，快速前来此处，占领这个位置。"艾斯林命令说。"我想要你作为狙击手掩护我们。我准备把步枪留在这里，如果可以的话，这样我的装备更加轻便。完毕。"

"收到。已经出发。估计到达时间是三分钟二十秒。完毕。"

"波普，乔登——你们现在从南部侧翼出发。不要发生正面对抗，在距离 200 英尺的位置停下来。到达位置后，你们在对讲机上敲击三次告知我。"

"收到。艾斯林。我们正在移动。"

树林中突然安静下来。艾斯林抬起头，四处张望着。"这里的景色真美。"

马克罗斯基没有抬头，但是她仍然回答说："确实很美。"

"我曾在高海拔地区接受各式各样的训练，不过都是在阿拉斯加或是加拿大的落基山脉里面。这里完全是不同的地理风貌。你以前来过这里吗?"

"艾斯林,我不想冒犯你。不过,我现在正在盯着一架机枪,而对方正打算杀掉我们。我真的没有心情跟你闲话家常。"

艾斯林将视线转回到瞄准器。"明白了。"停顿。"不过,这里可真美呀。"

艾斯林其实也没有心情闲话家常,她也对自己的这种做法感到厌恶。不过,她这样做不是没有理由的。她是在掩饰自己真正想说的话:我真希望能够用枪瞄准那个小姑娘。我真希望我能够远距离地取了她的性命。我不想要近距离。我不知道自己能否完成任务。

她的思绪被对讲机上的马尔斯给打断了。"已经在你身后了。"十五秒后,他在洼地停了下来。"我来了。"马尔斯来到了她们身后。

"坐稳了。"艾斯林转头说。

"知道了。"

艾斯林问:"马尔斯,那里还剩几个光点?"

"还有三个。"

也许我们足够幸运,艾斯林心想。

敲击。敲击。敲击。

"信号来了。准备好了吗,马克罗斯基?"

"准备好了。我已经锁定了目标。"

"很好。游戏时间到了。"

马克罗斯基再次锁定目标。艾斯林获得了很清晰的视野。她将手指放在扳机上,施加了最小的压力。

哈拉帕人的机枪从左至右地扫视着这块区域。她又一次瞥见了对方的皮肤和头发。不过,她没有射击。继续等待着。机枪停了下来,开始往回扫视。

她深深地呼出肺部的空气。手指上加重了力道。只差一毫米,机不可失。她调整肩膀姿势,准备承受枪身的后坐力。清空了所有的思绪。忘记这里的美景,忘记他们来到这里的目的——那个名叫乔普拉的小女孩。

一小块皮肤。头发。扳机。射击。击锤的拍击声，消音器的嘶嘶声。五百米以外，被子弹击中后喷涌而出的鲜血。倒下的机枪。

艾斯林几乎是条件反射地再次扣动枪栓，准备下一轮攻击，她的手指按在扳机上。她停住了呼吸。她停住了射击。

马克罗斯基低声说："那里！往那里——"

不过，艾斯林已经看见了。击锤的拍击声。消音器的嘶嘶声。被子弹击中后喷涌而出的鲜血。对方阵营顿时陷入了震惊和困惑之中，尽管只持续了很短的时间。

这就是艾斯林所需要的。

"解决了两个！"艾斯林说，"波普、乔登——快去！马克罗斯基和我要去占领北边的位置。"

随后，艾斯林再也没有说话，而是滑落到洼地的底部。马克罗斯基紧跟其后，不过她跟不上艾斯林的速度。艾斯林重新戴上平视显示器，手中握着突击步枪，直接开始冲刺。树枝划破了她的脸颊和手臂，树叶和草丛擦过她的脚踝，泥土沾染在她的靴子上，雨水滴落在她的眼睛里。几秒后，机枪做出了反应，总共十一发子弹，可能是为了将马尔斯驱赶出来。与之形成呼应的是两发来自338狙击步枪的两声枪响，划破了潮湿的空气。

马尔斯在对讲机上说："没有瞄准！不过，即便我不攻击，现在也没有人出现在机枪附近！赶紧去！"

九秒后，艾斯林听到波普和乔登跟敌方发生了冲突。山谷中回响着枪声。波普的对讲机静音模式被关闭了一阵子，艾斯林听见了他的哼哼声。他可能被击中了，或是摔倒了，也有可能是用短剑进行近距离肉搏。

她希望波普安然无恙。

她距离敌方阵营只有六十英尺。她已经看见对方。一男一女躲在两棵巨大的桦树中间的金属掩体里面。他们在扫描着树丛之间，而不是她所在的方向。

艾斯林取出一枚烟雾弹，拉下保险销，仍向对方的掩体。烟雾弹在空中划着弧线，烟雾弥漫地落在地上，如坠云海一般。艾斯林向右急转，跑下斜坡，嵌进了二十英尺，右转朝对方跑去，随后从地面一跃而起。对方朝她原本所在的位置开火。

他们理应这样做。

越过桦树枝干，艾斯林来到两位哈拉帕族士兵的身后。女性士兵转身抓住了她，手中的M4步枪预先点火。然而，艾斯林迅速予以回击，她手中的机载次口径步枪性能卓越、流畅、重量适中、没有后坐力。射出的子弹——三发子弹——全部击中了目标。

目标就是对方暴露出来的脖颈。

她的身体撞向了掩体的金属墙。

艾斯林低下身体，向前方迅速移动，就像是冲向二垒的跑垒者，又像是出了枪膛的子弹。她迅速跑到掩体内部，来到那位男性士兵的身边。结果，艾斯林高估了墙体跟她之间的距离，脚撞到了墙上。对方的反应很快，他猛地扑向艾斯林手中的枪支，将接收机撞到地上，固定住她的右手和右臂。

这位士兵迅速拿起了自己的步枪，与此同时，艾斯林用脚向上支撑着金属墙体上，采取肩倒立的姿势。没等他开枪，艾斯林已经一脚踢在他的脸上。枪掉在地上，有数枚子弹射进了地面，距离她的脑袋只有两英尺。她开始感到耳鸣，岩石和泥土散落一地，甚至有些小碎石擦伤了她的脸颊。

对方有些踉跄，艾斯林猛地站起来。不过，他已经做好准备，一脚踢到艾斯林的手臂，她的步枪脱离了她的手。艾斯林猛攻对方的咽喉，导致对方身体不稳，眼看就要摔倒。艾斯林向前一步，抓住了他的步枪，准备将其夺过来。此时，对方出其不意地撞向枪把，使它脱离了艾斯林的控制，"砰"地一声撞在桦树的树干上。艾斯林双手握住短剑的把手。不过，她又一次失算了。对方向前扑来，抓住了她的脑袋，又长又有力的手指握紧了她的脸颊，手掌用力挤压她的鼻子。他将艾斯林甩向另一棵树，她很快恢复神志，但仍有些昏沉。他继续用一只手抓住艾斯林的脸，掌根抵在艾斯林的下巴，来回摇晃她的脑袋，手指深深嵌进她的脸颊。同时，他试图用另一只手拔出匕首，然后就能——

"嘿！"

对方的眼睛向着树林方向游移过去。

突然，所有人都听见了大炮发射般的一声巨响。对方身上的防弹背心被炸裂了，而艾斯林又一次被浑身喷满了血液。他放松了手上的力气，慢慢倒下去，停止了呼吸。

艾斯林端着粗气，看到马克罗斯基拿着巨型的决斗者型转轮枪，枪口还冒着一缕青烟，仿佛是电影画面一般。

"多谢了。"艾斯林说。

"别客气。"

艾斯林拾起自己的步枪，走出了掩体。她重新调整自己的头盔和右眼上的平视显示器。

"北翼被拿下了。"艾斯林感到了些许欣慰。她抬起眼帘，看着马克罗斯基，她的意思很明显——方才是全靠运气。

马克罗斯基耸了耸肩。"我们今天都要靠运气。目前来看，情况不错。"

"南翼被拿下了。"乔登报告说。"正在追击一架敌机。"

恰好在这个时候，他们听见南面传来更多的枪声——两声枪响来自机载次口径火箭步枪，还有一把放光了子弹的手枪，接着又是一轮步枪的交火。

他们听见波普在对讲机里高喊了一声。艾斯林的心跳顿时漏了一拍。

"波普！"

波普端着气说："打在了……防弹……背心上。"接着，他深吸了一口气说："我没事。你们继续行动。"

艾斯林和马克罗斯基继续追踪着在树林中穿行的那个绿点。他们会在机枪所在位置跟乔登汇合。随着他们愈来愈近，艾斯林已经看到那里残留的一位哈拉帕族士兵。他一定是听见了有人前来袭击，将脑袋探了出来，随后传来一阵 338 步枪经过消音处理的子弹声。

马尔斯高喊着："啊—哈！解决了！现在安全了。"

"干得漂亮！"艾斯林说。剩下的绿点就像是在没有出口的迷宫里到处乱窜疲于奔命的老鼠。

"就快抓住她了。"乔登叫道。

绿点向着正西方向行进。

随后，它停了下来。

消失了。

"怎么可能？"艾斯林一边说，一边跟马克罗斯基冲出了树林，来到了机枪的位置。那里躺着三具尸体，全都被338步枪打中了。波普从另一侧树林里钻了出来。

"她在地下！"乔登说，"跟我来！"

波普加入艾斯林和马克罗斯基的队伍，三人一起向前跑去。艾斯林向祖父投去担忧的目光。不过，波普的眼神和苍白的笑容告诉艾斯林，他现在没事，他经历过比现在更糟糕的情形。

感谢创世者，艾斯林心想。

几秒之后，他们抵达了乔登所在的位置。乔登正在用小型的手持设备监测地面的情况，脚边放着一把因损坏而被抛弃的刑警用手枪。

"她到底该死的在哪儿？"艾斯林问得很直接，一个箭步走到了他的身边。

"一条隧道。就在这里。她没有武器。"

很好，他们看见了地上的金属活板门的边框。艾斯林在乔登身旁蹲下，"那是萨里吗？"

"分辨不出来，"乔登仍然看着手中的设备，回答说，"我没有发现里面有炸弹。"

艾斯林将手中的步枪塞进了马克罗斯基的手中，拔出了腰间的短剑。她用左手握剑，就像握住匕首一样，然后从枪套里抽出了贝瑞塔手枪。她将两手放在一起，然后说："打开这扇门，我要进去。"

波普将一只手放在艾斯林的前臂。"我们中必须有一个人"——

"肯定不是你。我是选手。这是游戏规则。乔登，快打开这扇该死的门。"

乔登不发一语，只是抓住了金属环，然后将它向上提起。地上出现了一个三英尺宽、八英尺深的坑洞，那是一条隧道，里面闪着橙色的光芒。"在里面还能用对讲机，但是平视显示器无法使用了。"乔登解释说。艾斯林取下了头盔，将它交给乔登，"不需要。"

她向下方看了一眼，"待会儿再见。"

随后，她跳进洞里，消失了踪影。

蒂亚瓦纳科

没有人知道，这座废墟的原始居民如何称呼他们曾经辉煌一时的强大城邦。没有人知道，因为他们已经彻底离开了、灭绝了、神秘消失了。

我们能够确定的是，他们曾经在两千多年前辉煌过，他们的文化、或者说他们的文化根源，可以追溯到更早的数千年前。

他们是农耕文明的创造者。他们不用战争进行征服行为，而是通过国家的软实力，例如：文化、宗教、贸易等手段。他们采用活人祭祀的仪式，残忍地掏出祭品的内脏，将他们活活肢解，还在高耸入云的金字塔尖上，向所有人展示祭品的残肢。

他们崇拜维拉科查，掌管太阳之门的神祇，还有一位名字不详的拥有十二张脸的神祇拥有三十位信徒。季节之神，时间流逝之神，历法之神，流转的星辰和日轮之神。他们是打磨石器的大师，能够在安山石上面凿出精确且复杂的纹样，显示出他们对于几何学的先进知识。此外，通过这些石块的不同排列，显示出他们对于星辰、月亮、行星、地球的深刻认识。

没有人知道，他们如何开采石料，如何在未发明车轮的条件下长途运输这些石料，如何将石料打造成如此复杂精细且辉煌壮阔的模样。

没有人知道他们如何习得这些知识，或是谁将知识教授给他们。

不过，有些人。

不过，有些人——在某些地方、在某些时候——有些人知道。

马卡比·阿德莱，巴依萨克罕，莎拉·阿洛佩，杰戈·特拉洛克，伦佐

玻利维亚，蒂亚瓦纳科

"他们要做什么？"巴依萨克罕从座位上跳起来。他不再为马卡比阻止他碾压两人而感到愤怒，不过他仍然渴望着杀戮。

他们将越野车开到那座纪念碑的北部，停在一座小土丘的旁边，三面都能很好地遮掩车辆。

马卡比将身体探出窗外，利用双筒望远镜观察外面的情况。"他们在说话，拿出了武器。"

"什么武器？"

"普通武器。手枪和匕首。那个卡霍基亚人好像有一把短柄小斧。没看到炸药。"

"我希望那把斧头足够锋利。我要割下她的头皮。"

"应该很合适。"

"没什么事情比割头皮更合适的了。"巴依萨克罕显然不知道，有些印第安人也会在打赢战争后割下敌人的头皮。他舒展了一下机械手臂的手指。"等我抓到她的头发，我就要用我的新手臂碾碎她的头颅。"

"很好。"马卡比的语气里面带着一些讽刺意味。他放下了双筒望远镜。

"我们需要步行。如果待在西面，我们会在他们的背面。一旦他们抵达神庙，我们就要向东行进，继续靠近他们，同时利用这条道路和废墟作为掩护。然后，我们可以趁其不备展开攻击。"

"你怎么知道他们要去神庙？"

"我猜的。"马卡比有些受不了了。他真的无法理解，为什么巴依萨克罕完全不知道他们的古老历史、创世者的来历，以及人类的起源。

"巴依萨克罕，这是终极游戏。"他试图向他解释，"这里可能是人类史上最繁荣的城市遗址之一，甚至曾经被创世者所利用。"

"用来做什么？"

"你真的不知道？"

"不知道。"

"造访我们。接触我们。改造我们。让他们自己回到宇宙去。"

"我不想思考这种东西。"

"不是开玩笑。现在我们要行动了，你可以做你真正想要做的事情。"

"太好了……"

马卡比将光球扔进背包，跳出车外，转过身看向后备箱。一只硕大的黑色苍蝇掠过了被他杀死的特拉洛克雇用军人留下的斑斑血迹。

嗡嗡作响。

马卡比拉开黑色行李袋的拉链，打开了行李袋。苍蝇被驱赶走了。里面都是枪支，全新的、完好无损的、荷枪实弹装备好了的枪支。他们带上了这些装备。他们携带着一把古剑，数百年来曾有数百位选手挥舞过，剑下的亡魂总共有 7834 人。他们各自带了一把格洛克 20 手枪和一把 HKG36 突击步枪。在每把步枪的瞄准器附近，安装了一个有效范围两百米的小型抛物线状麦克风。马卡比递给巴依萨克罕一个耳机，自己也拿了一个。他们打开了耳机，试了试麦克风。

"一二、一二。"

他们正式出发了。

他们离开越野车，放低身体，开始狩猎行动。

杰戈、莎拉和伦佐从东南边靠近废墟，而他们的右侧就是宏伟的亚卡帕纳阶梯金字塔。无数的琢石和料石散落在各处，仿佛是从巨人的手中掉落下来。所有的事物，除了天空和云朵以外，都带着一丝浅红色或是浅赭石色或是灰黄色。

"你真应该在夏天来这里看看。"杰戈说，"到处都是绿草如茵，到处都是亮黄色的花朵。"

莎拉同样这样期望着。

他们走得更远了，来到旧时神庙的墙边，那是由正方体和长方体的红色砂岩建成的围墙。

他们来到仅有七英尺高的墙角，杰戈将手枪放回去，抓住石头就开始爬，仿佛猫一般灵活轻巧。莎拉和伦佐照着他的样子做了。莎拉的动作同样优雅，不过伦佐就显得吃力不少。

莎拉希望，墙壁的另外一侧也只有七英尺高，他们跳进一处四周都有围墙的场地。然而，实际距离地面只有几英寸。这堵墙，与其说是障碍物，不如说是围护结构。他们发现自己置身于一个宽敞的庭院角落：从东到西，宽为 425 英尺；从南到北，长约 393 英尺。地面很是平坦干净，覆盖着一层红土。随处可见的是游客和导游的脚印，以及夜间居住于此的小型动物的痕迹。他们的右侧是一尊石碑雕像，周围是低矮的围栏。雕像是一个面部特征呈现直线的男性，两腿并拢，双手置于腹部，块状的脑袋上面戴着帽子。

杰戈指着塑像说："脆弱的巨石，或称之为庞塞石碑，还有那里"——他指着庭院中央凹陷的地方——"那里就是 Kalasasaya 太阳神庙①。中间的那座神庙就是古人和创世者会面的地方。"

莎拉向前走了几步。"太壮观了，杰戈。卡霍基亚人从来没有见过这种建筑。除了土堆，所有的一切都被埋葬了，或是失落了。"

失落了，杰戈想起卡霍基亚人的命运。失落和毁灭是对于你们族人傲慢无礼的惩罚。不对，应该是勇敢。杰戈耸了耸肩。他不能继续想下去。"比不上白色金字塔。不过，确实挺震撼的。很壮观的建筑。"

伦佐向北走去。"快过来。没时间上历史课讲什么外星人建筑了。"

杰戈点了点头，跟了上去。莎拉的视线追随着神庙。"我们去那里。"奥尔梅克人说，"我们要去太阳之门。"

马卡比和巴依萨克罕趴在地上，用手肘顺着护道向前爬行。

巴依萨克罕说："我不认为他们会看见我们。"

---

① 译者注：kala 指石块，sayasta 或 saya 指站立。

"是的。如果看见了，我们肯定免不了要动手。"

巴依萨克罕将步枪放在射击位置，用瞄准器对准目标。"一个、两个、三个，完毕。砰砰砰。干掉他们。"

马卡比将巴依萨克罕的枪口按在地上，"现在还不行。"

巴依萨克罕略带不满地说："听你的。不过，我接下来终究要以自己的方式来办事情。"

"再耐心一点。"马卡比说，他知道这无异于劝说龙卷风耐心一点。"我们必须观察他们要做些什么。"他敲击着枪口麦克风的电源开关，"我们还要听听他们说些什么。"

艾斯林·考普
印度，锡金，永生谷，地下隧道

空气温暖而湿润。土墙离得很近，天花板很是低矮，地面高低不平。

艾斯林向前走了 54 步。在她的脚边，三根管子顺着墙体延伸出去，释放着热量。每隔 15 英尺，上方的墙壁上就会出现小型的电灯泡，散发出柔和而愉悦的橙色光。在经过被照亮的区域时，艾斯林能够看到泥土中的许多旧脚印。不过，她也看到了新脚印。

其中有一双光滑鞋底留下的小脚印。脚印的主人体重很轻，没有负重。不过，脚步匆匆，明显是跑了过去。

艾斯林迅速移动着。可能就是萨里·乔普拉。

隧道略微向左偏斜，前方出现了一个较大的房间。左边的墙壁是从山体开凿出来的岩石结构，向着房间以内延伸了 12 英尺。房间较远的一侧杂乱地摆放着更粗的管道、阀门和轮盘。这里肯定是一处中途站，负责将某物从堡垒中排进或排出——例如：热量、饮用水、生活污水。右侧是打开的房间门。如果萨里停在此处，准备伏击，那么这里一定是理想的位置。艾斯林深谙此道，她所追击的目标同样知晓。

艾斯林继续弓着背，缓慢地前进。房间的更多细节映入眼帘。后墙上出现了更多杂乱的管道。天花板上的日光灯散发出明亮的光线。没有萨里的踪影。

艾斯林走到了隧道的最深处。她转身扫视整块区域。瞄准。时刻准备射击。

然而，这里没有任何人。

这是一条死胡同。

"你在上面有发现吗？"艾斯林在对讲机上询问，同时继续搜索这间房间。

"没有。什么都没发现。"乔登回答说。

"我不知道"——

她的话语被叮当声打断了。随后，管道里突然喷出了一股白色的蒸汽，同时发出嘈杂的嘶嘶声。她低下身体，退后几步，用肩膀挡住脸颊。她的耳朵和颈部都有轻微的烫伤，不过并不严重。

就在艾斯林躲避蒸汽的同时，某种坚硬的金属物体突然撞向她的手部。短剑和贝瑞塔手枪抵挡住了主要的冲力，但是她还是感到疼得不行。她的手松开了手枪，短剑也掉了，剑尖插进了土里，居然笔直地站立着。

下一个攻击目标是她的脸部。艾斯林猛地转身，远离蒸汽的位置，退到房间里面，身体靠在远处的墙上。

她已经被困住了。

随后，从阴影和管道后面走出了一名老妇。她挡住了唯一出口，手中拿着一根棒球棍大小的水管——约有六十四五岁，身体强健有力，很结实的样子——向着艾斯林的位置猛扑过来。这一次，她的目标是击中艾斯林的身体。

艾斯林唯一的选择就是俯身闪避。这意味着她的头部将要受伤，而不是肋骨受伤。权衡后，她抬起手臂，承受水管的撞击。结果是断了两根肋骨。尽管穿着防弹背心，艾斯林仍然感觉到疼痛难忍。幸好，她有过更糟糕的经历。

在承受撞击的同时，艾斯林顺势抓住管子，将她拉向自己身体的一侧。

与此同时，她用空着的那只手抽出藏在左前臂的那把匕首，用力挥向老妇。

不过，对方的动作很快。

非常之快。

她非但没有松开管子，反而攻击艾斯林握着匕首的那只手。匕首掉在了地上。

艾斯林又从大腿那里拔出另一把匕首，向前方刺去。这一次，匕首刺中了。艾斯林将匕首深深地插进了老妇的肩膀，并且试图转动匕首。不过，老妇后退一步，匕首继续插在她的肩膀上，但是摆脱了艾斯林的控制。她还是没有松开那根管子。

她甚至没有痛呼。

她居然在微笑着。

她说："你找不到她的，选手。你不会找到天空之匙。"

老妇继续用水管攻击，试图将艾斯林逼向墙角。

"我不是来拿天空之匙的。我是来毁了它的。"

老妇有些恼怒地说："你是说，你准备杀死一个小姑娘？"

艾斯林想到了小女孩可能面对的悲惨命运，不禁感到有些动摇，不过很快压抑了自己的情绪。"没错。我……我就是这个意思。"

老妇恶狠狠地咒骂说："你简直就是禽兽！"

她用全身力气挥动管子，艾斯林无法承受这一击，只能松开手中的管子，夹在老妇和墙壁之间，尽可能地靠近那把短剑。此时，她听到匕首被拔出来的声音，几乎本能般地低下身体，随后看到匕首从她的头顶掠过。她顺势趴到地上，用力抓住门口的短剑，准备站起身来。

那名老妇就在她的身体上方，用力挥舞着那根管子。

艾斯林比她更快一步。她躲过管子的袭击，后脚站稳，短剑用力刺向对方，划破了她的皮肤、砍断了她的肋骨、刺中了她的心脏、从后背位置突出来。

艾斯林握紧短剑，将刀刃刺得更深。她们两个人面对面站着，老妇丢掉了管子，掉在地上发出哐当声。蒸汽还在嘶嘶地冒出来。鲜血从她的鼻子和嘴角溢出来。

"我在地狱等你。"老妇被自己的血呛到了。

艾斯林的绿色眼眸泛着杀意。她想到了即将杀死的那个女孩，想到了创世者的傲慢自大，想到了父亲的疯狂和良心，想到了一切的不公，想到了终极游戏的败坏和堕落。

"不会的。"艾斯林恶狠狠地说，"我们已经身处地狱了。"

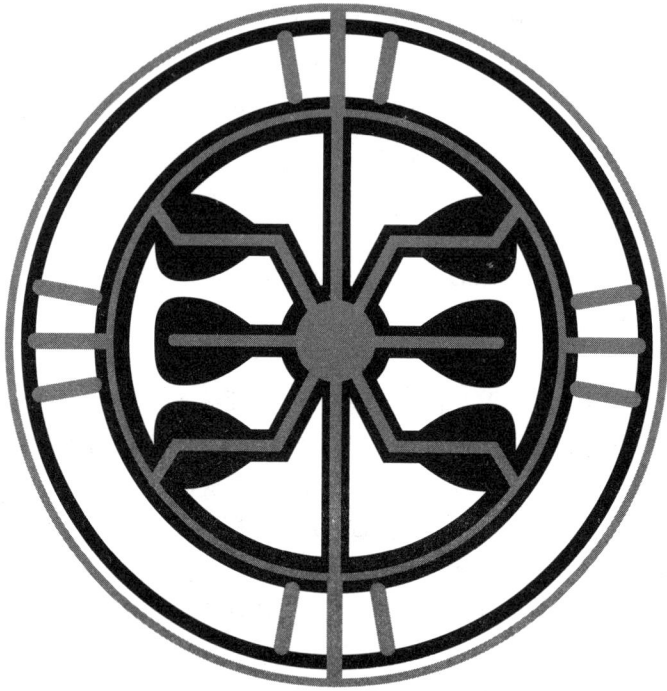

370 |

---

① http://goo.gl/EIbZmb.

萨里·乔普拉，贾马尔·乔普拉，约夫·乔普拉，帕鲁·杰哈 印度，锡金，永生谷，सूरज की आखरी करिण，作战室

"海伦娜！"莎拉尖叫着。她的胸膛上下起伏着，她的膝盖在颤抖着。海伦娜和萨里总是互相看不顺眼，但是她是哈拉帕族受人尊崇的长者，萨里向来敬重她。

"我要杀了那个凯尔特人！我要亲手杀了她！"

其他人都吓得呆若木鸡。

他们盯着固定在石墙上的超大电视屏幕。屏幕总共被分成十四块区域，每一块区域都显示着前去守卫 सूरज की आखरी करिण 的哈拉帕族成员们的生命体征。

他们是为了守卫天空之匙。

一组小型的扬声器播放着当前发生的全部状况。萨里、贾马尔、约夫听到了一切消息。爆炸、交火、尸骨残骸四处散落、尖叫、呻吟、死亡的脚步声。

他们一方损失惨重。

贾马尔站在萨里身边，他的牙齿咬得咯咯作响，心脏感到很沉重。约夫坐在椅子上，挺直了脊背，仍然显示出力量感，而非绝望感。帕鲁靠在桌边，用力撑在桌沿，似乎要将桌子掀翻。

海伦娜的心跳成了一条直线。

"我们遭到了屠杀。"帕拉沉痛地说："这是怎么回事？"

"凯尔特人似乎能够看到我们，他们仿佛知道我们的位置。"贾马尔的声音充满着怒火、悲恸和恐惧。

"查姆和尼特什还没来得及开枪就成为了对方的狙击目标！"

"但是海伦娜跟那位选手正面交手了，她是有机会杀死她的。"萨里的怒火在消退，她接受的训练在起着作用。她控制着体内涌现的恐

惧、悲恸、失望等各种情绪。她没有抵抗它们，而是任由它们在体内涌现。这就是她的优势。专注的力量。她很清楚这一点。她必须待在这里，不能任由愤怒主导一切。

不过，其他人做不到。

"他们究竟是如何做到的？"萨里的父亲再次提问。

约夫以印度人的方式轻摇脑袋。"我们低估了我们的对手。"

"不对。"萨里击掌以吸引众人的注意。她的声音已经平静下来了。她能够如此迅速地接受海伦娜死亡的现实，这一点连她自己都吓了一跳。毕竟死了这么多的哈拉帕族人。"他们也低估了我们。他们突破了前面两处关卡。随后他们就会过度自信。紧随其后的就是犯下致命的错误。我们必须坚持下去。他们今天必将尝到死亡的滋味。我向你们保证。"

约夫点头表示同意。莎拉继续说："无论他们有什么优势，我们仍然占据上风。他们只有五个人，我们不会允许凯尔特人杀死我的孩子。"她盯着所有人的眼睛，然后重复了一次："我们必须坚持下去。"

至少有一个人赞同萨里的看法。那个人就是帕拉维特，他在堡垒外机枪的掩体内部。他在对讲机里说："他们不会通过这里。我会等他们所有人走进通道，然后像收割庄稼一样地碾压他们。"

帕拉维特的男中音震荡着他们的鼓膜，跟萨里的音色形成互补；她的声音很坚定，音调高而纤细，带着一丝稚嫩。

他们聆听着帕拉维特的话。他是违背誓言的杀手。他的鲜血冷如冰雪。

他们都知道，帕拉维特和他的伏尔甘大炮不是通往 सूरज की आखिरी किरण 的最后一道防线。如果凯尔特人率领的队伍突破了庭院里的这道防线，冲进哈拉帕族堡垒的主要入口，她将面对 42 位并肩作战的哈拉帕族士兵的顽强抵抗。

他们准备好战斗。

他们准备好付出生命。

"他们不会威胁到我们的选手，更不会伤害到我们宝贵的女儿。"帕拉维特承诺说。

尽管萨里恢复了冷静，但是她仍然被一件事情困扰着。凯尔特人对海伦娜说的那句话很是简单直率。她来这里不是为了赢得比赛，而是为了杀死小爱丽丝。她要尝试制止大事件的发生。

萨里很清楚，艾斯林能够怀有这种念头，这就意味着她是站在正义的一方。她是选手当中为数不多的、意识到开普勒星人卑鄙本性、深知应该不惜一切代价阻止终极游戏的一员。也就是说，这样一来，她——萨里·乔普拉——就代表了邪恶的一方。为了拯救一个人，宁愿牺牲数十亿人的性命的那种人。约夫已经提出了令人信服的论点，说服众人不应该牺牲小爱丽丝的性命，但是她的内心仍然回荡着一种声音：难道我不应该亲手结束这一切吗？假设阿克苏姆选手说的都是真的呢？

假设真是如此呢？

她感觉到背后的那把手枪。沉甸甸的、隐藏着的、上了膛的那把手枪。

她知道，小爱丽丝就在不远的房间里。

萨里现在就能去找她。

她能够做到出人意料的事情。

不行。

不行。

不行！

"贾马尔，"萨里的声音没有暴露她内心的无比挣扎。"把小爱丽丝带到深渊去。不要让凯尔特人或是任何选手找到她。亲爱的，无论发生什么，不要让任何人带走她。"

萨里突然感到胃里空空的，喉咙空洞无物，心脏仿佛是抽取血液的机器。

她知道别人不知道的事实。

"任何选手"其实也包括她自己在内。

贾马尔没有察觉到她的异常。他点了点头，看着年轻、勇敢、坚强、美丽的妻子，用力握紧她的手腕，深深地吻上了她的嘴唇。"我会做到的。等到一切都过去，我会再见到你，亲爱的萨里。"

1.7320508[1]

374।

---

[1] http://goo.gl/1iH6uG.

莎拉·阿洛佩、杰戈·特拉洛克、伦佐
玻利维亚，蒂亚瓦纳科，Kalasasay 太阳神庙，太阳之门

太阳之门。

取自 10 吨重的安山石板，高达 9.8 英尺，宽至 13 英尺。这座拱门顶部发生了断裂，数个世纪以来，两块断壁残垣，少有人问津。考古学家尝试过修复，并在 Kalasasay 太阳神庙的角落里重建了这座拱门。不过，已经不是最初的位置。4967 年以前，这座拱门俯瞰着西南方向的辽阔土地，也就是现在的普马彭古外围。仿佛现代机场内的金属探测仪，这里的男女老少，以及来自外星球的创世者们，走出去的时候都要经过拱门；外面就是创世者们在地球上建造的最宏伟的史前宇航基地。

平坦的土地上，出现了一段长达两英里的钢轨结构。创世者曾经训练古时候的人类，锻造出一种互锁的石头，将钢轨牢牢地固定在地面。钢轨早就被人拆卸，颓败不堪，向正西延伸，正好通往太阳在夏至点时的地平线方向，由东向西略微向上抬高 13.4 度。钢轨最西端足有 2447.28 英尺高，创世者的太阳船在此处发射升空，回归太空。当时，有一些人类作为创世者的贵客、封臣、伙伴，他们也经过了这道门，吟诵着歌曲，诉说着故事，兴高采烈地跟随创世者离开地球。

这些歌曲和故事再也没有人传诵。

因为他们中没有人返回地球。

尽管不复几千年前的辉煌壮阔，这里的气势犹在。杰戈越是走近这道门，越是感到惊叹不已。现在，任何人都能走过这道门。

伦佐走到纪念碑的远端，留意着古塔莱洛和其他无关紧要的好奇者的踪迹。

除了广袤无垠、渺无人烟的乡村风景，伦佐什么都没有发现。他没有发现，就在不远处的小土丘背后，还有两位选手在密切关注着他

们的一举一动。

"我们很安全。"伦佐说。

杰戈和莎拉开始忙碌起来。

她把大地之匙递给杰戈，杰戈站在门口，手和肩膀蜷缩起来。根据奥卡波玛的郑重指示，他从口袋里拿出一卷皮尺，把它拉开，计算南面内侧的垂直长度，结果是121.2厘米。他在同样的高度，用球体从侧面摩擦岩石，球体出现震颤，跳出他的手掌，似乎受到磁力吸引而掉落在一块拇指大小的坑洞里。

杰戈移开了手，满怀期待地等待着。

莎拉缩着脖子说："看到什么了吗？"

杰戈长叹了一口气说："什么都没有。"

伦佐左顾右盼着石头说："让她试试看？"

"好主意。"杰戈走出拱门，让莎拉取代他的位置。莎拉伸手去取大地之匙，结果她的手指越是靠近，球体就越是震颤和旋转，甚至发出许多的热量。莎拉继续伸手去够。

最后，她触碰到了大地之匙。

莎拉·阿洛佩，取得大地之匙的选手，启动这场比赛的选手。

拱门的另一侧变成一片焦黑，仿佛被墨汁浇过一般。他们三个人都惊呆了，伦佐更甚。他一会儿看到莎拉，一会儿又发现她消失了。于是，他赶紧跑到另外一侧确认两人的情况：莎拉和杰戈都毫发无损，只是被眼前的情景所震慑住了。

过了一会儿，杰戈喃喃地说："你做到了。"

"我确实做了些什么。但是，这像是黑色空间。"莎拉抬起手，向着表面伸出手，但是不敢触碰它。前方的空气冰冷彻骨。

她转身对着杰戈说："我们现在怎么办？"

"我……我也不知道。"杰戈坦白说。

就在黑色出现的瞬间，马卡比说："快走。"他和巴依萨克罕跳出掩护，向前跑去。他们之间的距离只有27米。他们两方的中间就是那道拱门，中央的那块黑色区域就是最好的掩护。

马卡比抬起了步枪，麦克风正好对准拱门的位置。他们能够听见莎拉和杰戈的对话。

"我想起了大白色金字塔。"莎拉对着这块黑色区域说。

"没错。那道门将我们传送到了寺院……"

马卡比也想到了这件往事。

他们之间还剩 15.3 米。

他们听见另一个男人的声音,那个矮胖的男人说:"我们没有多少时间了。古塔莱洛肯定很快就会来。"

现在,还有 12.1 米。

杰戈继续说:"如果这扇门跟当时的情况类似,那么我们根本无从得知它将我们送往何处。它可能通往任何地点,莎拉。我们都很清楚,这扇门很有可能将我们抛在太空的某处。"

莎拉回答:"或者,它会向我们展示一些东西。我们俩试着同时握住大地之匙。"

"好的。集合两位选手的力量。"

现在,还有 8.7 米。马卡比和巴依萨克罕爬上了又一处遗迹。他们放慢了速度,避免发出太多的声响。

其他的选手们还不知道他们两的存在。

"好了,我们来试一试。"杰戈紧靠在莎拉身边,他们的手指同时握住了大地之匙。

随后——

还有 3.7 米,黑色区域发生了变化。

"快看。"那个矮胖的男人尖叫着。

纳巴泰人和东胡人距离他们只有 2.9 米。他们感到有些微缩,时刻准备射击深怕这道黑暗会像出现时候那样去来匆匆,使他们错失了伏击的好机会。

然而,黑暗之中出现了一个人影。两边都出现了同样的画面。

马卡比猛地瞪大眼睛,他听见莎拉说:"是……是一个女孩。"

杰戈问到:"是刘安视频里的那个女孩吗?那个哈拉帕人守护的

女孩？"

她在追着什么东西。一只孔雀。背景突然转换。围绕着黑色区域，出现了红色和蓝色。墙上挂着华美的挂毯。

一间房间。

"我的老天。"莎拉惊呼。

"阿克苏姆人没有说谎。"杰戈一字一顿地说。

"是的。他确实没有说谎。"

由于马卡比仍未破译希拉尔传送的消息，他不明白莎拉和杰戈的谈话内容。

不过，他突然产生了一种强烈而坚定的念头：这个女孩很重要。

似乎是要回答这个女孩有多重要，莎拉高呼着说："她果真就是天空之匙。"

莎拉意识到，也许自己真的能够阻止比赛。阻止她引发的一系列恐慌。

也许。

她只需要杀死这个小女孩。这个年幼的小女孩。她已经杀死了她最好的朋友。没有理由认为自己做不到这件事。

这样就能拯救数百万无辜者的生命。

数十亿人的生命。

为了拯救世界，莎拉必须放弃自己的内心，成为一头野兽。

一切都是为了拯救世界。

马卡比不知道他们在说些什么，但是他不在乎。

他只在乎那个女孩，天空之匙。

他必须从石头拱门处夺走大地之匙，将它跟天空之匙合并，随后继续比赛。他已经很近了。

东胡人也是这样认为。在那一瞬间，马卡比和巴依萨克罕都在疑惑，他们的伙伴关系还能维持多久。巴依萨克罕用枪口示意，马卡比点头作为回应。他们缓慢无声地前进。

他们一定要拿到大地之匙。

拿到大地之匙，杀死旁人。

现在。

就要。

拿到。

杀戮。

获胜。

距离只剩下 2.3 米。

1.5 米。

0.8 米。

纳巴泰人和东胡人正准备射击，奥尔梅克人和卡霍基亚人以及伦佐都毫无察觉。他们五人都站在拱门之下。

马卡比知道，大地之匙就在右侧石头的侧面，就在图像的另一侧。

他就要拿到大地之匙。

就是现在。

纳巴泰人，Eel、Laat 及 Obodas 的后代，叶卡捷琳娜·阿德莱的独子，马卡比·阿德莱……

他向前冲去，左手稳稳地托住枪柄。枪口距离莎拉的脸只有 21.3 厘米。他们中间就是那个毫不知情甜笑着的女孩的图像。

那个女孩就在马卡比的前面。她的深色头发，她的微笑，她的明亮眼眸，她的单纯模样。他的手和枪口就要穿破图像。他就要夺走大地之匙，找到那个女孩，找到天空之匙，他就要获胜！他突然想起口袋里的东西，就是那件向巴依萨克罕的机械手臂发送信号、启动内置程序的装置。

他必须尽快行动。

他的手指距离图像只有几毫米的时候，小爱丽丝的脸上浮现出惊恐的表情。她正视着马卡比。用手指向他的位置。向后退去。张开嘴巴。开始尖叫。

她能够看到他们所有人。

小爱丽丝·乔普拉、贾马尔·乔普拉
印度，锡金，永生谷，सूरज की आखिरी किरण，深渊

乔普拉一家带上了名叫塔基的那只孔雀，小爱丽丝最心爱的伙伴，离开他们位于甘托克的家园，前往他们族群的堡垒所在。孔雀逃离了小爱丽丝的身边。女孩跟孔雀来到了 सूरज की आखिरी किरण 的最深处。最古老的地方。此处原本是由创世者和人类从山体部分直接挖掘出来的。贾马尔告诉小爱丽丝，外面正有大事发生，但是这里还很安全。小爱丽丝没有质疑他。她从不害怕。

不过，她现在真的感到害怕。

小爱丽丝的噩梦已经来到眼前。梦中追赶她、杀死大爱丽丝、追杀他们全家的这些恶徒就在她的眼前，手握枪支，面露凶光，眼中充满了杀戮欲望，没错，他们的脸上同样浮现出了惊恐的神情。她的父亲奔向她，将女儿搂在怀里，询问她究竟发生了什么事，赶走了她的梦魇。小爱丽丝指着一处低矮且老旧的门口，那是创世者在数千年前挖掘的通往山体深处的通道，现在已经满是石块。

最初，贾马尔什么都没有发现。孔雀正好从房间里冲出来，爱丽丝指着它喊道："大地之匙！大地之匙！大地之匙在那里！"

石头发生了变化。

贾马尔终于看清了。一个深色头发、鼻梁扭曲、面有伤疤的挺拔男子，对着墙面伸出手指，墙体不再是坚固的形态，在最初的两人身后，贾马尔又看到另外的两人。在他们的身后，红色岩石和无尽延伸的天空，阳光遍布。

随后——

莎拉·阿洛佩，马卡比·阿德莱，杰戈·特拉洛克，伦佐，巴依萨克罕

玻利维亚，蒂亚瓦纳科，Kalasasaya 神庙，太阳之门

莎拉似乎听见了女孩的尖叫。她能看到她以及怀抱着她的年轻男子，看到他们两人跟着孔雀离开了那间房间。

在那一瞬间，莎拉似乎明白了。

这扇门不仅仅是一扇门。它不仅看起来像是大白色金字塔侧边的那扇门，而且它本来就属于这种类型的门。她伸出手，触碰到了图像，随后——

——几乎同时，马卡比也碰触到了惊慌失措的女孩的图像——

——就在碰触的瞬间，他们被一股力量拉向前方。他们都消失在玻利维亚，消失在蒂亚瓦纳科，消失在 Kalasasaya 神庙，消失在太阳之门，随后——

——杰戈看见莎拉倒在房间的地上，不省人事，旁边还有一个人倒在地上。于是，杰戈同样向前跑去，消失在门中——

——接着，伦佐忠实地跟随自己的选手，同样通过了这道门——

——巴依萨克罕看着其他四个人穿越了时空，被传递到图像中呈现的那个房间，全都倒在地上，不省人事。

他是唯一一个目击这桩蠢事的人。

他。

巴依萨克罕。

之所以是蠢事，因为他们在通过这道门的时候根本没有考虑到大地之匙的安全与否。

巴依萨克罕冷静地绕着门走，将步枪扛在肩膀上，从口袋里取出一袋嗅盐。他打开了袋子。蒸汽灼伤了他的鼻孔，不过他不予理会。他将正在冒烟的嗅盐袋子塞进衬衫前面领子的开口处，他的眼中浸满了泪水。他用左手握紧大地之匙，深吸一口气，再次用力握紧掌心，走进了那道门。感觉到了刺骨的寒意。

他倒数了五下。他的眼中因为嗅盐而充盈泪水。

四。

三。

二。

一。

就在那时，他用力扣紧大地之匙，触碰到了图像。

他也消失了。

留下的依旧是源自远古世界的伟大遗迹。

对于不知情的人们来说，那里只是一处被忽视的旅游景点。

无用的石头拱门。

全体选手

锡金，南中国海，加尔各答

刘安开始一怔，继而恍然大悟。

他发现，原本位于玻利维亚的一个物体光点突然消失了几秒钟，追踪器随后再次进行定位，发现目标出现在了印度的锡金！

距离凯尔特人和她的团队前进目标不远的位置！

玻利维亚的另外一个物体光点同样消失，随后出现在印度。

刘安并不知道发生了什么事情。不过，毫无疑问，这些选手都被某一种力量引领到同一个地方。他们将会互相搏斗、互相打击、互相杀戮。随后，刘安可以采取螳螂捕蝉黄雀在后的手段。

"让他们去厮打吧，我的爱人。让他们替我们完成任务。"

希拉尔·伊本·伊萨·阿尔索特乘坐的航班距离曼谷还有一个小时。他睡得很沉，对于发生的事情一无所知。

如果知道了真相，他肯定会跟商族人那样，沉迷其中。

全神贯注。

渴求杀戮。

不同的是，他支持的是正义的一方。支持艾斯林、莎拉、杰戈。支持那些前往印度杀死小女孩的选手们。那些人，跟他一样，希望阻止终极游戏。

不过，事情并非如此。他睡得很沉，衔尾蛇的手杖在他的手上，约柜的物件在他的口袋里，他的盟军史黛拉正以自己的方式继续在地球某处进行比赛。

墙上的通道关上了，随后消失不见。

创世者的科技运用需要他们付出肉体和精神的代价。

疼痛。

麻木。

昏迷。

马卡比彻底晕了过去。面部朝下，倒在地上，步枪被压在身下。

杰戈同样昏迷不醒。不过，他的眼皮在颤抖。正在缓慢恢复意识。

莎拉不断翻动着身体，时而碰到马卡比，时而倒向杰戈。她并不知道发生了何事，或是身在何处。

伦佐是清醒的，但是无法判断周围的情形。他跪在地上，前额顶在地上，感到一阵头昏目眩。巴依萨克罕保持着站姿，嗅盐确实发挥了效果，不过通道还是让他尝到了不好受的滋味。他在房间的远处不断徘徊着，挥动着自己的手臂，步伐不稳的样子，步枪掉在地上，机械手臂仍然紧紧握着大地之匙。

他简直像一具僵尸，不过正在复苏。

比其他选手复苏得更快。

他眨了眨眼睛。又眨了一下。又眨了一下。嗅盐不断刺激着他的鼻腔。他的眼睛再次涌出泪水。这是什么味道？他心想。氨的味道。他想起来了。他左右晃动脑袋，在地上吐口水，从领口取下嗅盐，大幅度地转动身体。他尚未完全控制自己的身体。不过，他看见了其他选手。

他很快就能彻底恢复。

艾斯林跟其他成员们汇合，继续在山中前进。艾斯林、波普、乔登、马克罗斯基、马尔斯来到了通道急转弯的二十英尺前方。

最后一处急转弯。

左侧是高耸的光滑石墙，前方就是通道拐角。雨已经停了。灰蒙蒙的天空，日落时分，天色渐晚，马尔斯跪在地上，开始查看电脑数据。

"小伯莎已经确定了。"他指的是始终盘旋在空中的那架无人机。他指着拐角说："这里是唯一的入口。直接通向堡垒的庭院。"

乔登看着显示器上的绿色光点。自从他们登山以来，光点始终在拐角附近的山上某处，不再移动，"可怜的家伙，看来他们已经等很久了。你说呢?”

"没错。"马尔斯附和说。

"他的枪该有多大?"马克罗斯基说。

乔登尽可能的伸长手臂,一边比划一边说:"大概比这样还要大。他肯定是居高临下地坐在那里,想着要把我们炸成肉饼。"

艾斯林抬头望天,试图在小伯莎飞过上空时辨认出它的底部。不过,她没有任何发现,"我们赶紧把他找出来吧。"

马尔斯表示同意。

马克罗斯基找出测距仪,加上长而纤细的潜望镜,"我来测绘。"

艾斯林将注意力再次转向上方,光点聚集的地方,就在庭院里。"应该还有一大群人等在前面,以防我们冲过了下一处关卡。你说呢?"

"谁晓得呢,"乔登回答说,"也许他们在进行某种仪式。也许他们在跟外星人交流。总而言之,无论他们正在做什么,看到我们到达的时候,想必不会感到过于惊讶。"

"跟我想的一样。"艾斯林打了个响指说,"马尔斯,热跟踪装置到底有多敏感?能够察觉到那些人的体温吗?"

乔登笑着说:"当然。几年前,在巴林剿灭基地组织的时候,我们曾经用过一次,你们还记得吗?"

"当然记得。"马尔斯回答。

马克罗斯基咧着嘴笑:"当天晚上,最热的东西应该就是一伙该死的恐怖分子在一起放屁取暖吧。那次任务真是太棒了。"

"也就是说,今天我们应该也能这样用?"

马尔斯点头表示同意,"应该可以。不过,我们要先对付多数的人。如果先攻击的是守住机枪的那个家伙,那么热跟踪导弹就会先去那里。"

"那就开始吧。"艾斯林说,"我们先去庭院。"

乔登拍了拍她的肩膀。"我很欣赏你的思维方式。你一定能够成为优秀的情报官。"

艾斯林耸着肩说:"也许吧,也许我下辈子会的。下辈子会的。"

"他们来了，萨里！他们来了！"贾马尔在对讲机里高喊着。

他在奔跑着。对讲机里传来小爱丽丝含糊不清的说话声和哭泣声。她似乎在说："大地之匙！大地之匙！大地之匙！"

"说什么？"萨里问，她还在作战室，旁边还有帕鲁和约夫。

"谁在那儿？"

"我看到了三个，也许更多。"

"三个什么？"

"三个选手，萨里！他们在使用某种……某种空间移动的装置！"

"可是，那是不可能的！"

"真的，他们就在这里！"

"哪些人？他们现在做什么？"

"我不知道。我拉着爱丽丝跑走了！"

萨里看着帕鲁和约夫，有些不可置信地说："把她带去储藏间，贾马尔。把门锁起来。不要为任何人开门，你听见了吗？除了我，不要为任何人开门。"

"我已经在里面了。"贾马尔说，对讲机的信号变弱了。

"你听见我了吗？"

"我……听……你。"

他的声音消失了。

约夫说："快去吧，萨里。带上人厅里面的护卫。"

"我也去。"帕鲁说。萨里不想让自己的父亲遇到如此大的危险，但是，她现在还能说什么呢？他们现在遭到前后夹击，哈拉帕族命悬一线。

约夫继续说："我会跟阿纳保持联系，尽量将人手转移到深渊。帕拉维特会将他们阻挡在拐角的。不要害怕，亲爱的。帕拉维特会阻止他们的。"

萨里亲吻约夫的额头，又看着自己的父亲，随后，转身跑了出去，带走了门外两名荷枪实弹的高大的守卫。

就在跑动的过程中，萨里将手伸进了衣服口袋，拿出了那把手枪。

那个东胡人会在吗？她心想。

在她的内心深处，她很希望得到肯定的答复。

小伯莎

印度，锡金，永生谷，艾斯林·考普上方的 2003 英尺处

小伯莎随意地停在风中，等待着进一步的指示。

小伯莎得到了指示。

小伯莎上升 1436.7 英尺，以获取目标。

小伯莎逆时针转动了 48 度。

小伯莎装载导弹 A。热追踪导弹。

小伯莎重新计算数据。将定位信息发送到地面进行再次确认。

目标定位得到确认。

小伯莎发射了导弹 A。导弹降落 45 英尺，完成点火。最初，尾部有些下垂，随后呈现平稳状态，在空中划出一道弧线，搜寻此前确定的低热量信号。

导弹 A 找到了信号，在三秒不到的时间里，它径直冲向了 सूरज की आखिरी किरण 入口处并肩站立的那群人。他们根本没有预料到这种情况。

他们没有预料到小伯莎产生的威胁。

他们甚至没来得及做出反应。弹头在碰到地面前的十五英尺发生爆炸，瞬间燃烧起来，球形的爆震波向四面八方冲击，弹片喷射出来，火光四溅。泥土、碎石、武器、碎布、鞋子、尸体、残肢，全部散落在各处。

随后陷入一阵寂静。

十五个人当场死亡。七个人即将流尽鲜血而死。六个人昏迷不醒，身受重伤。只有两个人幸存下来，并且保持清醒。其中一个失去了右前臂。

阿纳·杰哈，萨里的母亲，不幸身亡。

她刚跟约夫通过话，正要准备派遣二十名哈拉帕族勇士前往深渊，

保护天空之匙，使她免于其他的威胁。这些勇士们再也无法帮助萨里或是天空之匙了。

小伯莎等待着下一轮的指示。

如果能够穿破雨层和云雾，小伯莎应该能够看见帕拉维特在爆炸发生的一瞬间就从伏尔甘大炮后面探出身体，他的内心悲恸，泪水止不住地流淌着。它会看见马克罗斯基俯卧在拐角边缘。它会看见，马克罗斯基先前方爬行，将连接在测距仪上的潜望镜推到拐角以外。它会看见，她调整角度，搜寻着。它会看见，距离马克罗斯基544英尺以外，有一把巨大的灰色格特林机枪。就在她用镭射光扫描这把机枪时，那名男子突然坐下来，抓住了枪把。

不到一秒钟的时间，小伯莎收到了第二轮指示。

小伯莎调转方向。将信号发回马尔斯的电脑，等待信息确认。收到了信息确认。

小伯莎发射了导弹 B。

这一次，导弹采用了自由落地，自动点火，向着标记位置，在空中曲折行进。

0.7 秒后，短促而清晰的如同钻孔般的声音，那是伏尔甘大炮射出的 76 发子弹。接着，出现了第二次爆炸。

伏尔甘大炮没有继续攻击。

哈拉帕族人慌不择路。

小伯莎不予理会。

小伯莎降到 2003 英尺，停留在艾斯林·考普的上方，在空中盘旋着，等待着。

它是高度机械化的金属武器，在一场它无法理解的战争中充当着关键要素。

它是不需要思考的战争武器。

继续在空中盘旋着，等待着。

艾斯林·考普，波普·考普，格雷格·乔登，布里奇特·马克罗斯基，格里芬·马尔斯

印度锡金，永生谷，सूरज की आखिरी किरण，拐角处

艾斯林、波普、乔登、马尔斯向通道跑去，跟马克罗斯基会合，再进入哈拉帕族的堡垒中。

然而，当他们来到通道的转弯处时，艾斯林突然停住了脚步。

其他人也停了下来。

"布里奇！"乔登悲痛地呼喊着，身体前倾，跪倒在地。马克罗斯基面部朝下，卧倒在地，她的肩膀浸透了鲜血。

乔登翻过她的身体，但是一切为时已晚。

她的眼睛睁开着。

空洞无神。

她已经死了。

伏尔甘被摧毁了，但是唯一发射的一轮子弹击中了马克罗斯基附近的岩石，无数的子弹弹跳着将巨石击碎，从四面八方向马克罗斯基袭来。

空气中仍然悬浮着细小的尘埃。

"布里奇！"乔登再次悲鸣，用手指抚摸着她的头顶。他抓住她，拥抱她，将她脸颊上的血迹抹掉。他努力忍住泪水，但是眼泪依旧不断滴落下来。马尔斯走到他的身边，将手放在马克罗斯基的脸上，合上了她的眼睛。艾斯林脱下了外套，盖在马克罗斯基身上。她把一只手放在乔登的肩上。她不知道此时此刻应该说些什么。事实上，比起马克罗斯基的死亡，更加刺痛艾斯林的是乔登表现出来的人性情感，他平日的冷嘲热讽、嬉笑怒骂不复存在。他们都是人类——他们有时很混蛋，有时作为并不十分值得信赖的同伴，但是他们都赌上了性命帮助她。

艾斯林走到拐角处，枪口朝着正北偏东方向移动五度。她盯着导弹爆炸造成的熊熊烈火。通道就在前方。

那里是安全的。

他们可以继续。

乔登俯身轻柔地将马克罗斯基放在地上。用手背擦拭自己脸颊的泪水。艾斯林打破了沉默。她的声音坚定而冰冷。"我们都很清楚，现在是什么状况。我们不能让她白白牺牲。"她停顿下来，"我们不能让这些人白白牺牲。我们要通过行动，向布里奇特、向哈拉帕族人致敬。唯一的方式就是阻止终极游戏。就在今天，就是现在。"

艾斯林开始向堡垒方向前进，刚开始她的步速很慢，随后速度加快，最后接近于小跑。马尔斯看着乔登说："我在那里等你。"随后跟了上去。

乔登隔着艾斯林的外套，俯身亲吻马克罗斯基的额头。"你他妈的别乱跑啊。"乔登试图用他跟马克罗斯基之间惯有的打趣方式来转移自己的悲恸情绪，"我他妈的马上回来。"

这就是终极游戏。

萨里·乔普拉

印度锡金，永生谷，सूरज की आखिरी किरण，前往深渊的途中

石墙迅速往后退。她的衣服如同旗帜一般，在她的身后飘扬。守卫很轻松地跟了上来，靴子在拐弯处地面发出尖锐的摩擦声。帕鲁跑得有些吃力，但还是努力跟了上来。

小爱丽丝！小爱丽丝！

萨里的眼前出现了心爱女儿的脸庞，无坚不摧的堡垒已经倾颓不堪。内部的选手们已经开始搜查。到处都是选手们。她怎能如此得目光短浅？她怎能低估对方的实力？

选手们都是猎手。果敢决断，谋略不凡，技艺高超，残酷无情。

选手们都是杀手。

选手们都是反社会人格者。

小野兽们。

不仅是巴依萨克罕，那位喜欢折磨别人的选手。他们所有人都不例外。

都是野兽。

小爱丽丝！

我不是反社会人格，萨里对自己说。我不是，我的宝贝。她转身走下最后五级楼梯，更加用力地握紧手枪。守卫们跟着她，帕鲁远远地落在后面。

我来了，我的宝贝。我要守护我所爱的人们。

不论如何，我首先是一位母亲。

我的子弹不会射向你。

① http://goo.gl/RKZ0dj.

巴依萨克罕，马卡比·阿德莱，莎拉·阿洛佩，伦佐，杰戈·特拉洛克

印度锡金，永生谷，सूरज की आखिरी किरण，深渊

巴依萨克罕感到前所未有的自信。

终于来了，他心想。有趣的事情开始了。

他慢吞吞地走向卡霍基亚人，弯腰揪住她的头发，把她拽到房间的对面。对方发出呻吟声，但是没有力气抵抗。他又用手腕力量抓住奥尔梅克人，同样把他拖过整个房间，将两人背对背地绑在一起，仿佛他们是两只沙袋。

伦佐处于半昏迷的状态，蜷缩在地上。巴依萨克罕完全无视他的存在。不是选手，他必须分清主次。他不重要。

他向马卡比走去。他一直都没有动弹。他用脚去踢，结果没反应。他更用力地踢，还是没反应。他加大了力气。

他又找到另外一包嗅盐，把包装扯开，放了一些在马卡比面前。

很快就产生了效果。

马卡比瞬间挺直了身体，开始摇晃自己的脑袋，"什么情况？"

"我们不在玻利维亚了。"巴依萨克罕回答。

莎拉又发出一声呻吟。

地上到处都是步枪。巴依萨克罕随意捡起一把。马卡比站了起来，"我们在哪儿？"

"不知道。我想是拱门把我们传送到这里。"

马卡比的回忆逐渐涌来，"寻找天空之匙？"

"我也这么想。"

马卡比环顾四周："天空之匙在哪里？她在哪里？"

"我也不知道。"

马卡比拍打自己的脸颊，"大地之匙呢？"

"拿到手了。"巴依萨克罕将钥匙放进裤兜，然后拉上了拉链。

马卡比脸上闪过一丝欣慰的表情，"其他的选手呢？"

巴依萨克罕用下巴指向另外两位选手。伦佐就在他们中间，再次被他们所无视了。

马卡比身体受了很重的伤，但是他的思维极其清晰，"你还没杀死他们？"

巴依萨克罕耸着肩膀，"我觉得，你可能想要观赏整个过程。"

他用枪口对准莎拉和杰戈。

马卡比地猛地站起身，一只手撑在墙上，"我的脑子就像一团糨糊。"他又跪倒在地，拿起嗅盐闻了几下。

巴依萨克罕咕哝着说："我的脑子也是。"他看见卡霍基亚人似有动静，试图扶稳手中的HKG36。莎拉的脑袋垂向一侧，眼皮开始颤动，似乎就要醒转过来。

奥尔梅克人还在昏迷。

巴依萨克罕用枪对准她的颈部。如果他无法控制后坐力，那么枪口就会上抬，击中对方的头部。

不过，就在他准备扣动扳机的时候，原本躺在地上的男人突然一跃而起。

枪声很响，如同电钻一般刺痛着他们他们原本很疼的脑袋。每一发子弹都击中了那个男人，随后他再次倒在地上，手臂、肩膀、颈部、胸部都被子弹击中。有些子弹被凯夫尔拉防弹背心挡住了，两颗子弹穿透了身体。

枪声惊醒了莎拉。她猛地站起身，尽量无视头部的创伤和身体的无力感。她必须依靠纯粹的肌肉记忆。她必须依靠接受的训练。

但是，她还没有准备好，就像马卡比一样，她重新跪倒在地上。

巴依萨克罕退后一步。这个突然跳出来挡枪的男人已经身受重伤，奄奄一息。不足为惧。巴依萨克罕仍在区分事情的优先顺序。这时候，他看到卡霍基亚人的动作，脑中瞬间做出反应：她醒了！他将枪口对准莎拉，后者似乎将某个物体扔向他。某种沉重的金属物体，它狠狠击中了巴依萨克罕手中的步枪，脱离了控制。

那是一把短柄斧头。

两件武器都"当啷"一声掉在地上。

扔出短斧已经耗费了莎拉仅余的力气。她身体向前倾倒，双手和膝盖都撑在地上，脑袋深深地垂下，双眼紧闭。伦佐的鲜血淌得到处都是，沾染到她的身上。

移动！她在心里大喊。赶紧！不然你就要死了！

但是，她无法动弹。

马卡比再次试图站立起来。他感觉自己的膝盖就像两团浸透水的湿纸巾，双脚如同铅块般沉重。他努力站起身，而巴依萨克罕摇晃着向莎拉走去。

莎拉听见伦佐被自己吐出的鲜血呛到了。她转过头去，努力眨眼。她的视线很模糊，但是她能够依稀辨认出伦佐的脸。他的目光很决绝，他的嘴唇在动，似乎在跟谁说话，但是发不出任何声音。

不过，莎拉能够读懂他的话。

杀了他们。阻止终极游戏。阻止开普勒星人。

她还能读懂更多信息。伦佐牺牲自己，保全她的性命。跨越族群，跨越了前选手和现任选手的隔阂。

她再次闭上双眼，感觉头痛欲裂。

巴依萨克罕由上至下地俯视着莎拉。他感到浑身酸痛，唯独仿生学手臂丝毫没有酸痛、软弱或是虚弱感。马卡比知道他要做什么——捏碎莎拉的脖子。就像杀死库里人那样。经过马卡比安排、由他的母亲叶卡捷琳娜安装的仿生手臂。也许，这根本是一个坏主意。

随后，马卡比突然想起：装有开关的电子管。单独行动也许更好。他一只手翻找着向手臂传送信号的发射装置，另一只手拿着嗅盐，放在鼻下深深吸气。

嗅盐使他清醒了不少。打开的门里，一道彩色的闪光吸引了他的注意。一个女人跑了过去。不过，他无暇顾及，因为很快又有两道人影冲进了房间，手中握着步枪。马卡比赶紧寻找掩护。

巴依萨克罕，还没来得及抓住卡霍基亚人的脖子，转身冲向门口，双方开始交火。也许是受到惊吓，对方瞄准出现了偏差。巴依萨克罕的耳朵被子弹擦伤，但是他丝毫没有停顿。

一颗子弹击中了莎拉的左前臂，干净利落地射穿了她的手臂。不过，其余的子弹都射偏了。莎拉扑倒在地，爬向房间的另一侧。伤口很痛，但是能起到别的效果。

至少她现在很清醒。

所有人都离开了。

马卡比以闪电般的速度拔出手枪，向其中一个男人射击——对方的身材挺拔修长、焦糖色皮肤、黑色头发、深邃眼眸——这颗子弹射穿了他的脑袋，被射中的人踉跄地倒在墙边。另一个男人以冲刺的速度跑过大厅，那是一个年级稍长的男人。他目睹了同伴的惨状，表现出担忧的样子。

巴依萨克罕冲向另一个哈拉帕族守卫。相较之下，东胡人矮了一点五英寸，体重轻了 60 或 70 磅，但是速度更快，动作更灵活。

他还有秘密武器——仿生手臂。

他抓住对方的枪口，用力挤压。那个年纪稍长的男人扣动扳机，结果出现回火，子弹射在了对方的手上。他只能扔下枪，赤手空拳地向巴依萨克罕发动猛攻。马卡比冲向打开的门，手枪左右摇晃，试图击中巴依萨克罕。然而，这并不容易。巴依萨克罕上蹿下跳，就像孩子们玩耍的弹簧单高跷，不断躲避马卡比的瞄准。

巴依萨克罕用手抓住对方，同时利用左手钳制。对方痛呼出声，跪倒在地。房间里回荡着一连串的噼啪声。莎拉对这种声音很熟悉——那是骨头断裂的声音。那个男人嚎叫得更大声了。她看见那个野兽般的男孩的侧脸。他露出了微笑。他的金属手将那个男人的手臂齐齐折断。

伴随着马卡比的一声枪响，击中了男人的脑部，纳巴泰人解脱了他的痛苦。

巴依萨克罕向马卡比投来犀利的不满的目光，"他是我的！"

"别管他了。天空之匙就在那里！"马卡比提醒他，急切地用手指向房间里面。

莎拉的手臂传来一阵剧痛。她完全清醒了。在她旁观这段短促而惨烈的战斗过程时，她就趴在浸满她自己鲜血的地面上。

她的视线依然模糊，所以不敢轻举妄动。

巴依萨克罕向她走近了一步。他看见她的鲜血，随即做出了自己的判断。然而，还没等他行动，纳巴泰人抓住东胡人的肩膀。"他们快死了。我们最要紧的是要找到天空之匙。这里没什么要紧的，巴依萨！赶紧走吧！"

马卡比说完这些话，转身跑向那间房间，同时开始射击。大厅的另一侧，排列成行的步枪子弹齐发，擦过马卡比的头顶，但是马卡比依然镇定地射中了目标。莎拉完全依靠听觉判断：对方没有发动反击。她听见马卡比的脚步声，他走出了房间。

巴依萨克罕有些犹豫。莎拉听见他的呼吸，感觉到金属手指沿着她的发际线不断游移。她屏住了呼吸，减缓了心跳速度。她倒是挺乐意扮演死人的。

巴依萨克罕信以为真。他转过身，跟着马卡比的脚部。他不允许纳巴泰人先他一步夺走天空之匙。

等他取得两把钥匙，杀死他的同伴，巴依萨克罕会再次回来找卡霍基亚人。

他要剥掉她的头皮。

萨里 · 乔普拉，小爱丽丝 · 乔普拉，贾马尔 · 乔普拉
印度锡金，永生谷，सूरज की आख़िरी किरण，深渊

　　萨里大喊着"贾马尔"，他打开了门，萨里冲进房间，迫不及待地跑进丈夫的怀抱。帕鲁在他们身后关上门，将门重新锁上，小爱丽丝喊着"妈妈！"萨里把手枪递给贾马尔，同时跪在小爱丽丝面前，拥抱自己的女儿。萨里将鼻子埋在女儿的头发里。她的头发闻起来仍然有肉桂粉和热牛奶的气味。

　　"我害怕，妈妈。"

　　"我在这里。我的宝贝。"

　　他们听到房间外面传来枪声。萨里用手捂住女儿的耳朵。"那是我们自己人，他们在保护我们。没事的。"跟其他的父母一样，萨里此时也选择了撒谎。她不知道自己所说的是否属实。事实上，她自己也不相信。

　　贾马尔用手臂环抱住自己的妻女，她们就是他的生命。"我们都在这里，宝贝。我们都在。"

　　他们三人都哭了起来。他们感到恐惧，但是他们仍然在一起。

　　在这个时刻，他们内心充满了爱和喜悦。"他们不会伤害你，我的宝贝。"萨里向女儿承诺。"我不会允许他们伤害你。"

　　"还有我。"贾马尔抱紧挚爱的亲人，同时握紧手中的枪。他向萨里投来哀伤的眼神，萨里瞬间产生了疑问：他会吗？他会做我做不到的事情吗？

　　贾马尔闭上眼睛。给了妻子女儿一个亲吻。他的手臂结实而坚硬。他的呼吸很急促。

　　萨里将女儿抱得更紧，想起在中国的一段经历。当时，她和爱丽丝 · 乌拉帕拉在大巴车上帮忙接生了一个女婴，她们将一个小生命迎

接到这个世界，这个遭到诅咒的世界。

我是一个人。

她抱得更紧。

我是一个富有同情心的人，我谴责终极游戏。

我谴责你。

我不信神。

因为世上本没有神。

这时传来了更多的枪声，三颗子弹击中了门。她知道，这意味着什么。她自己的父亲帕鲁，阵亡了。

小爱丽丝开始颤抖，萨里无声地哭泣着。

所有的哈拉帕族人。

全体阵亡。

贾马尔站起来。"你来保护她，萨里。躲在那里。"

萨里点头，努力克服恐惧。她将小爱丽丝推到一堵石墙后面，用木箱挡在两人的前面。小爱丽丝蹲在萨里的两腿之间。她们只能通过木箱的缝隙看到门。

"别哭。"萨里安慰自己的女儿，"保持安静。"

萨里怀抱着小爱丽丝。

"对准头部，亲爱的。"萨里叮嘱。

"我知道。"

"不要仁慈。"

"我知道。"

"他们不会对你仁慈。"

艾斯林·考普，波普·考普，格雷格·乔登，格里芬·马尔斯
印度锡金，永生谷，सूरज की आखिरी किरण，深渊

在堡垒的入口处，艾斯林和她的团队在小伯莎的残骸中，谨慎挑选着前进的道路，确保他们走的每一步都是慎重的，避免惨剧再次发生——死伤惨重，过于惨重。还是没有萨里·乔普拉的踪迹。她不在这里。她在别处。

跟她的女儿一起。

跟天空之匙一起。

凯尔特人引导着整支队伍，穿行在突然空置下来的堡垒当中。在这里，人类居住的痕迹比比皆是。温热的茶水杯，饰有珠串的窗帘碎片，带有余温的座椅，发出静电干扰的收音机，一个被人遗忘的布艺娃娃被丢弃在地上。

但是，空无一人。

他们要么被杀害了，要么躲藏起来了。

绿点再也没有出现在镜片上。堡垒的围墙很厚。但是，线索依然存在。从监控室进到大厅，艾斯林在厚墙面上找到了擦痕，在亮色布条上发现了一根丝线，楼梯上出现了一颗9毫米口径的子弹，不是弹壳，而是子弹。他们继续往下走。在地下五层，一根羽毛飘荡在空中。艾斯林用手指夹住羽毛，闻了闻味道，检查这根羽毛。一只孔雀突然出现，从大厅的一间房间跑到了另一间，把他们吓了一跳。随后，它又消失了。

"呃，你们都看到了吧？"马尔斯问。

其他人纷纷点头。

"那就好。"他回答。

"我们需要一直走到底部。"艾斯林不去理会那只孔雀，"他们在那

里看管天空之匙。”

"你确定？"乔登问。

"不完全确定。但是，如果是惊恐中的我，一定会把东西藏在那里——"

她的话被一连串的枪声打断了。

艾斯林举起她的狙击枪，快步跑向声音来源，其他人没再说话。

他们继续往下走。

莎拉·阿洛佩，杰戈·特拉洛克

印度锡金，永生谷，सूरज की आखरी किरण，深渊

马卡比和巴依萨克罕离开房间后，莎拉使了个眼色，随即坐在地上，后背靠在墙上。她知道，这两个人刚才犯下了可怕的甚至是致命的错误。他们应该多花十秒或是二十秒，将两颗子弹送进她的脑袋以及杰戈的脑袋。但是，他们没有那样做。

巴依萨克罕显然具有虐待狂特质，他相当疯狂，因而很容易做出错误判断。他可能是想要享受杀戮的过程。但是，怎么解释马卡比的举动？莎拉不知道，马卡比究竟是出于何故而放过了他们两人。他似乎更关注前面发生的情况，急于跟巴依萨克罕一起离开。

不管怎样。感谢你们的"宽宏大量"。

她拔出了匕首，在肩部的衬衫上划了一道口子，撕下足够的布条，用坚固的牙齿和灵活的双手，将布条包裹在肘部以下的手臂上，用力拉紧，减缓前臂的出血量。当前情况紧急，权当权宜之计。

莎拉爬向杰戈，时刻留意不要在受伤的手臂上施加压力。她爬过了好几具尸体，不断地闻到氨气的强烈臭味。那是嗅盐的味道。肯定是其他选手留下的。

她匆匆带上小包，继续爬行。杰戈侧过身子，来回摇晃。他的牙齿如同钻石般闪亮。

莎拉爬向杰戈，同时拿出了那罐嗅盐，深吸了一口气，臭味沿着鼻腔向上窜去，经过眼球下方，盘旋在鼻窦位置，最后抵达了太阳穴，莎拉感觉自己的头脑瞬间一片清明，仿佛通电一般。她突然变得异常清醒，她的手臂痛感加剧，止血带周围的皮肤和肌肉不断抽动着。

莎拉摇晃着杰戈的身体。"怎么了？"他喃喃地说。

"快醒醒，该死的！"莎拉低声说，"我们必须赶紧走！"

杰戈仍在含糊不清地说着什么，莎拉立刻拿出嗅盐，放在了他的鼻孔下面。

他的背脊猛地挺直，采取坐姿，疯狂拍打自己的脸颊。莎拉用未受伤的那只手捂住他的嘴巴，阻止他嘶吼出来。他用力推开嗅盐，两人跌倒在地上。他的眼睛睁得老大，眼神明亮。

"嘘！"莎拉警告他，"其他选手还在。东胡人和纳巴泰人。你能走动吗？"

她的手臂又开始抽动。她必须依赖杰戈的完全行动能力，希望他身体健全，保持实力。

杰戈推开了她的手。"是的。我很好。"他说的是实话。他拔出手枪，悄悄地上膛。

他低声说："你在流血。"

"我没事。"

杰戈站起身，同时伸手将莎拉搀扶起来。她站得有些不稳。"你确定吗？"他意识到自己站在一汪血水中间。他的胸口一紧。

"你失血过多了。"

莎拉摇头，下巴指向伦佐。"我很抱歉，这不全是我的血。"

伦佐伸开四肢躺在地上，眼神空洞，嘴里满是微微发亮的黑色物体。

"他救了我的命。"

杰戈咬住了下嘴唇。鼻孔喷出热气。颈部肌肉不受控制地抽搐着。太阳穴爆起了青筋。脸部的疤痕显得颜色更深了。"谁做的？"

"那个东胡人。"

杰戈面对着莎拉。他的表情充满了愤怒和悲恸。

"他在哪里？"

莎拉指着大厅的方向，他们正好听到两声枪响，一个女人高喊着"不"。随后，这些声音归于沉寂，伴随着一扇沉重的门被关上的声音。

天空之匙，莎拉心想。如此近。你能结束这一切。就在这里。

"我们必须摧毁天空之匙。"莎拉低声说。

"没错。"杰戈回应，他仍然盯着伦佐的尸体，莎拉知道，现在他的脑子里满是复仇的念头。

　　莎拉站在一旁，看着杰戈走向伦佐，弯下腰，合上了伦佐的眼睛。莎拉捡起一把手枪，插在自己的腰带上。她在一个死去的守卫身上找到一根弯曲的短棍，末端挂着一颗沉重的铁球。

　　"给你。"莎拉将短棍扔给杰戈。杰戈在半空中接住了它，并在身体前方旋转数次，试图找到顺手的感觉。莎拉貌似决绝，向前一步，似乎在说服自己，也在提醒杰戈："让我们去拯救世界吧。"

小爱丽丝·乔普拉

印度锡金，永生谷，सूरज की आखिरी किरण，深渊

她在观察。

房门发出"砰"的一声巨响，仿佛外面有人砸开了门锁。

门开了一条缝。这道门很沉重。

大厅里的灯光从门缝里透了进来。光线不像往常那样明亮，不如她的父亲跟她在储藏间玩耍时候那样明亮。光线变得昏暗了。

没有人。

她的父亲不断移动枪口，来回晃动着，寻找可能的目标，寻找可能出现的人影。

门缝开得更大了。更多光亮透了进来。小爱丽丝不得不眯起了眼睛。

然而，还是没有人。

一道阴影。一根枪管。三声枪响。

只有一颗子弹来自她的父亲，射向了大厅的方向，射向了炽热的光亮。结果，没有击中目标。她的父亲倒下了，房门被打开，那就是小爱丽丝看到和听到的全部。

光线照射进来，离她那么近，她没有任何其他的感觉。光线就像太阳一样明亮。可怕的强烈光线，充满了震慑力。

她看不见自己的母亲狂乱的举动，听不见母亲高呼着贾马尔的名字，却只能眼睁睁看着父亲一声不响地倒在血泊中。她听不见自己在单调地无限次重复着"大地之匙，大地之匙，大地之匙，大地之匙，大地之匙，大地之匙"。她看不见马卡比，在她的梦魇中出现的带有疤痕的高个男子，走进房间，跟萨里对话，随后将爱丽丝从母亲怀里夺走。她看不见萨里试图阻止马卡比。她看不见巴依萨克罕俯视着萨里，

脸上带着几近扭曲的愉悦表情，"我要为巴特和波德报仇。"

她什么都感觉不到。

她唯一能够感觉到的就是光亮。光线照射在巴依萨克罕的腿上。

光亮。

那就是一切。

她。光亮。除此之外，什么都没有。

"大地之匙，大地之匙，大地之匙，大地之匙，大地之匙，大地之匙。"

光亮。除此之外，什么都没有。

使人眩目的光亮，只有天空之匙能够看见。

萨里·乔普拉
印度锡金，永生谷，सूरज की आखिरी किरण，深渊

门被打开了。她还没反应过来，纳巴泰人和东胡人已经在房间里面，贾马尔气息奄奄。

就像这样。

没有装腔作势。

没有吹嘘炫耀。

没有任何抵抗。

她的爱人死了。

萨里高喊着"不"！撕心裂肺地尖叫着，将女儿抱得更紧。小爱丽丝如同傀儡一般，也许是被眼前的惨状惊呆了。不知出于何故，她不断低声重复着"大地之匙"，声音当中没有绝望，没有恐惧，没有愤怒，只有空洞。

纳巴泰选手跨步走到他们面前。他的表情很凝重。他看着小爱丽丝，眼神中充满渴望。

"你不能杀她。"萨里对自己说，也许到了最后一刻，她会鼓起勇气，折断女儿的脖子，取下她的头颅。

马卡比身体前倾，"杀死她？我干嘛要杀死她？"

他盯着母亲怀中的女孩，显然她还在出神状态。萨里愤怒地尖叫，熟练地进行攻击，结果都被对方轻易躲过，反倒是马卡比趁机在她胸口踢了一脚，将萨里踢倒在地。

马卡比将手枪插在腰带上，将小爱丽丝扯离母亲的怀抱，温柔地抱起女孩，在她耳边低语了几句。他将小爱丽丝带到房间的另一侧，远离萨里的位置，远离贾马尔的尸体。她不确定对方的意图，她的身体在颤抖，她的眼中满是泪水，她的心破碎了；不，她的心被撕成碎

片。她不确定马卡比·阿德莱想做什么，表面看起来，他似乎对所发生的事情感到抱歉。他的表情就是明证。

萨里站起来，想要走向她的女儿，结果被东胡人挡住了去路。她抬头看着巴依萨克罕，瞬间失去了全部的希望。

她失败了。

辜负了她的族群、她的家族、她的祖先。

辜负了爱丽丝·乌拉帕拉、她的孩子、她的丈夫、她自己。

她失败了。

巴依萨克罕跪在地上。他们的视线交会了。他伸出左手，放在萨里的肩上，似乎在安慰她。这只手很沉。他把手移向萨里的颈部，开始用力握紧。

"我要为巴特和波特报仇。"

她失败了。她陷入了内心世界。她寻找爱人的踪影。她希望自己的怜悯心和同理心能够传递到房间另一端的女儿那里，甚至传到房间以外、堡垒以外、群山以外，最后升到天空中，升到天堂里。她并不担心自己的境遇。死亡是再简单不过的事。

她担心自己的宝贝女儿。

十分担心。

巴依萨克罕

印度锡金，永生谷，सूरज की आखिरी किरण，深渊

　　看到一位选手放弃抵抗的神情，巴依萨克罕的心中荡漾着喜悦。他感到疑惑，萨里最擅长的异于常人的冷静去了哪里。巴依萨克罕的情商不足以理解，萨里在中国表现出来的冷静完全是因为小爱丽丝。如今，小爱丽丝已经离开，她的力量来源已经枯竭。

　　如今，小爱丽丝成为了另一种情绪的来源。

　　恐惧。

　　巴依萨克罕很喜欢这种感觉。他不在乎这种事。

　　他加重了手下的力量。

　　萨里感到窒息。

　　更紧了。

　　她用腿乱踢，巴依萨克罕无动于衷。

　　更紧了。

　　他得意地笑着说。

　　"我要折断你的脖子。"

马卡比·阿德莱

印度锡金，永生谷，सूरज की आखरी किरण，深渊

马卡比·阿德莱将小爱丽丝放在地上。

"闭上眼睛，小宝贝。"他说。

"大地之匙，大地之匙，大地之匙，大地之匙。"她不断重复。

她的眼睛空洞无神，她的嘴巴机械般重复着。

马卡比在她面前挥手。

什么反应都没有。

"反正你也不需要看见。"

他站在原地，从腰带那里拔出了手枪。

巴依萨克罕背对着他，萨里的眼中满是泪水。她的脸接近青紫。她的双手紧紧扣住巴依萨克罕的手腕。他的速度放慢了。他并不着急。

他的枪口瞄准萨里。说了一句："我很抱歉。"

巴依萨克罕没有看他一眼，反问："何必道歉？这是荣耀。"

马卡比感到一阵反胃。

他放下了手枪，拿出叶卡捷琳娜给他的表链，拍打了三次。咔嗒、咔嗒、咔嗒。

巴依萨克罕的手臂松开了萨里。她大口地呼吸着空气，脸上的血色渐渐恢复。巴依萨克罕不可置信地盯着仿生学手臂，咒骂还未出口，他已经被自己的手臂锁住了喉咙。他自己与生俱来的那只手赶紧抓住左手腕，试图将机械手臂拉开。他努力着，但是什么都没有改变。他转向另一边，远离了萨里，而此时的萨里正用一种不理解的眼神盯着他。巴依萨克罕将手臂压在地上，试图借力迫使手臂松开。

但是，那是不可能的。

机械手的指尖流出鲜血，他的脸变成紫色，眼睛突起，舌头伸了出来，鼻孔也喷出血来。那只手继续用力，用力，用力，随后出现了咯吱咯吱的声音。手握成拳，抵在巴依萨克罕的喉咙，鲜血四溅，巴依萨克罕倒在了地上。他的身体不断颤抖着，抽搐着，几秒之后，他彻底不动弹了。萨里一直在旁观，呆呆地看着，既有惊恐，又有深深的满足感——她自己也无法相信这种感觉。

名叫巴依萨克罕的恶魔终于死了。

马卡比任由表链掉在地上。

萨里还在盯着巴依萨克罕。随后，她说："怎么回事？"

"这要紧吗？"

萨里摇头说："不重要。"

她的目光转向了马卡比，努力说出了几个字："谢谢你。"

"不必。"马卡比又将枪口对准萨里，手指按上扳机。他有些犹豫地看着小爱丽丝，发现她还在恍惚的状态。"正如我所说的，我很抱歉。"

"不必，"萨利低声说，她的声音嘶哑，她的喉咙很痛，"终极游戏就是一场笑话。"

马卡比摇了摇头。他不会相信这些鬼话。永远不会。"你不会感到痛苦。不会像他那么痛苦。"

萨里看着小爱丽丝。她的女儿已经消失了。剩下的只是躯壳。不过，她有一天可能会回来。

"照顾好她。"

"我会的。直到我死，我保证。"马卡比更加用力地按下扳机。萨里闭上了眼睛。她没有看见，对方的视线始终在母亲和女儿间游移。他看了看东胡人的尸体。他又想到了库里人，想到了叶卡捷琳娜。

该死的，马卡比咒骂了一句。

他想要赢——他肯定会赢——但是哈拉帕人说的对，终极游戏就是一场笑话。

他的视线继续在母亲和女儿间游移。随后，他抬起手枪，无声地前进一步。萨里仍在等待着，她的双眼紧闭，她的面色沉静，她的脸颊流淌着泪水。她还在等待着命运的裁决。

马卡比用枪托撞击她的手部，发出了骨头断裂的声音。萨里倒在地上。他转向小爱丽丝，伸出了他的手说："快来，宝贝。我们得赶紧离开。"

莎拉·阿洛佩，杰戈·特拉洛克，马卡比·阿德莱
印度锡金，永生谷，सूरज की आखिरी किरण，深渊

莎拉一路拉开房门，杰戈一路冲刺。侧面，马卡比不时地开枪攻击。一颗子弹正好擦过杰戈带有伤疤的脸颊。杰戈予以还击，他的子弹擦伤了马卡比的肩膀。

杰戈向前冲刺。马卡比紧随其后，继续射击。

这一次，子弹击中了杰戈的胸膛。

他的防弹背心很好地挡住了子弹。

杰戈屏住呼吸，继续沿着墙壁向前跑，迫使自己不去想那种钝痛。奥尔梅克人步步紧逼，故技重施。杰戈跳过贾马尔的尸体，射出所有的子弹。马卡比在反击，子弹嵌进杰戈脚边的石头。

一发未中。

杰戈伏在地上，在墙后寻找掩护，萨里和巴依萨克罕倒在附近。他们看起来像是死了。

巴依萨克罕应该是死了。

马卡比继续前进。他使用弹药更加俭省，还剩两发子弹。

就在他准备开枪的时候，莎拉突然跑了进来，枪口对准马卡比，正要射击。突然，她看到那个女孩在地上爬，想要爬到母亲身边。莎拉又调转了枪口。

结束因你而起的这一切吧！她对自己说，同时轻轻按下了扳机。她仔细看着这个两岁大的天真无辜的小姑娘，终极游戏的牺牲者，也许是终极游戏唯一的牺牲者。莎拉继续瞄准目标，没有注意到马卡比已经将枪口从杰戈身上转移到了自己身上。

杰戈从墙后冲出来，用短棍猛击马卡比的手臂，打掉了手枪。接着，杰戈转动手腕，重新挥起短棍。马卡比后退一步，抓住短棍中间。

两人形成了正面对峙。

　　杰戈笑着，牙齿闪耀着光芒："好戏开始了。"

　　与此同时，莎拉仍然没有扣下扳机。

　　结束因你而起的这一切！结束因你而起的这一切！

　　拯救人类，莎拉·阿洛佩！

　　拯救地球！

小爱丽丝·乔普拉

印度锡金，永生谷，सूरज की आखिरी किरण，深渊

在那里。
有光。
朝着光走。
只有光。使人炫目的光。
"大地之匙，大地之匙，大地之匙，大地之匙。"

艾斯林·考普，波普·考普，格雷格·乔登，格里芬·马尔斯

印度锡金，永生谷，सूरज की आखिरी किरण，深渊

　　艾斯林来到楼梯底层，手握成拳。没有说话声。她在拐角处窥探情况。屋内有三具男性尸体，右侧门口连接着走廊。走廊尽头，还有一扇打开的门，附近又有一具尸体。卡霍基亚族选手，莎拉·阿洛佩背对着她，挡在门口，右手拿着一把手枪，左手收在胸前，似乎是受了伤。艾斯林感觉到一阵骚动，但是无法分辨究竟发生了什么。

　　接着，艾斯林瞥见了什么。透过莎拉的双腿之间，在房间的深处，一个小女孩正从房间的左边爬到右边。

　　天空之匙。

　　爱丽丝·乔普拉。不再是一个婴儿。

　　这就是莎拉犹豫的原因。

　　艾斯林看着其他人。千万不要发出声音，她做口型说。

　　他们没有发出声音。

　　她架好狙击步枪，身体靠在角落，枪口朝着正南方，瞄准那个女孩。她深吸一口气，正准备开枪。结果，卡霍基亚人挡住了她的视线。

　　快移开，艾斯林心想。这样我就能结束一切了。

418 |

杰戈·特拉洛克，马卡比·阿德莱，莎拉·阿洛佩，艾斯林·考普，小爱丽丝·乔普拉

印度锡金，永生谷，सूरज की आखिरी किरण，深渊

杰戈利用手掌底部猛击马卡比的脸颊，后者将身体向后倾斜，险险地躲过了攻击，随后转动脚尖，反将棍子的把手挥向杰戈的位置。杰戈只得绷紧腹部肌肉，硬生生承受住了这一击。趁着杰戈还没来得及反手抓住，马卡比将武器扔至远处，棍子碰撞在墙壁上，发出咣当的一声。

杰戈后退一步，留出一些空间。马卡比将双脚一前一后站立。同时，他在暗中用大拇指拨开了戴在左手上的有毒戒指的盖子。

嘿，游戏开始了，马卡比暗暗想。

他用自己的右手出拳，用来吸引杰戈的注意力，使他忽略真正的危险——戒指。杰戈后退几步，双手挡住了对手的正面攻击。他的下巴遭到了三记重拳，随后意识到对手是一个左撇子。他闪避着左侧的一记反手重拳，在起身的同时，他调整了身体的重心，将右脚放在了前面。

右撇子，左撇子，其实并没有什么要紧。他一概都要打倒。

马卡比准备用左手进行下一轮攻击。

又是两记右拳，杰戈摆动着脑袋躲过攻击。随后，来了一记左拳，杰戈迎上前去，向左转头，沉右肩，就在马卡比挥拳擦过他的颈部时，他的视线落在了对方的手部。就在那里，他看到了那只戒指。

务必留意那只手，杰戈对自己说，同时迅速向着马卡比所在的位置挥出五拳。之后，他后退几步，开口说话："拳击的套路是留给娘娘腔们的。"

马卡比调整站姿，放松了肩膀，将双手置于胸前说："随便你。"

身形魁梧的纳巴泰人发动了攻击。杰戈俯身用手撑在地上，向侧面翻身。他的双腿突然开始展现出绚丽却致命的卡波耶拉舞步。他总共攻击了马卡比的四个身体部位：太阳穴、后颈、肋骨、上臂，最后一处是无效攻击。他正要用双腿勒住对方将其制服，后背突然遭到重拳袭击，整个人跌倒在地。

马卡比居高临下地盯着他，拳头如雨点般落下来。杰戈顺势在地上做了一个翻滚，踢起双腿，像猫一般回到了站姿。

马卡比将尾戒刺向杰戈的胸口。杰戈横跨一步躲避，抓住马卡比带着尾戒的手指。猛地一拉，折断了马卡比的小指，无力地垂在手背上。

马卡比用另一只手猛拍奥尔梅克选手的肩膀，紧紧抱住对方。

"你真是丑陋极了"马卡比知道，自己可能会再次折断鼻梁，但是他向后一跃，凶狠地用头撞击对方。

然而，杰戈的动作太过灵敏。他放松了身体，逃脱马卡比手臂的钳制，接着伏在了地上。马卡比跌跌撞撞地向前，带着自身的冲力。

这时候，杰戈默默握紧拳头，穿过对方双腿之间，正好命中马卡比的腹股沟。

马卡比发出了撕心裂肺的痛呼声，随即弯下腰。杰戈迅速起身，走向他的对手，捏住对方的下巴。

"再见。"

杰戈使了一记上勾拳，猛攻马卡比的下巴，身形魁梧的纳巴泰选手被迫起身，后背疼痛不已，最后摔倒在巴依萨克罕和萨里身上，完全陷入昏迷。

杰戈大口呼着气，双手握拳放在身侧，浑身都是汗水。他环顾四周，从地上捡起一把匕首，准备结束马卡比的性命。

"停手！"莎拉高声喊道。她还站在原来的位置，阻挡着艾斯林射击。

杰戈转头看向莎拉的位置："你说什么？"

"不是你。我在对她说话。"

对方确实停下了动作，面对这些选手，她显然有所顾虑。哈拉帕人、东胡人、纳巴泰人。她的脸转向莎拉，嘴里不断嘀咕着同样的内容。她的眼睛似乎穿过了莎拉，穿过了一切事物。眼神空洞，瞳孔放大。

"大地之匙。"莎拉的枪口仍然对准着小女孩，"我懂。我不该拥有它。我不该启动这一切。"

杰戈的视线在莎拉和精神恍惚的小女孩中间不断转移。他握紧了那把匕首。

"莎拉……"他很担心莎拉再次崩溃。

莎拉根本无视他。

"大地之匙，"小爱丽丝重复说，她对莎拉失去了兴趣。无人能见的光芒在召唤着她。

莎拉抬起头。"你怎么了？"莎拉问。

"大地之匙，"小爱丽丝说。"大地之匙。"

"快下手。"杰戈催促说。

"我……"

"结束它。"

快点，艾斯林无声地说。你是善良的一边，该死的。快下手。

莎拉对自己说，我必须这样做。那是我的责任。我要拯救数十亿人的性命。那是我的责任。

她的脑海中闪过许多回忆画面——塔特、毕业、父亲送她去看病、亲吻克里斯托弗——所有的普通生活的点滴，那些她曾经拥有过、如今变得不真实的生活。都是回忆。仿佛她准备结束自己的性命，而不是另一个无辜生命。

我必须这样做。

她想起克里斯托弗临死时的面容。她得到了答案。他想要死，因为他无法活在莎拉·阿洛佩是反社会人格的残忍杀手的真实世界里。他就是无法忍受。

她意识到，继开枪杀死挚爱之人，她一直饱受这件事情的折磨。

她也不能继续活在这个世界里。

如果她真的想要拯救全人类，那么她必须先拯救自己。

她的手枪掉在了地上。

她的思绪得到了平静。头脑变得清楚。

"莎拉!"杰戈在提醒她。

艾斯林低声咒骂一句,同时将步枪冰冷的枪管贴近脸颊。行动起来,否则我就要被你们俩射成马蜂窝了。

"我……我不能。不能重蹈覆辙。"

"大地之匙。"

"不过,我们必须这样做。"

"克里斯托弗看见了。他理解你的。"

"大地之匙。"

移开! 艾斯林心想。

"这个小婊子应该轻易死不了,你说呢?"

"但愿如此。"

"大地之匙。"

"莎拉,我们要拯救数十亿人的生命。数十亿人! 我们必须这么做!"

枪口在摇晃。莎拉盯着杰戈说:"我是杀手,杰戈。我们都是杀手。创世者在千百年前就是这样教导人类:如何建造机器,如何彼此仇恨,如何彼此恐惧。假如集合了这些,你将迎来死亡以及无休止的暴力。"她将枪口对准马卡比和巴依萨克罕。"我会杀死他们这样的人类,像你我这样的人类。但是,我不能杀死像她这样的人。我不会再让一切重演。我不会杀她,不会。"

"那让我来。"杰戈把手枪从莎拉手里夺过来,抬高枪口,瞄准了小爱丽丝。

艾斯林看着两人位置对调。动手。动手。她不想做开枪的那个人。

"大地之匙,"小爱丽丝说。

他低头看着小爱丽丝。如此甜美,如此陌生。

杰戈握着手枪的手同样垂了下来。莎拉松了一口气。

"我……我也做不到。"

"没错,"莎拉的唇边漾开忧伤的微笑。"因为你很坚强,杰戈。因为你很善良，善良的人不会杀死一个两岁的幼童。如果说，这是终极游戏的终止键，那也是他们的终止键，创世者们的终止键。对于我们来说，这简直是一派胡言。我们会找到别的法子。"

杰戈心想，创世者是否看到了这一幕，开普勒 22b 是否听到了他们的对话。那是另一场叛乱的序章。

"我们跟他们不同。"莎拉继续说，她的声音既坚定，又富有热情。

她指的是选手们、开普勒星人、所有病态扭曲凶残至极的人类祖先们。她指的是所有的这些人。她靠在杰戈的身上，胸口压在他的胸口，下巴架在杰戈的肩上。

"你是一个人。"她朝着杰戈的耳朵低语，眼中溢满了泪水，她的脑中一片清明。"我们不是神。我们不是异族。我们是人。"

"大地之匙。"

该死的，艾斯林咒骂着，眼看着莎拉走进房间，消失在视线中。艾斯林依然瞄准女孩的头部。她必须要下手了。她别无选择。

小女孩又开始移动了。艾斯林跟了上去。她把扳机压了下去。小女孩经过母亲身边，随后停了下来。嘴唇在翕动。她更用力地按压扳机。小女孩走向一名倒地选手。她的嘴唇在翕动。

原谅我，艾斯林心想。

她闭上眼睛，扣动了扳机。

枪声响了。一瞬间，那是所有人知道或听到或看到或理解的一切。

小爱丽丝·乔普拉
印度锡金，永生谷，सूरज की आख़िरी किरण，深渊

小爱丽丝的手划过马卡比的肩膀，在巴依萨克罕的口袋里摸到了一个小硬球，里面是大地之匙。

一切是光。

天空之匙和大地之匙。都在这里。合为一体。无法分离。

一切是光。

变得更明亮。

越来越明亮。

一切是光。

再也没有枪声。

再也没有任何声音，因为天空之匙和大地之匙合二为一，任何触碰者，不论生死，都与它们同在。巴依萨克罕跟它们同在。马卡比跟它们同在。他们依然活着，却不自知。

再也没有任何声音，因为天空之匙和大地之匙合二为一。

他们不再存在于印度锡金永生谷被称为 सूरज की आख़िरी किरण 的哈拉帕族城堡。

他们不再存在于那里。

他们很安全。他们合二为一。前面两把钥匙结合了，他们得救了。

他们得救了，因此其中的一位幸运的选手将有机会拿到两把钥匙，继续参加游戏，直至游戏终极。

光芒消失了。一切归于黑暗和沉寂。小爱丽丝突然感到无比的惊恐。她不记得自己在哪里，或是发生了什么。

"妈妈?"她胆怯地叫着，"爸爸?"

然而，她听见的只有低沉的咕噜声。

"妈妈！"她高声喊道。

一个男性清清喉咙，随后说："我在这里。从现在起，我会照顾你。没有人能够伤害你。"

他点亮了打火机，小爱丽丝看到她的梦魇变成了现实。马卡比伸出手说："没有人能够伤害你，我的天空之匙。"

旧日的支配者们早已远去，他们消失在泥土中，沉默在深海里。然而，他们死去的躯体向先民们诉说着秘密。先民们建立了从未消亡的宗教。这样的一个宗教，囚徒们说它始终存在，隐藏在荒芜暗黑的遥远地界，并将永世长存下去，直到……星辰们迎来最终的时刻，这个神秘的宗教将要前去解救他 ①。

|425

---

① http://goo.gl/mFcz1r.

希拉尔·伊本·伊萨·阿尔索特

泰国曼谷，苏凡纳布国际机场

希拉尔站在行李传送带旁，焦急地想要找出有否其他选手听到了他传递的消息。

他没有等待太久。

附近等候区上方的屏幕上出现了一条新闻。他没有盯着屏幕看，因此没有注意到正常放送被打断了，取而代之的是开普勒22b未曾改变过的模样。

他没有注意到这一切，直到有人开始尖叫和指指点点。

他没有推开人群，挤到前面去看屏幕，而是从口袋里取出智能手机，开始观看手机屏幕。

上面同样出现了创世者。

他调高了音量键，用手捂住扬声器。

尊敬的各部族选手们，全体的地球居民们，现在请听我说。

航站楼里回荡着更高分贝的此起彼伏的尖叫声，其中夹杂着喘息和嘘声，甚至还有不少人在哭哭啼啼。

开普勒星人的声音跟希拉尔回忆中的一模一样。

大地之匙和天空之匙合二为一。一位选手拥有了两把钥匙。祝贺第八区的纳巴泰选手。希望你能在大谜题环节中再接再厉。

希拉尔觉得头晕目眩，试图稳住自己的身体。他的心脏感觉沉甸甸的。他传递的消息没有用。埃亚消失了，但是他也失败了。

彻底失败了。

终极游戏比我们预期的进行得更加顺利，完全出于意料，我们感谢所有的参赛选手。

希拉尔的情绪从极度的悲伤，转向了愤怒和仇恨。他们一直在装腔作势，如今暴露了自己的本来面目。他们隐藏了自己的邪恶嘴脸，甚至更甚于埃亚。

当然，我们准备了更多的惊喜。大事件——也就是，亚巴顿——要比你们地球科学家预计得更早降临。它已经距离地球很近了。它即将降临这个世界，它的到来将是一瞬间的。亲爱的人类，你们大概还剩三天时间。

整个机场陷于一片混乱。人们四处奔走。希拉尔趴在地上，耳朵更加贴近扬声器。开普勒22b还没有说完。

现在，去寻找太阳之钥吧，如果你们愿意的话。活着、死去、偷窃、杀戮、热爱、背叛、复仇。无论怎样，只要你们愿意。终极游戏是生存的谜题，死亡的理由。继续游戏吧。该来的终究要来临。

开普勒22b消失在屏幕上。这就是全部的信息。

希拉尔坐在地上，目睹人们奔向各方，恐惧如同传染病一般蔓延。

随后，他的手机响了。

他接通了手机，"艾本长老？"

"不是。我是史黛拉。"

"史黛拉，你听见了吗？"

"当然。所有人都听见了。你在哪里？"

"曼谷。"

"很好。那很好。你现在能去大城府吗？离机场不远。"

"我想可以。"

"那就好。待在地球的这一侧。亚巴顿不会在那里坠落。我马上就要登机了，十三个小时后就能跟你见面。"

"好……好的。"

"我很抱歉，没能阻止它，希拉尔。"

"我也很抱歉。远超过你的想象。"

电话里出现了杂音，"我要出发了。十三个小时后，大城府见。"

"大城府。十三个小时后。"

"还有，希拉尔？"

"什么事？"

"好好活着。你听到了吗？我需要你。事情还没有结束。"

杂音更严重了，最后断了线。

希拉尔心想，没有，事情没有结束。

因为这是终极游戏。

这是一场战争。